U0923031

采购管理

编著：王文信（台湾）

厦门大学出版社

图书在版编目(CIP)数据

采购管理／王文信编著. －厦门:厦门大学出版社，2013.1
(福友现代实用企管书系／林荣瑞主编)
ISBN 978-7-5615-3018-4

Ⅰ.采… Ⅱ.王… Ⅲ.采购－企业管理 Ⅳ.F274
中国版本图书馆CIP数据核字(2008)第076135号

采购管理
福友现代实用企管书系 ㉜
编著／王文信(台湾)

企划／厦门福友企业管理顾问有限公司
电话:0592-2395581(总机)　传真:0592-2396530 2395580
http://www.foryou.tw.cn　E-mail:xm@foryou.tw.cn

出版社／厦门大学出版社
地址:厦门大学　邮编:361005
http://www.xmupress.com　E-mail:xmup@public.xm.fj.cn
责任编辑／许红兵
封面设计／林呈美

印刷／厦门金凯龙印刷有限公司
2013年1月第3版　2013年1月第3次印刷
开本:787 × 1092 1/16　插页:2　印张:22.5
字数:580千字
定价:58.00元

出版序

有人说，中国是世界的加工厂，不过“加工”不是“创造”。不难理解，中国企业正在告别劳动力、资源、土地价格低廉等的所谓优势，而随之而来的人民币升值、成本增加、缺工等因素，势必迫使中国制造企业重新洗牌，即一些管理不善、缺乏科学管理基础的企业，将面临生存威胁，而另外一些优秀的制造企业将脱颖而出。

在激烈竞争的环境下，企业的生存空间愈显狭窄。因此，提高企业的经营效率，寻求方法与技巧降低占生产成本大比重的材料成本，已成为各企业努力的目标。

采购成本是企业成本控制中的主体和核心部分。对于典型的制造型企业来说，采购成本（包括原材料和零部件）要占产品总成本的60%，例如汽车行业的采购成本约占一辆车成本的80%。可见采购成本直接影响着企业最终产品的定价和企业的利润，良好的采购将直接增加企业的利润和价值，有利于企业在市场竞争中赢得优势。

然而，采购部门往往被视为“用钱”的部门，而不是“赚钱”的部门，未得到应有的重视。一般企业重视营销，其实采购的重要性往往不亚于营销。虽然营销绩效不彰，企业前景黯淡无光，但采购绩效不佳、成本高涨、企业利润侵蚀殆尽，企业岂有前景可言？

笔者带领福友公司顾问师团队，十余年来辅导过上千家制造型企业，发现企业制造成本居高不下的一个重要原因就是物料管理的不当与不科学。而物料都要通过采购购入，因而采购作为企业的一个重要成本环节，如何进行有效的成本控制和有效的供应商管理、供应商评估，回避采购中的商业风险等，是企业在采购管理中必须解决的问题。

现代企业对成本要求越来越高，该进的料不按时进来，会产生停工待料或因调整生产计划造成管理成本增加。不该进来的料进来，又会产生资金的积压(囤积物料就是囤积闲置资金)、场所的浪费及物料长时间积压变坏(闲置资金流失)等问题。所以按照生产计划"适时"地进料，进行"最佳采购"，不但可使生产流程更顺畅，还可稳定控制生产成本。

福友公司一直致力于提升大陆企业管理水平的培训、辅导工作，更以企划"制造业经典用书"为已任。在这一精神指引下，我们不断邀请台湾制造业管理的资深专家前来参与此项伟大的工作。此次再次邀请到"福友现代实用企管书系"资深作者王文信先生编写此书，实在非常荣幸。

本书继承了王文信先生的一贯风格，以具体的实务操作为主线条，深入浅出地阐述了采购组织的建立与管理、采购制度的规划、采购计划与数量管理、采购规范与品质管理、供应厂商开发与管理以及采购策略与未来趋势等。全书条理清晰、环环相扣，但又不落入死板阐述理论的窠臼。让熟谙采购管理工作者读完此书后可更自如、规范地进行工作；让有志于成为优秀采购管理人员的入门者也可通过此书了解采购管理的架构和方法。

王文信先生之前的两本力作《生产计划管理实务》以及《仓储管理》，均

出版序

以实务性和可操作性见长。问世以来销量稳健，广受读者好评。近两年来，王文信先生又不辞辛苦地整理、编撰，终于将融汇了著者20余年实务经验和心得的《采购管理》呈现在读者面前，相信此书定能对企业的采购管理工作有所启示和帮助，并为中国企业未来的成长和管理贡献一份心力！

福友一贯的承诺——

与您分享的绝对是好东西！

林荣瑞

2008年6月于厦门

作者序

面临多变的国内外供需市场，企业通过采购方式取得质优价廉的供应品，已成为降低物料及产品成本的有效做法之一。因此，如何进行采购作业与提高管理效率、降低采购成本，应是企业当前强化“体质”最重要的管理课题之一。

无论是生产企业或服务业，为完成生产与营销的活动，从适当的供货商那里适时取得适质、适量、适价的标的物所采取的一系列协商与交易活动，即是采购工作者应扮演的角色。本书的内容适用于制造业，也可应用于非生产企业。

本书以系统化的方式介绍采购管理的理论与实务做法，并将著者历年从事采购管理的工作经验与辅导企业的个案实例汇编整理而成。本书共分十二篇，包括采购管理整体性概述，采购组织与制度的规划，采购目标与计划的制订，采购品质、数量、价格、交期等作业与管理方式，供应厂商的开发、绩效分析改善等采购管理方法以及各式各样的采购管理实例分析，并介绍采购策略与未来发展趋势，为业界建立采购管理制度与实务运用提供参考。

本书的撰写历时两年多，除参阅国内外专业书刊外，还添加了作者近年来担任顾问心得及授课用相关教材的精华，并参考多位国内外学者的著作。采购管理理论与实务本来就浩翰无边，著者虽尽全力，但仍难免有遗珠之憾，若有不完善之处，敬请读者指正。

王文信

2008年6月

目 录

目录

第五篇　采购计划与数量管理

第六篇　采购规范与品质管理

第七篇　供应厂商的开发与管理

目录

目 录

第一篇　采购管理概述

一、采购的定义

二、采购管理的概念

三、采购管理的推行原则

四、采购管理的内容

五、采购管理的未来挑战

"适合",其危险性就在于它是建立在过去的基础上。

就像裁缝为你量体裁衣只适合现在的尺寸,

却没有为未来的成长留出余地。

不论是制造业还是服务业，采购一直在企业活动中扮演着重要角色，运用管理的手段与技巧提升采购作业的效率与效果，借以降低企业成本，保持甚至提高竞争力，是企业的重要课题之一。

本篇将重点说明采购的概念以及采购管理的概念、推行原则、内容及未来的挑战，并以整体观点概述采购作业规划与推动的管理重点，以作为企业执行采购管理实务运作的参考。

一、采购的定义

（一）采购的含义

采购是指以付费购买或委托的方式，向卖方取得标的物或接收完成委托任务的作业过程。换句话说，采购就是卖方将标的物的所有权或使用权通过交易的方式，移转给买方的行为。

以企业而言，为完成生产或营销活动，从适当的供货商那里适时取得适质、适价、适量的标的物，所采取的一系列协商与交易活动，即为采购。

（二）采购的范围

采购的范围是指采购的标的物，包括有形的物品及无形的劳务。

1. 有形物品

(1) 物料

原材料及零部件等。

(2) 物品

制品及商品等。

⑶ 设施

厂房、计算机、机械、模具及其他工作设备等。

⑷ 事务

文具、办公及事务用品等。

2. 无形劳务

⑴ 技术

生产技术、产品专利等软、硬件技术。

⑵ 服务

售前服务、售后服务、专业服务、劳务服务等。

⑶ 外包

工程发包、委外加工等。

（三）采购的功能

为完成采购的任务，采购作业应发挥下列功能：

1. 采购计划与预算

⑴ 买什么?（品质）

采购规格、说明书。

⑵ 买多少?（数量）

最经济的订购量。

2. 采购市场的调查

⑴ 何时买?（交期）

需要的时间、季节性的变动等。

⑵ 以什么价钱买?(价格)

合适的价格。

3．供应来源的选择与评价

⑴ 向谁买?(供货商)

新、旧对象比较。

⑵ 以什么条件买?(条件)

付款方式、交货地点等。

二、采购管理的概念

(一) 采购管理的含义

运用规划、执行、控制等管理手段及方法，促使采购的作业过程及结果更有效率与效果的一系列协商与交易行为，即为采购管理。

换句话说，采购管理是指以最适当的总成本，在适当的时间与预先指定的地点，以最高效率获得供货商或供应厂商所提供的适质、适量的原物料、工模具、机器设备等采购品及服务，并及时交付请购单位进行验收及使用的一系列活动与行为。采购的任务要以系统化的规划、执行、控制等管理手段来完成。

企业为顺利完成正常的产销活动及达到降低采购成本的目的，在取得标的物的过程中，应兼顾下列事项：

1．采购前规划

包括采购部门组织、制度、流程等的设计，采购的目标、策略、计划、预算等的制定，以及采购人员选用与培训等规划工作。

2．采购中执行

品质、数量、价格、交期等活动方案的执行，供货商的开发及评选，询价、比价及议价技巧，交货管制、进度跟催、品检作业、退货处理、验收付款等执行工作。

3．采购后控制

包括定期进行采购作业过程及结果的绩效衡量、检查及改善等控制工作。

（二）采购管理的目的

1．采购管理的主要目的

简单地说，采购管理的主要目的有：

⑴ 取得较合理的采购成本。

⑵ 及时供应采购品以支持企业活动。

2．采购管理的具体目的

具体来说，采购管理包括下列基本目的：

⑴ 采购品能持续供应，以确保生产与销售等企业活动的顺利进行；

⑵ 在考量安全、经济、实用的前提下，对采购品存货作最适当的管控，避免采购品因重复购置而产生浪费或报废；

⑶ 维持买卖双方的良好合作关系，建立共存共荣的协作体系；

⑷ 以适用或需求为基础，维护采购品的品质标准要求；

⑸ 以最低或最合理的成本取得所需的采购品，并保证需要的品质与服务。

三、采购管理的推行原则

（一）适质原则（right quality）

1．**适宜**

符合采购品的经济实用价值以及实际使用的需要。

2．**适用**

在合理且有效的期间内，采购品可随时获得合理的使用价值。

3．**性价比**

使采购费用维持在最低或最合理的成本水平，以期达到较好的经济效益。

（二）适量原则（right quantity）

采购人员依据事先制定的采购数量计划，以及订货需求进行采购，决定最适当的采购量，并考虑一次性采购或分批采购哪种最经济，以确保达到最适当采购量的订购的目的。

产销的配合及采购资金的运用会影响适当数量的决定，一般作业会按不同的采购方法而采取不同的采购数量的决策。因此，决定采购数量，应先考虑经济采购批量、采购方法的变动、当期采购需求量及后续采购计划量等因素。

不论采用何种采购方法，都应以达到最适量为基本要求。企业应避免盲目地超额采购，以减少呆滞品的产生及采购成本的浪费。

（三）适时原则（right time）

掌握采购时效，避免交货延误带来的停工损失，也避免提前交货带来的存货压力。

在最适当的时间采购需用的物品，并按预定交货时间进货，以免影响产销活动的进行。

刚好及时交货系统的运用以及购备时间各阶段工作的顺利进行，采购跟催及交期管理制度的建立与推动，都可作为适时原则的实现手段。

（四）适价原则（right price）

采购的适价原则是指采购所需的物品，在适质、适量、适时条件下，付出合理的价格。

适当价格的目标，在于所付出的采购成本应具备合理性，能确保公司立于有利的竞争地位，且能维持买卖双方互利及合作的关系。

（五）适期原则（right delivery）

适期原则是指采购物品时，供应厂商能够按约定的时间、地点交货，并适时供应所需采购品及数量。若不能适时交货，将导致生产停工或不能如期销货等问题。

另外还有一项“适法原则”。采购的适法原则指采购所需的物品，必须遵守企业内部各项作业的规定、授权范围与行政要求，也须遵守企业外部有关机构的各项规定。对物品的采购、保管、调拨及使用，不得有违反正常法则的行为。

四、采购管理的内容

（一）从企业功能而言

采购管理主要是指企业为了完成产销计划，在适当的时期，在确保适当品质的情况下，以适当的价格，从适当的供应厂商那里购入必需数量的物品或劳务所采取的一切交易管理活动，即采购“五适”或“5R”的管理。

1．供货商的开发与管理

采购的首要工作是适时地开发最适当的供货商或供应厂商，因此，如何慎选合格的厂商，以建立平等互惠的买卖机会，维持长期合作的交易关系，是采购管理的主要工作内容之一。

2．采购品质的管理

采购品的品质是以适用为原则，因此，若品质超过所需的物品的品质，不但采购成本会偏高，甚至会造成使用上的浪费。例如：购买过于豪华的办公设备，购买产能超过实际销售量很多的生产设备。

但若品质太差，则无法满足使用要求，增加使用上的困难与损失，例如：买入亮度不足的灯泡，购入损耗率太高的原料或零部件等。

3．采购数量的管理

采购的数量不宜太多或太少，若采购数量太多，一旦产品需求降低，将造成呆料；若产品推陈出新，则将产生过多的废料。

若采购数量太少，则因不利卖方送货，将延误买方商机，或因采购次数必须增加，而增加作业费用并损失数量折扣。

4. 采购交期的管理

采购品的进货时间不宜太早或太晚。若进货太早，则不仅会造成物品的堆积，还会占用仓储面积，增加存货成本。若进货太晚，则导致生产停工待料或无货可销，势必引起生产或销售的重大损失。

对精益生产的企业而言，在“刚好及时”及“零库存”的观念下，适时采购、及时交货是最好的管理原则。

5. 采购价格的管理

采购价格应以公平、合理、经济为原则，采购价格应由买卖双方共同协商，避免购入的采购成本太高或太低。

若采购价格太高，则买方会负担额外的成本，丧失了产品的竞争能力。但若采购价格太低，卖方往往会偷工减料，买方无法达到使用目的。

（二）从管理功能而言

采购在取得采购品与劳务的过程中，应兼顾采购工作前的规划、采购工作中的执行以及采购工作后的控制，以达到维持正常的产销活动、降低采购成本的目的。

1. 采购的规划

应包括目标的设定、方针及策略的制定、制度的建立、组织设计、职责与权限的划分、人员的选用与训练、作业流程与表单的设计以及采购计划与预算的拟订等。

2. 采购的执行

应包括选定实现目标的策略，采取各种行动方案。具体包括供货商的评选、议价技巧、交货管制、进度跟催、品质检验及整理付款等。

3．采购的控制

应包括制定采购人员的行为规范，拟订工作绩效评估的指标和标准，定期进行工作总结与改善以及企业内外部关系的协调等。

图表1－1通过管理过程的各阶段工作，说明采购管理的内容。

图表1-1 采购管理的内容

目　　标	策　　略	方　　法
1.维持正常的产销活动 2.降低企业的采购成本	1.数量 2.价格 3.品质 4.交期 5.厂商	1.组织（产品、地区、价值） 2.制度（集中、分散） 3.人员（品德、才能） 4.作业（表单、流程） ⑴请购 ⑵询价 ⑶比价、议价 ⑷签约订购 ⑸交货、验收 ⑹付款 5.绩效评估分析（人、事）

五、采购管理的未来挑战

企业在多变的国内外产业环境下，采购主管及采购人员的角色显得尤为重要：一方面要遵守企业采购政策方针，另一方面又要配合各部门的请购需求，因而如何面对企业内外部的挑战是采购管理的重要工作之一。

（一）企业内外部环境的挑战

1．企业内部环境的挑战

⑴ 降低采购成本，提高企业竞争力

企业在采购成本随产业环境变动而增加、竞争对手产品削价、原料价格提升的情况下，为了生存与发展，在开源不易的情况下，节流往往成为经营的首选，因此，如何发挥采购的功能以降低采购成本，是采购人员所面临的工作挑战之一。

⑵ 购备时间不足，需强化危机处理能力

购备时间是指从开出请购单到采购品入厂之间所需的时间。由于市场变化越来越快，顾客要求的交货期越来越短，导致购备时间大幅紧缩。

企业为了维持正常的产销活动，除了预留安全存量外，采购部门还要有危机处理的能力，搞好与同业、供货商的关系，以避免购备时间不足造成停工待料的损失。

⑶ 为满足企业需求，需快速提供采购信息

在一个变化多端、竞争激烈的买卖交易中，适时、迅速、正确地掌握采购信息，对企业营运的盈亏、产销活动的进行有举足轻重的作用。

采购信息包括供货商的来源及产能、购备时间、历史报价资料、库存资料，以及新材料、新技术、同业的动向等一切产业动态的数据。

⑷ 因地制宜，采用分权采购

企业大部分是运用集中采购的方式，多数采购品由总公司负责。现今，企业面临产品多样化、产销自由化与市场国际化的发展局面，为了因地制宜，使产销能充分配合，并使各事业部履行自负盈亏的权责，必须采用总公司与分公司分权采购的方式，才能适应快速变化的环境。

⑸ 品质及价格兼顾的责任化

采购品在满足较低采购价格的同时，必须满足最适当品质的要求。因而，企业在采购过程中，如何与供货商进行协商议价，为采购部门的责任之一。

2．企业外部环境的挑战

⑴ 单一或少数供应来源

当供货商是独家或少数几家供应或代理的情形下，例如，在购买科技创新专利产品时，往往因来源单一而十分昂贵。

⑵ 多种少量订货及生产方式

由于产品多样化及个性化的市场导向，促使企业采用多种少量的制造与采购方式，采购人员要花更多的时间与精力搜寻能够合作的供货商，这对采购人员而言无疑是一项重大的挑战。

⑶ 供货商品质及交期管理不佳

供货商在初期配合良好，但经过一段时期的交易后，常会出现每批次品质不稳定、交期配合度时好时差的现象。然而，采购人员又往往无法立即更换厂商，出现货源管理不佳的问题。

⑷ 品质及成本难以兼顾

考虑到采购成本的限制，获取供货商所提供的符合规格的采购品就存在很多限制，尤其在采购批量小，不易引起供货商兴趣的情况下更是如此，因此，品质及成本兼顾是采购人员必备技巧之一。

⑸ 供应成本大幅增加

在人力、物力、交通运输等各项成本不断提升，而采购成本又期望大幅下降的情况下，买卖双方的采购谈判能力显得尤为重要。

（二）如何应对采购管理的未来挑战

采购部门面临企业内、外部环境挑战，如何慎选采购方法及对策，以作为解决之道呢？以下方法可作为参考：

1．化零为整，以量制价

规模较大的企业，其内部各厂各部门共用的物品应采用集中采购方式，同业间也可推行联合采购方式，以集体替代个体，提高采购谈判能力，达到以量制价的目的。

2．分散采购，降低成本

可扩大采购范围，考虑当地或外地采购甚至国外采购。例如，向邻近原料价格低的国家询价、比价，以分散采购地区，且兼顾降低进口成本的原则。

3．自助他助，应对急需

积极开发替代品，提高自制及设计能力。在平时也应加强与合作企业、同业或供货商的关系，以备急需时可获得支持服务。

4．变通采购，掌控时效

选定合格的厂商，签订统购或长期供应合约，避免重复请购、订购作业流程，且可精简采购人员，提高采购效率。

实施内部及外部采购授权，完善零星、紧急采购作业方案，因地制宜以提高采购处理时效。

5．财税导向，管控风险

熟悉并运用投资抵减、优惠关税等政策法规，以降低购入成本。同时学习外汇操作技巧，抵御币值风险，并采用长期付款方式交易。

6．用人唯才，提升绩效

费用节省1元比销售增加1元带给公司的利润更直接，因此，慎选采购人员，并设定降低采购成本的目标，可提升采购的绩效。

第二篇　采购组织的建立与管理

一、采购部门的建立

二、采购部门的职责与分工

三、采购人员的选用、培训与管理

四、采购组织的范例分析

想到了≠做到了，做到了≠做好了。

想到了＋做到了＋做好了＝100分

企业采购作业的效率有赖于良好的组织运作，因此，采购组织应按企业的特性、任务及需求予以规划。本篇主要说明企业采购部门的规划内容，包括采购部门的职责、归属关系、工作分配、人员甄选与管理。并通过实例分析其做法，以作为企业规划采购组织及其职责的参考。

一、采购部门的建立

采购部门在企业组织中的定位及归属以及采购部门的内部分工方式，都会影响其权责的发挥。因此，采购部门在企业组织中的定位，决定采购部门的绩效好坏。

（一）采购部门的归属

采购部门在企业组织系统中的归属，通常按企业政策、工作形态、权责关系等因素划分为分权式、集权式、混合式等类型。

1．分权式采购部门的类型

⑴ 采购部门归属于生产部

图表2－1显示采购部门归属于生产部经理，其主要职责是协助生产工作按生产计划顺利进行，采购工作的重点是及时提供足够适质及适量的原物料及零部件。

将采购部门归属于生产部，以制造业为典型代表，比较适合于生产导向的企业，其采购作业比较单纯，且供应来源比较稳定。

图表 2-1 采购课归属于生产部

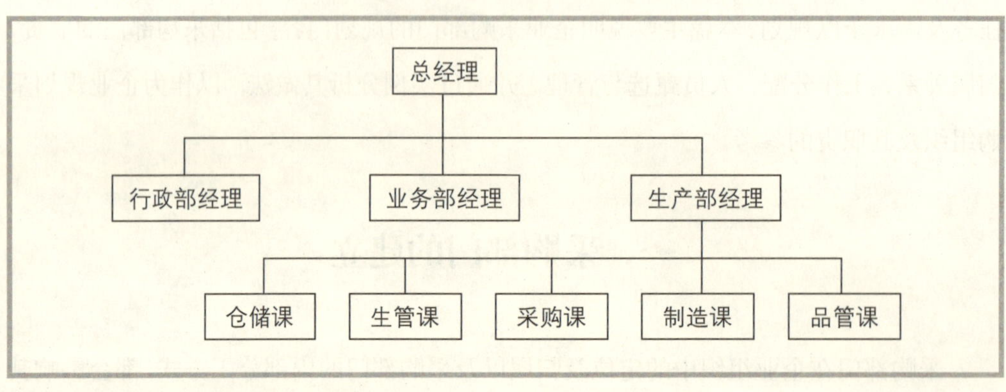

(2) 采购部门归属于管理部

图表2－2显示采购部门隶属于管理部，采购部门的主要任务是获得较低价格及较好的付款方式，以达到降低采购成本的目标。

有时采购部门为了争取较好的交易条件，难免会延误生产部门用料的时机，或购入品质不理想的料品。由于采购部门独立于生产部之外，相对来说能对使用单位产生制衡作用，发挥降低成本的效能。

若生产规模庞大、料品种类繁多、价格变动较频繁、采购工作必须兼顾企业整体产销利益的均衡时，将采购部门归属于管理部门比较合适。

图表 2-2 采购课归属于管理部

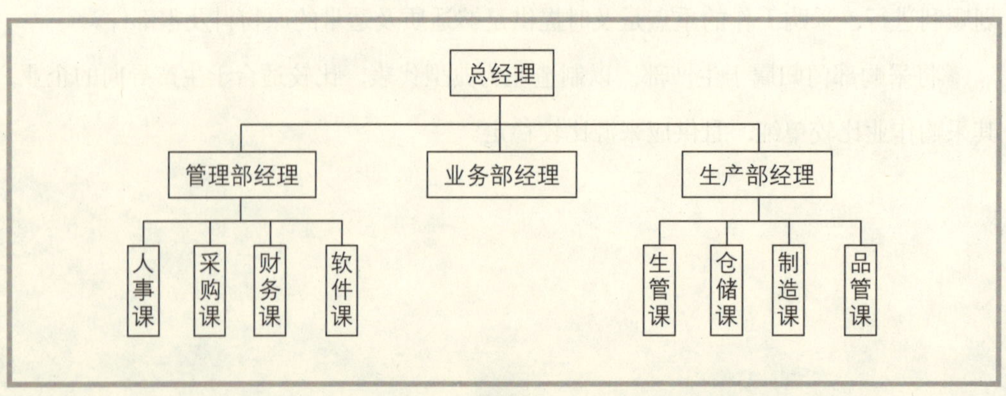

⑶ 采购部门归属于营销部

如图表2－3所示，采购部门归属于营销部门，这种模式适用于行销导向的企业，购入的物品经简易加工或包装等作业程序即可销售或买卖。

加工业、买卖业、产品代理业等非生产事业较多采用此模式。

图表2-3 采购课归属于营销部

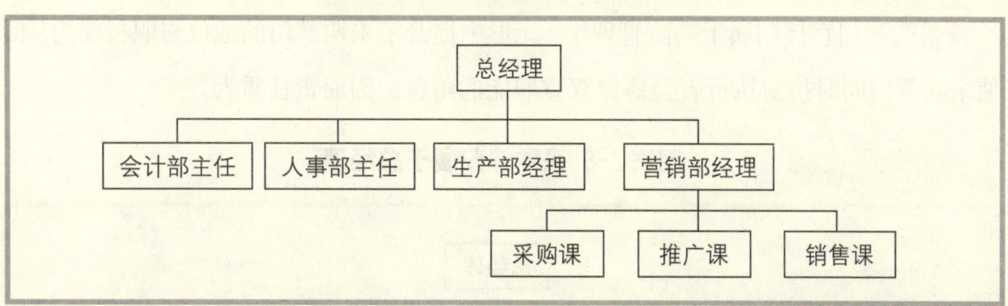

⑷ 采购部门归属于资材部

图表2－4显示采购部门向资材部经理负责，其主要功能在于配合生管与仓储单位，完成物料整体的供给作业。

采购部门归属于资材部，比较适合物料需求变动大、不易管制的企业，或采购部门需要经常与其他相关单位协商生产排程及密切配合物料供应的企业。

图表2-4 采购课归属于资材部

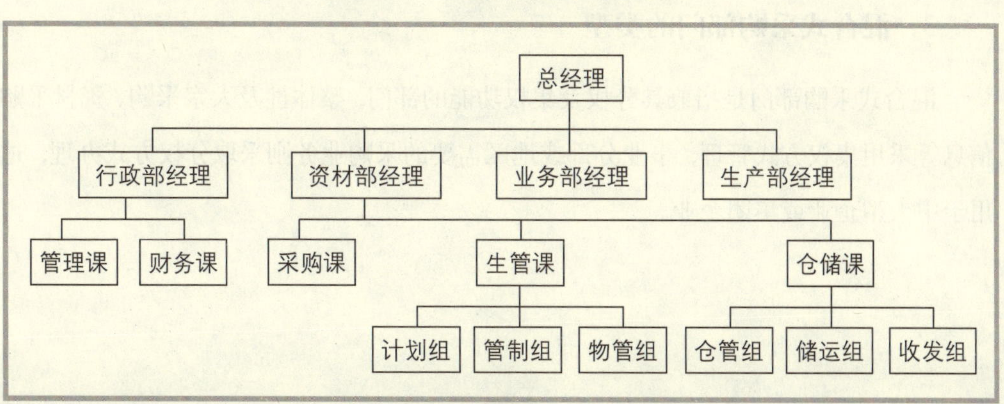

2．集权式采购部门的类型

图表2－5显示采购部门直接归属于总经理，采购部门的主要功能在于发挥整体供料及降低采购成本的效能，使采购部门成为企业创造利润的部门之一。

采购部门直接归属于总经理，比较适合生产规模不大，但物料或物品占产销成本比率较高的企业。

采购部门直接归属于高阶管理层，无形中提升了采购部门的地位与职权能力，促使采购部门同时扮演执行者及幕僚双重职能的角色，因而责任重大。

图表2-5 采购课归属于总经理

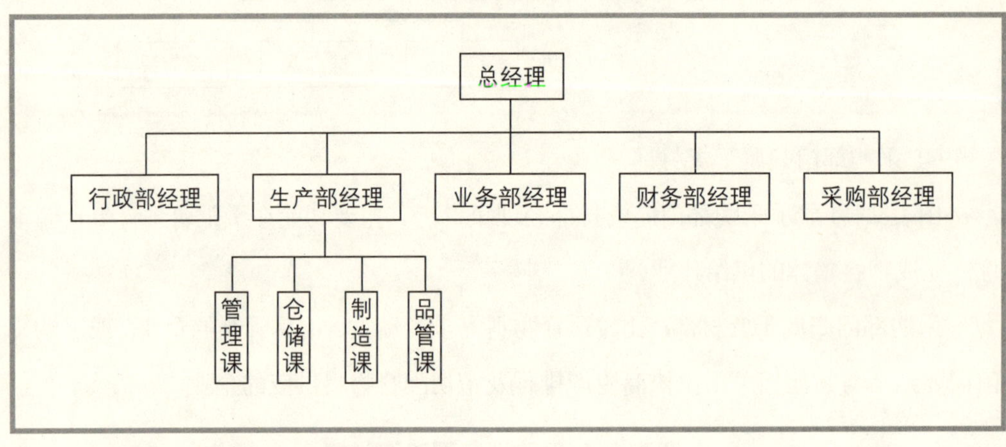

3．混合式采购部门的类型

混合式采购部门是指兼具分权及集权功能的部门，整体性及大宗采购、资材采购信息等采用集权方式管理，事业分部或地区需要的采购业务则采取分权方式办理，适用于中大型企业或集团企业。

（二）采购部门的内部分组

采购部门的内部分组，是指采购内部组织的部门化，也就是将采购部门应负责的各项业务，以分工方式编组运作。简而言之，就是通过组织以分工且合作的方式执行采购工作，发挥采购的功能，以达到及时供料与降低成本的采购目标。

有关采购部门的内部分组方式，具体说明如下：

1. 按物品类别分组

图表2－6中的采购课，按物品类别分别设立原料、燃料、设备、办公用品、维修等五组，而原料组可再细分为铅、铜、化学品、电器及机械组，交由不同的采购人员来承办。

按物品类别建立采购部门，采购人员会特别专精于其经办的项目，比较能够发挥其专业采购的能力，适用于采购物品种类繁多的企业。

图表 2-6 某金属制造公司采购部门内部组织图

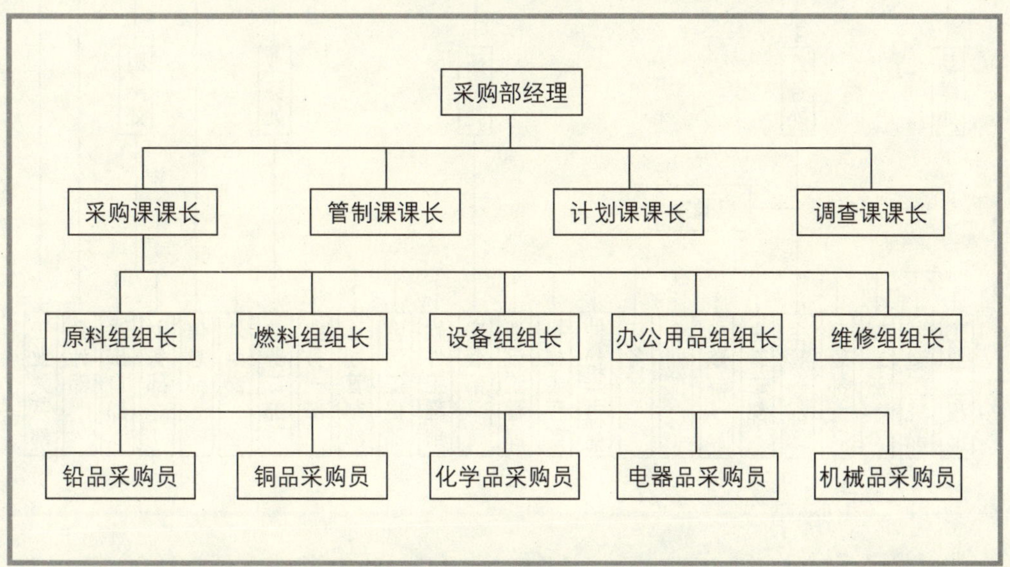

2．按采购来源分组

按物品的采购来源，分别设立国内采购课及国外采购课，主要是基于国内、国外采购的手续及交易对象有显著差异。

这种采购方式对于采购人员有不同的工作条件要求，因而分别设立部门有利于管理。主管必须就相同的物品按采购来源比较国内、国外采购的优劣，判定如何进行。

如图表2－7所示，国外采购部（即外购部）归属于业务处管辖，国内采购部（即内购部）归属于厂务处管辖，通常由其中一部门主办，另一部门协办，这样国内、国外采购才可通过比较成本、品质等的优劣而采取较有利的采购方式。

图表2-7 某电子公司国内外采购部门的组织定位图

- 总经理
  - 总经理室（内部稽核）
  - 品管处
  - 厂务处
    - 厂长室
    - 工业工程部
    - 制造工程部
    - 制造部
    - 品管部
    - 生管一部
    - 生管二部
    - 内购部
    - 仓储部
    - 厂务部
  - 研发处
    - 计算机工程部
    - 机械工程部
    - 通讯工程部
    - 安装部
    - 软件工程部
    - 电源工程部
    - 计划管制部
  - 业务处
    - 业务一部
    - 业务二部
    - 外购部
  - 信息部
  - 财务处
    - 财务部
    - 进出口部
  - 会计部
  - 工业关系部

3. 按采购金额比重确定主办人员

如图表2-8所示，按采购金额比重的方式分组，是指将采购次数少，但采购金额高的采购品，交给采购部门主管负责处理；将采购次数多，但采购金额较低的采购品，交由基层采购人员办理。

按物品采购金额比重建立部门的方式，主要能够让主管对重大的采购项目集中精力加以处理，达到降低成本及确保来源的目的。这样一来，主管也有较多的时间对采购部门的人员与工作绩效加以管理。

图表 2-8 按采购金额比重确定主办人员

采购品	金 额	项 目	主办人员
A	70%	10%	经 理
B	20%	20%	课 长
C	10%	70%	课 员

4. 按采购重要性确定主办人员

如图表2-9所示，按采购品对企业的重要性，将利润影响度高、供应风险度高的策略性项目的决定权交由高阶主管（例如主管采购的部门协理）办理，将重要性项目交给中阶主管（例如采购处经理）办理，将次要性项目交给基层主管（例如采购课长）办理，将一般性项目交给采购人员办理。

图表 2-9 按采购重要性确定主办人员

项目 \ 因素	利润影响度	供应风险度	主办人员
策略性	高	高	协 理
重要性	低	高	经 理
次要性	高	低	课 长
一般性	低	低	课 员

5．按采购作业阶段分组

如图表2-10所示，按采购作业阶段分组的方式，是指按照采购作业阶段，将寻找供货商、询价、比价、议价、签约、催货、履约管理、验收、付款等项目，分由不同的采购人员办理，以此产生内部牵制作用，达到防止舞弊的目的。

各作业阶段均可安排具备相关采购专业背景的人担任，这样可以做到采购工作品质较高，但需注意会产生责任不清、时效不佳等问题。

按采购作业阶段进行分工并建立部门的方式，较适用于采购量较大、程序繁杂，且作业过程较专业、交货期较长以及采购人员多的企业。

图表2-10 按采购作业阶段分组图

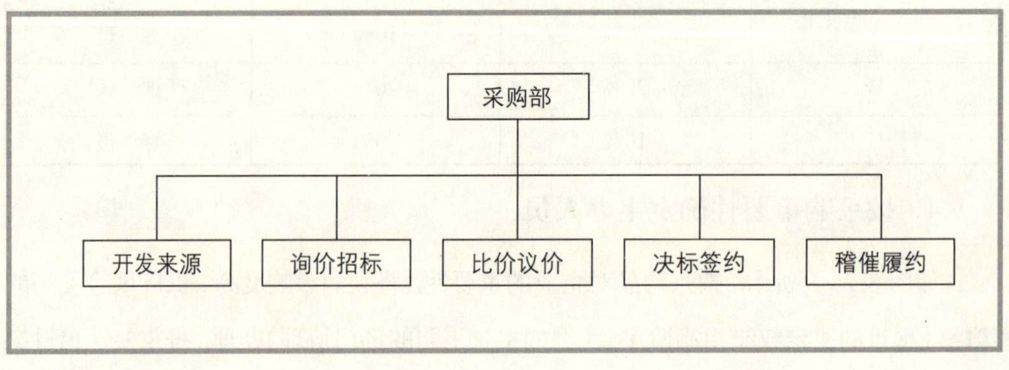

6．混合式的编组

在具有一定规模的企业，通常会综合物品、地区、金额比重、重要性等因素，来建立采购部门的内部组织。

如图表2-11所示，采购部按标的物的来源划分为外购课及内购课，分设课长掌管，再按物品类别交由不同的采购人员承办。同时以金额比重为基础设立原料课，若是占整个部门采购金额70%的主要原料，就由采购经理直接洽商决定，再交原料课人员办理有关采购交易的作业手续。

图表 2-11 某纺织品制造公司采购部门分工图

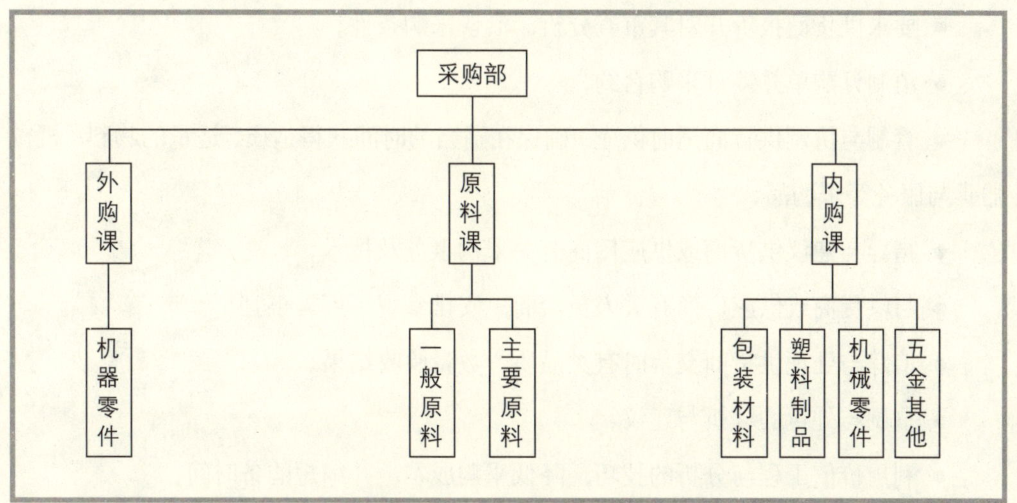

二、采购部门的职责与分工

（一）采购部门的职责

不论是制造业还是服务业，采购部门的主要职责都是协助请购部门向供应厂商购买、委托加工、租赁、委托服务等标的物。

以制造业为例，采购部门根据生管、物管、品管、工程、维护保养、研发等用料部门提出的请购单，经权责单位核准后，再办理购买各种不同种类及数量的料品，其有关之职责具体如下：

- 核对请购单的物料、零件的规格，确认品质要求；
- 处理并记录所有订购单事宜；
- 调查供应来源及购料市场；
- 选择合格厂商以提供所需的物料、机器与服务等采购品；

- 对市场供需情况、价格变化加以调查分析，并与同业间交换采购信息；
- 要求供货商报价并对其审查分析，洽谈采购条件；
- 填制订购单并签订采购合约；
- 管制与协调供货商适时供应，确保在适当的时间获得适质、适量的物料、机械器具与服务等采购品；
- 指导与建议供货商或供应厂商有关采购事务及技术；
- 与供货商或供应厂商有关人员洽商，安排参观工厂等事宜；
- 追踪与处理供货商交货时有关品质、数量验收结果；
- 自制与外包的分析与建议；
- 利用价值工程与分析的技巧，降低采购成本，并缩短购备时间；
- 采购人员的行为规范与稽核；
- 规划及执行采购人员的一般行政、管理及专业的教育训练；
- 评估并分析采购改进方案，例如，采购需求计划与预算的拟订，采购品的价值分析以及对供货商的绩效作评估分析等；
- 推动采购作业自动化系统。

（二）采购部门的分工

1. 单一窗口式的采购分工

采购部门通常按采购品类别进行工作的分配，每一位采购人员负责一种或几种品项的有关采购事宜。

(1) 单一窗口式采购分工的优点

① 使采购人员成为该品项的专家；

② 采购品的交易协商有专人负责，对于采购及交货的联络、问题处理等较易推行，也较易为供货商所接受。

⑵ 单一窗口式采购分工的做法

有关采购相关业务的分配,按照采购品的类型及作业特性,将具体做法说明如下:

① 性质别

按物理性质区分采购品。

例如:非铁金属为一组,钢铁和焊接物为一组。

② 用途别

按用途区分采购品。

例如:原料由一个采购员负责采购,消耗性材料由另一人负责采购,工具及设备则由第三人负责采购。

③ 来源别

按来源区分采购品。

例如:市面销售的采购品、向制造工厂直接订购的采购品、国外采购品皆各有专人负责办理。

每一采购人员业务量的多少,应参照采购品的复杂性、种类、数量、供货商、集中或分权的采购方法以及采购跟催的需要度等因素分配,力求分配平均,使每一位采购人员有余力进行采购业务改善。

2. 活用外聘专家

由于公司业务的扩展,采购工作会随之增多且复杂,因此,对于工作分配也应更加细密,除了将采购品的类别区分得更精细之外,也可聘请外界专家担任顾问或进行咨询建议工作。例如聘请外界专家进行厂商信息收集、价格预测、价值分析、产品品质发展以及废品回收等工作,以更好地发挥企业采购功能。

3. 兼具发展与升迁渠道的编组

当公司发展到某一阶段时,采购部门常因工作需要而在主管之下增设一位助理,由其协助采购人员日常工作，并且兼管一两项重要货品的采购工作。如果采购工作范围扩大，采购人员之下也会设置助理采购，例如，大型采购组织通常会设置专业文秘取代整个采购部门采购人员的文书工作。

采购人员的职位，常随着其采购资历、专业能力、管理能力、工作绩效等因素而调整，一般按照下列升迁渠道进行职位调动：

(1) 助理级

采购助理、采购员助理

(2) 专员级

采购员、资深采购员

(3) 干部级

采购副理、采购经理、采购处长

(4) 领导级

采购副总经理、采购部总经理

三、采购人员的选用、培训与管理

企业聘用采购人员应考虑其采购的专业能力、执行能力、管理能力以及品德等。企业采购人员的甄选、培训、管理的内容及做法说明如下：

（一）采购人员的选用

1．专业知识与专业能力

(1) 价值分析能力

采购成本是产销成本的主要部分，因此，采购人员必须具有成本意识与成本效益的观念，具备成本分析的技巧。

采购人员应具备将购入成本、损耗率、维修次数等投入，与效益、功能、时效等产出进行比较的能力，即价值分析的能力。用公式可表示为：

$$V=\frac{F}{C}\ （价值=\frac{功能}{成本}）$$

对报价单的内容，不可只根据总价来比较，必须在相同的基础上，对原料、人工、费用、税收、利润、交货条件等逐项分析，并据以制定采购价格。

⑵ 推断能力

采购人员应能依据各种产销资料，运用统计分析的方法，判断货品的供需状况与价格的波动情形，针对物品将来供应的趋势制定对策。

一个合格的采购员，从采购标的物的价格涨跌，便能推断采购成本受影响的幅度大小；从与供货商协商的态度，就能判断物品可能出现的供应状况。

⑶ 表达能力

采购人员在与供货商的交易协商过程中，必须明确表达所欲采购的各种条件，例如规格、数量、价格、交货期限、付款方式等。因此，采购人员必须具备清晰的表达能力，以免误解协商内容及浪费时间。

在与供货商的交易过程中，双方难免因为立场的不同，为争取各自的权益而有所争辩与冲突。采购人员应当运用谈判与协商的技巧来争取优惠的采购条件，并尽量避免冲突，这也是采购人员不可缺少的能力。

⑷ 专业知识

采购人员对其经办的采购品，若能切实了解其原料来源、加工方式、特性、品质要求、规格、用途、成本等信息，将有助于与供货商的顺利谈判与协商，开发新来源或寻找替代品，可达成降低采购成本的目的。

专业知识包括产品的技术范畴及使用、管理方法等。例如，负责采购品进口业务的采购人员，对于交易付款的条件如FOB或CIF、进口关税或汇率等，必须相当熟悉。

2．品德方面

⑴ 确保公司权益

采购人员所处理的采购订单，实际上已涉及采购支付，因此，购价高低与供货商的谈判协商有关。供货商为使卖价提高，往往辅以人际关系或利诱，对此，采购人员必须以公司权益为优先，不能轻易被钱财等物质所影响，更不能心存侥幸。

⑵ 敬业精神

采购人员应有敬业精神，想尽办法确保调度所需的采购品，避免缺货或断料，维持正常的产销活动，减少公司的损失。

⑶ 协商态度

对供货商的拜访应有礼有节，交易条件必须公平互惠，面对专业问题要虚心求教，才能获得供货商的敬重。

与供货商谈判或协商的过程，可能相当艰辛与复杂，采购人员更需有良好的修养，居于劣势时，也能镇定自若，才能顺利完成采购工作。

（二）采购人员的培训

企业为提高采购人员的专业与管理能力，通常会根据企业采购人员的角色定位与职责进行不同的培训。其培训要点及做法如下：

1．专业训练

通过系统化的训练来培养专业的采购人员。

2．自我评估

通过自我评估来了解采购员本身在采购谈判方面的优势、劣势。

3．资格认定

通过外界的资格考试来取得采购技能的认证。

4．管理发展

对具有潜力的采购人员施以管理能力的训练。

（三）采购人员的管理

1．人员招募

按专业知识与能力、品德等条件，可采用企业内部招募及外部招募两种方式，选取适任的采购人员。

2．人员轮调

人员轮调是指担任某一职务的人员，超过规定的任期，调至其他岗位。人员可借此机会至不同的岗位磨炼和学习。

⑴ 人员轮调的时机

人员轮调主要可分为定期轮调与不定期轮调两种。

① 定期轮调

依据企业内部已制定的轮调制度进行，属于长期性与周期性的人力发展规划，目的是培养具备综合素质的采购人员。

这种方式以中、高阶管理人才最为常见，且轮调的期限以1～3年为一期。

② 不定期轮调

依据企业短期、突发性的人力需求来决定轮调时机与职位，同时参酌人员的工作绩效、工作态度、发展潜能等各项条件。

⑵ 轮调部门的选择

① 内部轮调

内部轮调意即对员工的工作内容与项目进行调整，并不改变员工的部门与职位，属于任务轮调。

② 外部轮调

外部轮调意指将特定的工作职务改由另一位员工来执行，人员会因而改变工作部门，属于人员的调动。

3. 行为规范

采购人员应与供货商、同行、政府机构、海关、银行、公证处、保险公司、船务公司等机构保持良好关系，并做好企业内部各部门的协商关系，对买卖双方的人际关系也应有分寸，其具体行为规范如下：

⑴ 遵守一般采购行为的原则

① 在各种交易中，应确保公司的利益，并信守及执行企业特定的采购政策；

② 不断努力吸取采购品的物料及制造过程的知识，并建立执行其职务的可行方案；

③ 采购时应秉持公平无私的态度，力求每一次支出均能获得最大的价值；

④ 对于同事推荐的厂商或采购品，也应按标准严格评估；

⑤ 诚实地执行各阶段的采购工作；

⑥ 对于供货厂商的合理拜访，应给予礼貌的接待；

⑦ 买卖双方应彼此尊重及协商，创造良好的商业交易氛围；

⑧ 避免欺压的采购手段；

⑨ 应给执行采购工作的人提供忠告及协助；

⑩ 与所有从事采购作业的机构合作，以发展采购业务。

(2) 遵守法规

所有交易条件的约定及合约的签订，都需遵守有关法律、法规的规定。

(3) 遵守企业的管理规定

企业在规划采购制度时，可考量采购工作上的需要，制定合理的规定，以作为采购人员的行为规范，例如：

① 午餐

若为延续交易事项的讨论，可与供货商共进午餐，但纯粹应酬式的午餐应予谢绝；午餐的费用应分别由买卖双方轮流负担。

② 晚餐与招待

晚餐与招待，应尽量避免。若情况特殊，采购人员应先得到主管的许可。

③ 礼品

供货商所提供的礼品、特殊的待遇或折扣等，若已超出正常的商业礼节，应予婉拒。

④ 出差费用

采购人员的交通费、住宿费、餐饮费及服务费等，不得由供货商垫付。

⑤ 业务机密

成交价格、报价单、合约条款、供应来源、专利、生产日程及产品信息，均为有价值的资产，买卖双方均应严守秘密，并遵守有关规定。

⑥ 个人需用品

采购人员不可为自己或亲友，向供货商订购任何物品。

⑦ 供货商的拜访

供货商因提供物料或机器而有拜访的必要时，应由采购人员征求公司的同意后进行。

⑧ 供货商的宣传与广告

供货商拟使用公司的名称、照片、图表、产品等做宣传或广告，必先获得公司的书面同意。

四、采购组织的范例分析

企业通常会依据其生产或服务别、规模大小、采购品类型、采购政策以及采购作业阶段建立组织及部门，以下范例说明不同类型企业的做法。

范例2－1:某机械工厂采购课组织图

图表2－12所示为某中等规模的机械工厂的采购课内部分工定位图，采购课下分设调查、外包、采购作业、事务等部门。

图表 2-12 某机械工厂采购课组织图

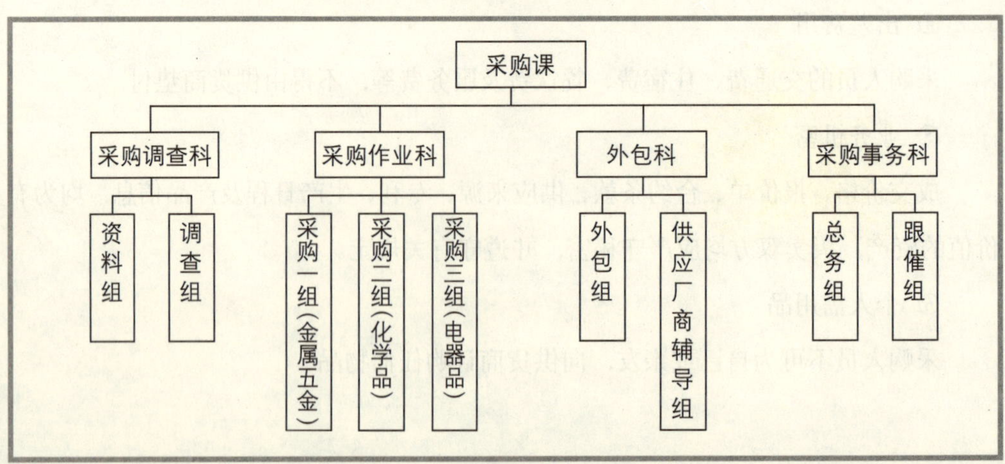

范例2－2:某电子公司采购部组织图

图表2－13所示为某大型电子公司的采购部内部分工图。

图表2-13 某电子公司采购部组织图

- 采购部
  - 采购管理课
    - 管理组
      - 购买政策
      - 购买调查
    - 计划组
      - 购买计划
      - 库存计划
  - 采购课
    - 第一组
      - 金属五金
      - 化学物品
    - 第二组
      - 机械品
      - 电器品
      - 塑料品
    - 第三组
      - 交料跟催
      - 投诉索赔

范例2－3:某化学公司总公司采购部组织图

图表2－14所示为某大型化学公司的采购部内部分工定位图。

图表2-14 某化学公司总公司采购部组织图

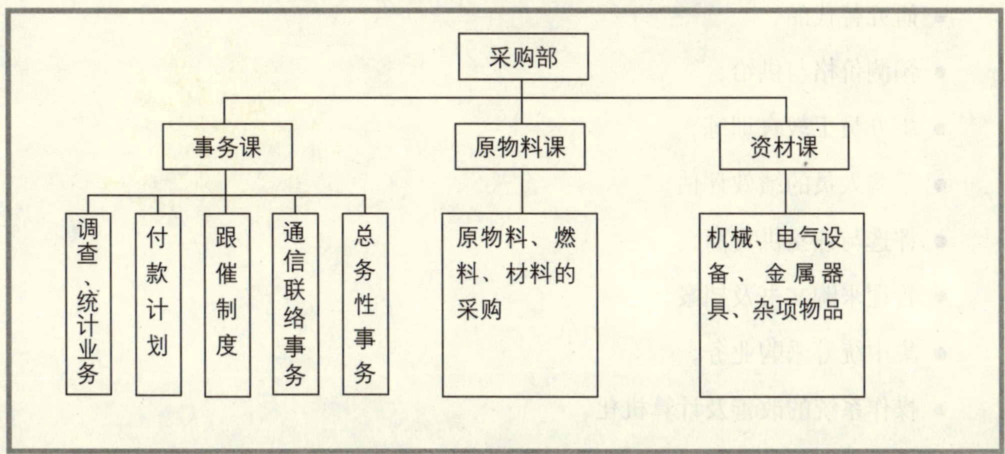

范例2－4:某钢铁公司采购处组织图

图表2－15所示为某大型钢铁公司采购处的内部分工图（处长另设有专业助理）。

图表 2-15 某钢铁公司采购处组织图

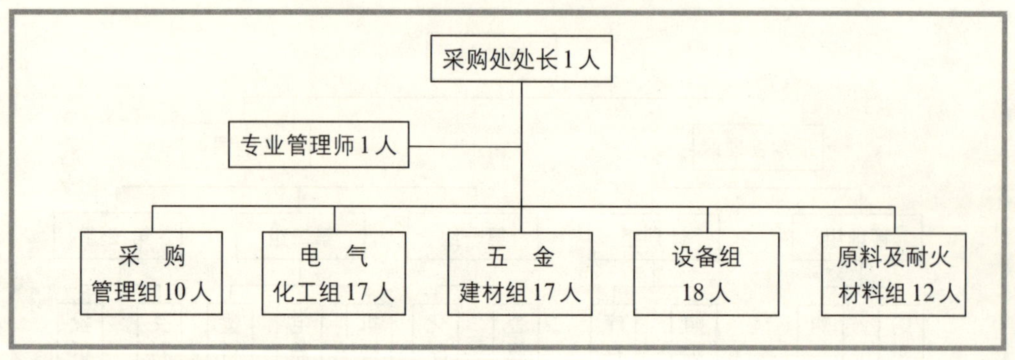

范例2－5:某塑料公司采购部组织图

图表2－16所示为某大型塑料制品公司采购事业部的内部分工图。

该部门下设幕僚单位，其具体工作如下:

- 拟订采购计划与预算;
- 追踪与管理采购工作;
- 研究替代品;
- 预测价格与供给;
- 举办员工教育训练;
- 采购人员的绩效评估;
- 评选与评鉴供货商;
- 管理采购文书及档案;
- 集中统筹采购业务;
- 操作系统的改善及计算机化。

图表 2-16 某塑料公司采购部组织图

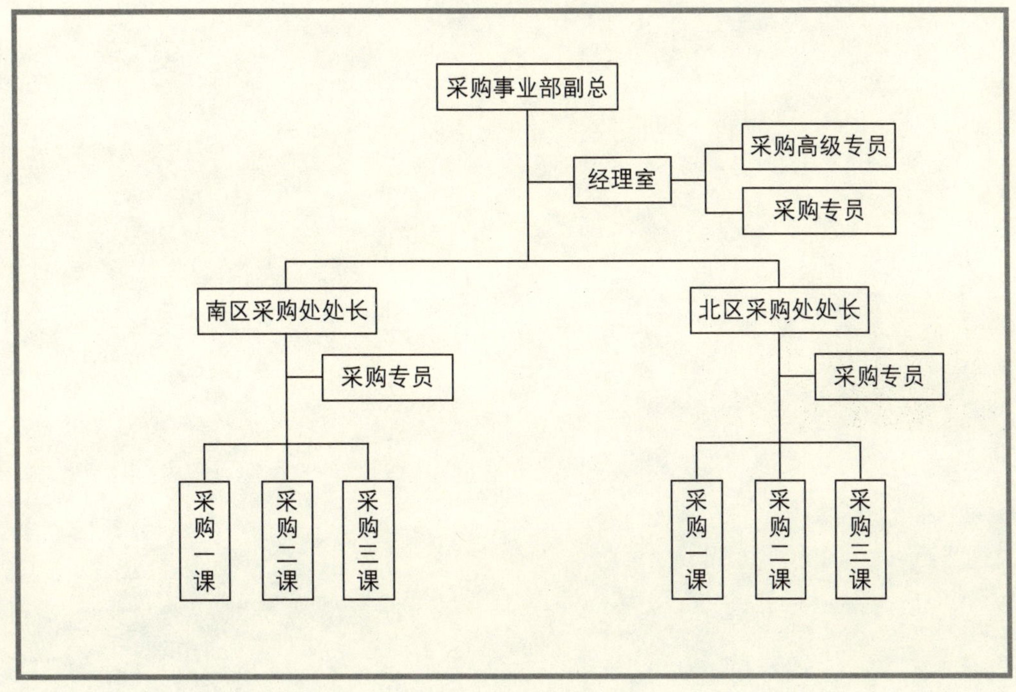

第三篇　采购制度的规划与制定

一、采购制度的类型

二、采购作业流程与相关表单

三、采购制度实例

天下之事，不难于立法，而难于法之必行；

不难于听言，而难于言之必效。

企业通常根据已制定的制度或规定执行采购任务。因此，采购制度的适用与否，将影响采购作业推动的情况与绩效。

本篇将重点说明企业制定采购制度的规划方法及内容，包括制度类型、作业流程、运用表单等项目，并分析企业已推动的采购制度的成功实例，作为企业制定采购制度的参考。

一、采购制度的类型

（一）集中采购制

将采购工作集中在总公司的单一部门办理，总公司各部门、分公司及各分厂均无采购权责的方式称为“集中采购制”。

1．优点

⑴ 集中采购可采用以量制价的方式，提高同卖方的谈判力量，较易获得价格折扣的良好服务；

⑵ 采购策略与作业制度较易以单一采购部门责权统一方式推行；

⑶ 采购功能集中可精简人力，利于采购人才培养与训练，还可推行专业分工，降低采购作业成本及提升效率；

⑷ 建立公司统一的标准规格，可简化采购品种类，且方便存货调度；

⑸ 统筹规划供需数量，可避免各自为政的局面，过多的存货或各部门的过剩物品也可相互转用。

2．缺点

⑴ 采购流程较长，较易延误时效，难以适应零星、地域性及紧急采购状况；

⑵ 非共同性物料的集中采购，并无太多数量和折扣利益；

⑶ 采购与使用单位分离，可能导致采购绩效较差，例如，确认规格、物品转运等的协商较费事耗时。

3. 适用情况

⑴ 企业产销规模不大，采购量值均小，全公司只要一个采购单位来办理，即可充分满足各部门对物品或劳务的需求；

⑵ 企业各部门及工厂集中一处，采购工作并无因地制宜的必要的情况；

⑶ 采购与需求部门虽非同处一地，但若距离不远，且交通便捷，采购工作集中由一单位办理，不会影响需求时效；

⑷ 企业虽有数个产销处所，但是产品种类大同小异，集中采购可以达到以量制价的效果。

如图表3-1所示:某百货公司各营业部所需的货品均由商品部统筹办理，这便是集中采购制度的方式。

图表 3-1 某百货公司采购部门组织图

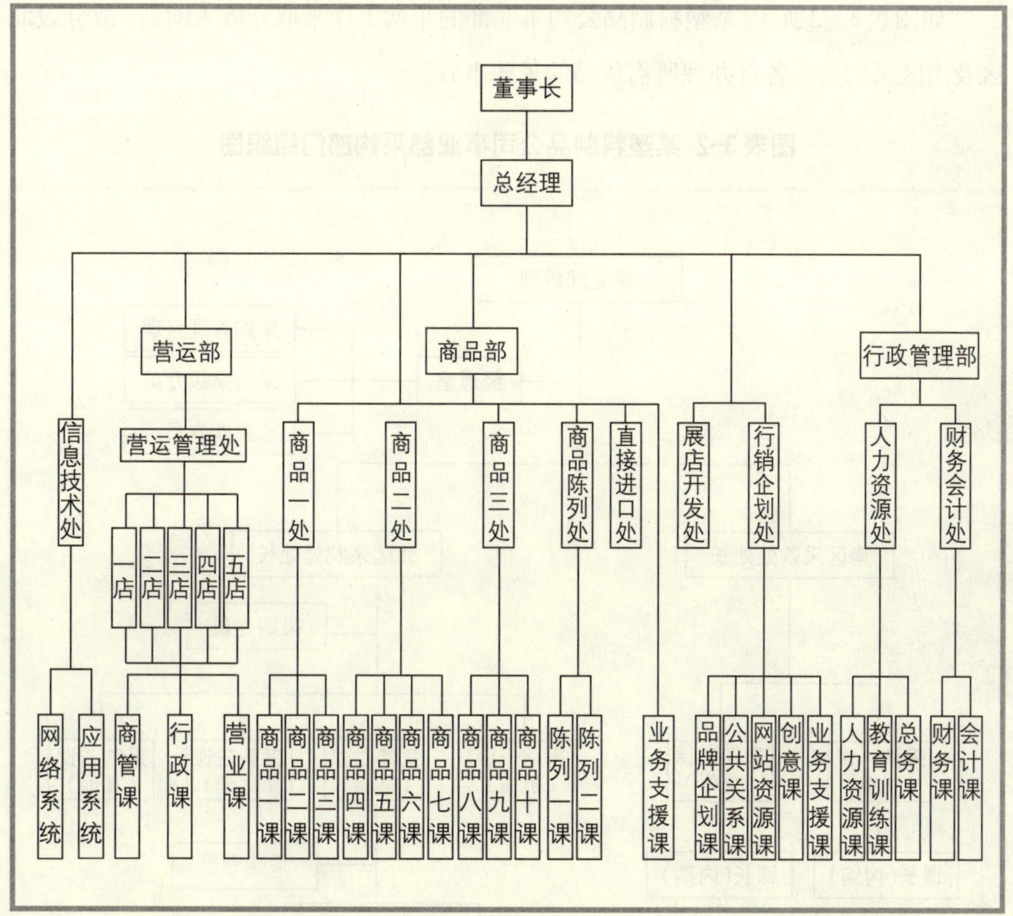

（二）分散采购制

将采购工作分散给各需用部门自行办理，通常较适用于企业规模较大、工厂较分散的企业。

采用集中制易耽误进度，且不易应付紧急需要，购用部门的联系较困难，采购作业与单据流程过于漫长复杂。若散布各地的工厂，其生产设备、贮藏设施、原材料供应来源等都具有独特的差异性，则采用分散采购制较为适宜。

如图表3－2所示:某塑料制品公司事业部的采购工作采取分散采购制，故分设北区及南区采购处，各自办理所需货品的采购事宜。

图表3-2 某塑料制品公司事业部采购部门组织图

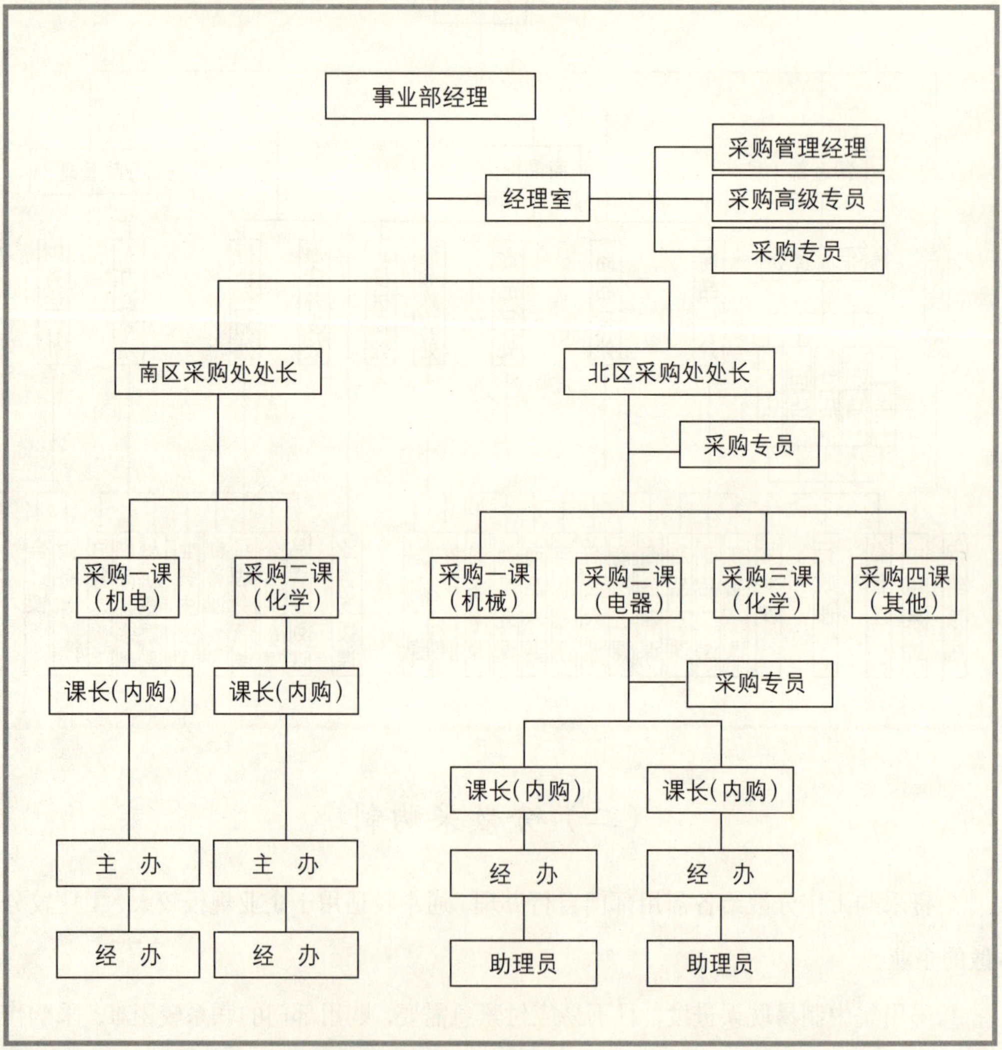

- 事业部经理
  - 经理室
    - 采购管理经理
    - 采购高级专员
    - 采购专员
  - 南区采购处处长
    - 采购一课（机电）
      - 课长（内购）
        - 主 办
          - 经 办
    - 采购二课（化学）
      - 课长（内购）
        - 主 办
          - 经 办
  - 北区采购处处长
    - 采购专员
    - 采购一课（机械）
    - 采购二课（电器）
      - 采购专员
      - 课长（内购）
        - 经 办
          - 助理员
      - 课长（内购）
        - 经 办
          - 助理员
    - 采购三课（化学）
    - 采购四课（其他）

（三）混合采购制

混和采购制兼具集中制、分散制的优点。凡属于共同性物料、采购金额较大、进口品等，均由总公司采购部集中办理；小额、临时性的采购，则授权分公司或工厂执行。

如图表3－3所示：某制罐公司采购组织采用混合采购制，进口的物品由总公司的总务部采购课集中办理；国内可取得的物品由工厂的厂务部事务课办理。

图表3-3 某制罐公司采购部门组织图

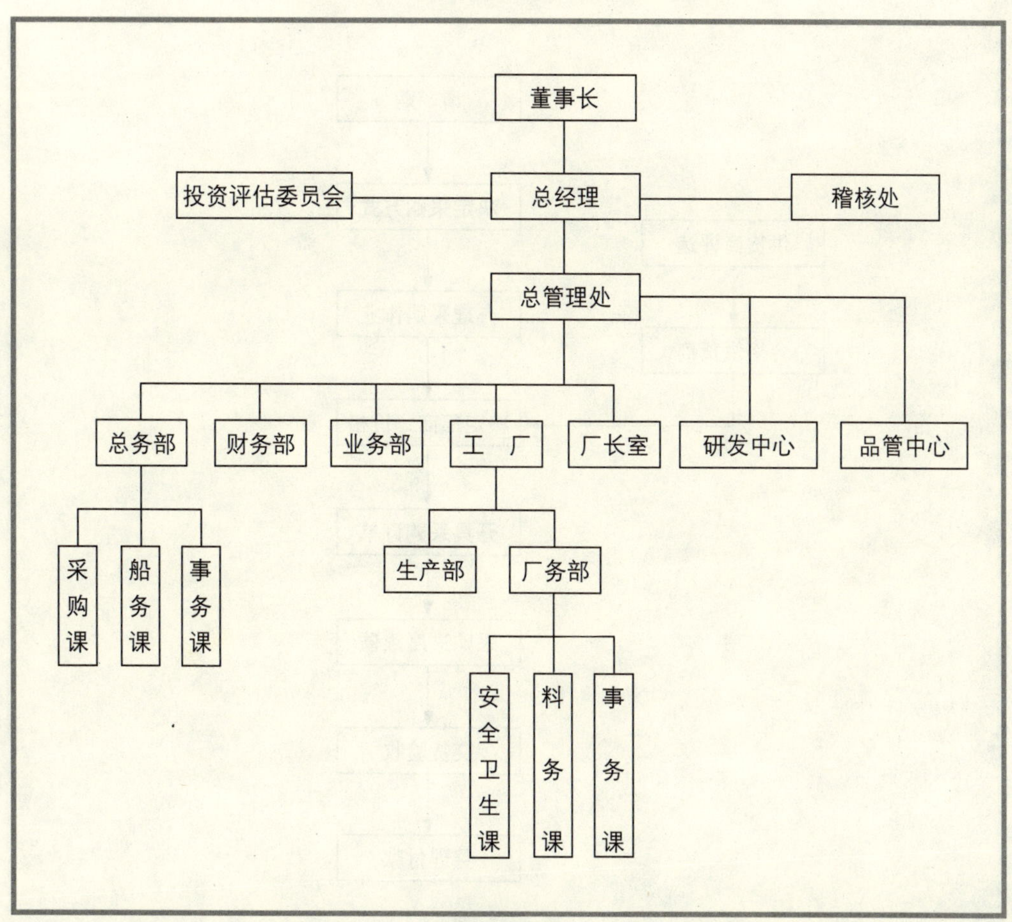

二、采购作业流程与相关表单

（一）采购作业流程

一个完整的采购作业与管理循环始于请购作业，终止于交货验收并完成相关的付款程序。作业过程中需要确定采购时机、采购方式、供货商及价格，并开具采购订单，进行采购跟催等。完整的采购作业流程如图表 3－4 所示。

图表 3-4 采购作业流程图

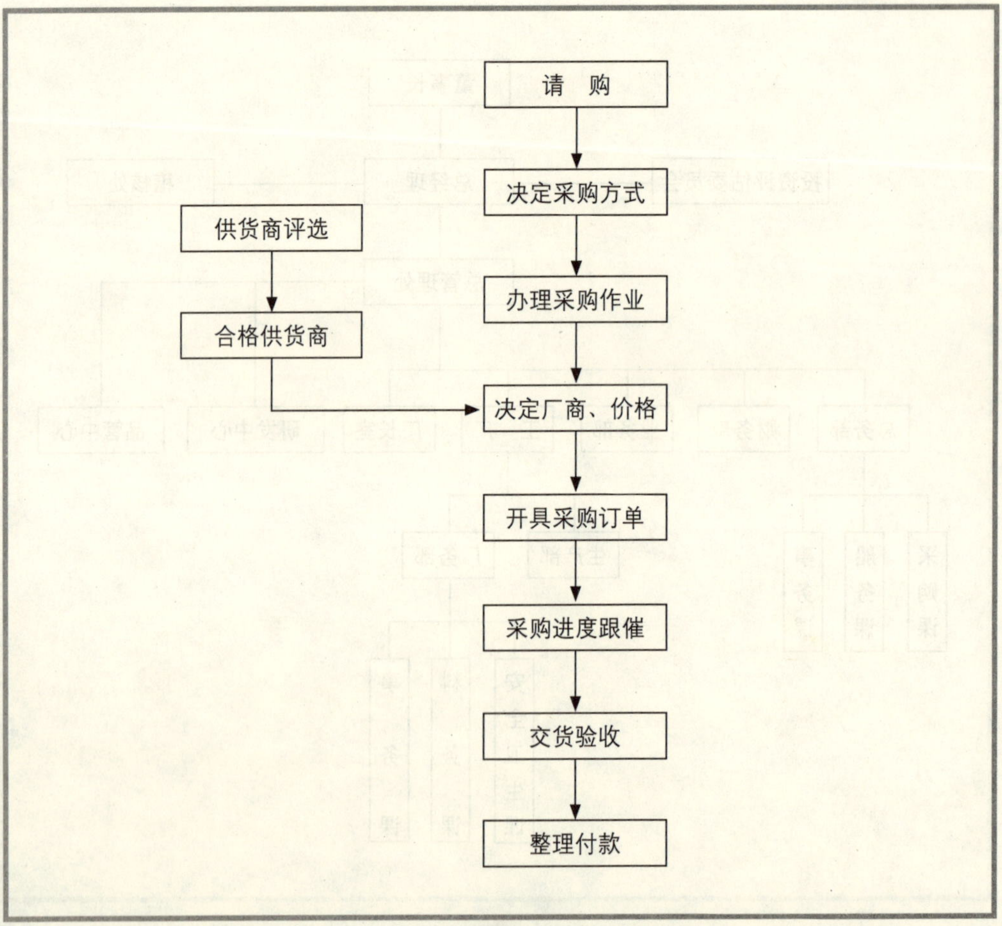

请 购 → 决定采购方式 → 办理采购作业 → 决定厂商、价格 → 开具采购订单 → 采购进度跟催 → 交货验收 → 整理付款

供货商评选 → 合格供货商 → 决定厂商、价格

（二）采购作业要点

1．办理请购作业

请购是采购的先期作业，是企业进行采购前的内部控管程序，由各相关需求部门按请购作业程序向采购单位提出请购单，图表3－5为请购单的范例。

图表3-5 请购单

订单编号________ 请购单编号________ 请购单位________

厂商名称________ 收料单号码________ ____年____月____日

料号	品项	规格	单位	数量	单价	厂商	备注
交货日期： 年 月 日			运送方式：				
交货地点：			付款方式：				

总经理 副总经理 经理 经办人

2．决定采购方式

当采购单位接到请购单时，应按单据上的需求，视市场情况配合企业内部的采购制度，选择最有利的采购方式。

3. 办理采购作业

按所决定的采购方式办理采购作业。例如，当决定以招标方式进行采购时，采购单位便应按照招标作业程序办理采购作业。

4. 评选供应厂商

从合格的厂商名单中评选适当的供应厂商。

5. 决定厂商价格

确定采购价格，并从多家供货商中选择最适当者作为采购的对象。

6. 开具采购订单

在决定采购的供货商后，正式开具采购单作为采购的凭据。

7. 采购进度跟催

确认厂商能按进度如期交货。

8. 办理交货验收

进货时必须按照采购订单的内容，核验检查确认无误后予以收货。

9. 对象储存作业

验收完毕后，需先入库储存且更新存货记录，按需求计划将其发送给需用部门。

10. 整理付款作业

会计部门可比对采购单内容及验收入库资料，作为应付账款及相关付款作业的依据。

三、采购制度实例

[实例一] A企业的国内采购管理办法实例

1．本公司国内采购作业需按本办法办理。

2．国内采购计划员根据季生产计划排定物料计划，并计算本月份应采购数量。

3．根据采购经理批准后的采购计划，在当月填写请购单(图表3－6)，一式二联，经采购经理核章后第一联送至国内采购课办理采购事宜，第二联送采购计划员存档。

4．国内采购课接到第一联请购单后，应根据品名、规格积极寻找供应厂商，原则上每一物料应寻找2家以上的供应厂商，其必须具备的资格如下：

图表3-6 请购单

日期：___年___月___日　　　　编号：

项目	物料编号	品名规格	请购数量	交期	备　注

采购经理　　　　物料课长　　　　填表

第一联：物料课

第二联：采购课

(1) 必须是有营业执照的公司；

(2) 必须承做过其他公司的相关零件，且在持续供应者。

国内采购课承办人在订购前应切实调查该厂商的信用程度、交货情况、制造能力、品质情况，并将“供应厂商资料表”一式两份填妥呈采购经理批示认可后，一份交国内采购课保存，一份交总经理室保存。

对于特殊规格物料、每年使用量很大的物料以及独家供应的物料，在采购前更需注意加强对供应厂商的调查工作，必要时须协同开发部工程师与品管人员前往调查。

5．供应厂商确定后，根据开发部所提出的零件规格图通知该供应厂商按照图纸试做样品，并请其估价。样品经开发部工程师认可后，就合格厂商的估价单进行比价。比价时应考虑要点如下：

(1) 原则上采用各报价最低者；

(2) 就厂商的交货期限、付款条件、信用状况、品质情况等实质条件作为选择的因素；

(3) 将决定交易厂商的估价单以及其他厂商的估价单，一并呈总经理批准，必要时须附其他必要的说明。

6．经比价决定厂商后，内购课应和该厂商议价，经双方同意后，正式通知该厂商开模试做，并将样品提交开发部，经工程师实际测试认可后，国内采购课承办人方可正式发送订购单(图表3－7、图表3－8)给该厂商，并请其按开发部认可后的样品交货。

7．订购单一式五联经承办人员核章后送内购课编号，并呈送课长、厂务经理、总经理核章后退回原承办人员，将订购单通知厂商。厂商在订购单上签章同意后，第一联由国内采购课存查，凭此登记“物料订购及进厂进度控制表”(图表3－9)以作为进料控制之用，第二联由厂商存查，第三联由国内采购课承办人区分厂商等级后送财务部，第四、五两联送往采购计划员。

图表3-7 订购单

厂商：________________ 编　号：________________
地址：________________ 订货日期：______年____月____日
电话：________________ 请购单编号：________________

项目	物料编号	品名规格	单　位	数　量	单　价	合　计

货款总额：　万　仟　佰　拾　元

交货日期：　交货地点：

交易条件

1.交期：
承制厂商必须切实遵守本订购单确定的或本公司采购课电话或书面通知调整的交期，若有延误的情形，每逾一日扣除该批货款____%。
2.品质要求：
(1)检验方法:MIL－STD－105D表正常检验单次抽样计划；
(2) AQL。
3.品质保证期限:入厂后三个月。
4.退货：
检验后如发现有品质不良或物品损坏时，承制厂商接到通知后三日内应将该退货部分运回并尽速补运，逾期如有遗失本公司概不负责。
5.检验费用:特别采购时检验费用由承制厂商负担。
6.其他：
(1)承制厂商送货时应多附____%样品；
(2)市场价格普遍下降时承制厂商应相应降价，并从接获本公司采购课通知时起生效；
(3)交货时请在送货单上注明本订购单编号，并附上统一发票，送货单发票上也应注明本公司物料编号。

承制厂商公司章		委制厂商	总经理	经　理	课　长	承办人

第一联：采购课
第二联：厂商
第三联：财务部

图表 3-8 订购单

第五联：收料处

第四联：呈采购计划员后转送成本课

厂商：______ 编　号：______
地址：______ 订货日期：____年____月____日
电话：______ 请购单编号：______

项目	物料编号	品名规格	单　位	数　量	单　价	合　计

货款总额：　万　仟　佰　拾　元

交货日期：　　交货地点：

项目	月/日	付款数量	订单余额	进料验收单编号	发票号码	备　注	付讫章

承制厂商公司章		委制厂商	总经理	经　理	课　长	承办人

图表 3-9 ××公司物料订购及进厂进度控制表

物料编号: 品名规格: 使用机型:

请购单编号	订购日	厂商	电话	订购单编号	单价	订购数	答应交货日期	交货日	交货数量	进料验收单编号	实际付款总数	本订单余额	备注

8．国内采购课承办人员接到采购计划员送来的第一联“采购计划接收数量交期”的调整，并将此调整后的数量交期填入物料订购及进厂进度控制表，国内采购课即利用“采购计划接收数量交期一览表”（图表 3 - 10）作为催料与控制交期的依据。

物料课收料员除根据第三联“采购计划接收数量交期一览表”严格控制厂商的交货外，国内采购课承办人员于接到进料验收单后必须将交货内容记入物料订购及进厂进度控制表，凭此核对交货数量与交期是否按照要求供应，若不相符时应立即向厂商催料。

9．送厂物料在入库使用前均须经过抽样检验，以判定进料的品质水准。抽样计划一律采用 MIL - STD - 105D 抽样计划正常检验标准，并依据品管课所订的“进料检验各种零件允收水准(AQL)”进行检验工作。抽检结果不良数在允收范围之内的予以接收，其余抽验的物料在三个月内发现不良品的，将退回厂商或提出更换要求。

图表 3-10 ××公司(　)月份采购计划接收数量交期一览表

物料编号	品名规格	计划接收数量	分批接收数量交期	厂　商	备　注

厂务部经理　　　　物料课长　　　　制表

10．进料经检验后发现的不良品，内购课接到品管课送来的物料检验报告(图表3－11)后，必须立即通过电话和发文的方式通知厂商，将统一发票号码、进料验收单编号以及检验情形、不良状况通知厂商，并请其于三日内办理退货。

11．生产线发现不良品时，在该厂商下次交来同类的物料经品管检验后，由收料处收料员取出该不良品与检验后的良品更换。对于不常交易厂商，由物料计划员通知厂商前来交换，必要时须会同采购人员办理。

12．本办法经核准后实施，修正时亦同。

图表 3-11 ××公司物料检验报告

第五联：开发部
第四联：物料课
第三联：采购课
第二联：厂商
第一联：品管课

编　　号：
报告日期：　　年　月　日

厂　商	物料编号：	订购单编号：
	品名规格：	发 票 号 码：
	批　　量：	验收单编号：
		交 货 日 期：

检　验　结　果

检验日期：________ 样本数：________
Ac________Re________ 样本不良数：________
原因分析：________

意见栏	□退厂商	□返工	□全检	最后决定：
	□退代理厂	□暂用	□其他	

品管课长		物料课长		开发部工程师		接收数量：
						退货数量：
备注						

[实例二] B企业的国外采购管理办法实例

1．本公司外购品的采购作业需按本办法执行。

2．新产品开发时外购品采购作业程序：

(1) 开发部按新产品开发项目决定所需零件的规格，并填具零件样品需求通知单一式两联，一联自存，一联通知外购课收集样品。

(2) 外购课接到样品需求通知单后，依照开发部对样品的规格要求，请国外供应厂商或国内代理商寄送样品并报价，外购课将所收集的样品送交开发部确认。

(3) 开发部认可后的样品送回外购课后，由外购课承办人员就其报价加以比价，并呈报上级决定。

(4) 价格决定后，请该产品的代理商前来本公司洽询交货条件和订购条件的详情，双方均认可后即可与其签订采购合约，并由外购课填具订购单一式四联，经总经理签章后第四联留存，一至三联寄该代理商请其签章。一、二联由代理商留存，第三联副本寄回本公司外购课存查，采购合约必须注明以下事项：

① 数量条件；

② 价格条件；

③ 品质条件；

④ 付款条件；

⑤ 包装条件；

⑥ 装船条件；

⑦ 保险条件；

⑧ 发生纠纷时处理办法；

⑨ 罚则。

(5) 外购课根据采购合约预计信用证日期，与代理商洽办报价手续，请其提供报价单（invoice）。根据报价单以及必要文件向相关单位或其授权办理签证银行申请签发“准入许可证”（I/L）。取得“准入许可证”后应于结汇有效期间向指定银行办理进口结汇并申请开立信用证。

(6) 开出信用证后，与国外供货商或本地代理商联系装船日。于预定装船日应再次与国外供应厂商或本地代理商核对是否如期运出，如有延迟现象应予以催货。

(7) 接到装运单副本时应准备报关必要文件，并将发票复印两份，一份给物料计划员，以便随时注意到达日期能否与生产计划配合。一份呈厂务部会计课，以利成本会计工作之进行。

(8) 货品运达时，根据银行通知在汇票清偿或签立信托收据后，领取装运单据，同时备妥必要文件请报关行报关后由本公司船务赴海关办理提货。

(9) 物料进厂后必须先经品管课抽样检验，以判定进料的品质水准。抽样计划采用MIL－STD－105D抽样计划正常检验标准，并依据品管课所订的“进料检验各种零件允收水准（AQL）”、验收规范、工程规格图纸开展检验工作。

(10) 进料经品管课检验后，发现的不良品由物料课汇总在检验后3日内通知外购课与国外供应厂商或国内代理商协调更换补运事宜。

3．一般例行性物料办理采购的作业程序如下：

(1) 根据每季度生产计划书由外购课承办人员于每月3日前提出外购品采购计划（图表3－12），经总经理批准后交回外购课，外购课依据批准后的数量办理采购，副本送物料计划员。

图表3-12 ××外购品采购计划表

项目	物料编号	品名规格	单位	在制品	库存	外仓	运输中	计划接收数量	总存量	计划用量	本月结存	计划接收数量	总存量	计划用量	本月结存	计划接收数量	总存量	计划用量	本月结存	计划接收数量	总存量	计划用量	本月结存	备注

(2) 外购品采购计划准备程序:

① 外购品采购计划是根据该项物料在工厂现有数量，和已购未入库量汇总后，与本月计划用量比较，并从本月库存结余以及安全存量来调整本月的采购数，原则上本月结存数应不少于下月预计使用量与第三个月第一个星期预计使用量之和。

② 在制品范围

在制品包括生产线上还未加工或装配的物料、半成品以及未办理成品入库手续前的成品。此数据由制造课长提供，每月月底制造课长负责将生产线上外购材料的在制品盘点后换算成零件数，在下月第一个工作日中午前送外购课，待报废品、不良品应从其总数内扣除。

③ 库存资料由物料课料账员提供，外包数量为月底时尚未存于仓库的未检验物料的数量，此数据由收料员提供，上述资料应于下月第一个工作日中午前送往外购课。

④ 运输中数量

已接到该物料装船通知或装运单据副本，而物料还在运输途中或是物料已到达正办理报关手续者。

⑤ 计划接收数量

本月份即将运出，且本月份能入厂者。

⑥ 上列各项的和减去当月计划用量之后即为本月结存量。

⑦ 将本月预定采购数以及预定交期填入备注栏，以供总经理核示。

(3) 外购品采购计划经总经理批准后，外购承办人员即依据此采购计划从事采购工作。

(4) 外购课承办人发出订购单后，应根据自存的第四联复印一份给物料计划员以登记物料订购、运输、接收记录，并密切注意交期与生产计划的配合。

(5) 以下从信用证的开立、装船运送、报关提货到进料检验等程序与本办法第2条第7项起相同。

4．外购品的退货处理程序

(1) 外购课承办人员接到物料课外购不良品汇总报告后，立即通知国内代理商，在确知有存货的情况下请其尽速前来更换。

(2) 若国内代理商无存货或国内无代理商，则由外购课承办人员安排公证处公证，同时与国外供应厂商协调更换补运事宜，经其同意后检附公证报告、交涉赔偿补运文件及原始进口文件向海关申请出口，经海关承办人员核准后，委请报关行办理出口事宜。

5．为了能够切实掌握外购品的采购进度，从与供货商或代理商签订采购合约或发出订单开始，其每次进口的各重要日期在取得单据或文件时均应于“外购品采购进度表”（图表3－13）上注明，作为自行控制采购进度之用。

6．外购课承办人员在提出外购品采购进度周报表时，即可将已申请准入许可证（I／L）而还未入厂的每一批外购品现况列入报告，特别要将预定到达日期注明，并与生产计划核对，与实际入厂日期比较。外购品采购进度周报表一式三联，第一联由外购课自存，第二联呈总经理，第三联送物料课。

7．本办法经核准后实施，修正时亦同。

图表 3-13 ××公司外购品采购进度表

订购及签证状况											运输状况					报关		接收状况						订单余额	备注
订购(签约)日期	订购(签约)编号	供应厂商或代理商	订单(签约)数量	单价	分批交货数量交期及开信用证日期	报价单	信用证编号	结汇方式	开立日期	输入许可证编号	装船数量	运输工具及名称	装船日	发票号码	估计到达日期	送报关行日期	海关放行日	入厂日期	实际接收数量	进料验收单编号	验收良品数	不良品数	实际入库数		

第四篇 采购作业与管理方法

一、采购作业的概念

二、采购作业的方法与流程

三、采购作业的管理方法

四、采购作业的管理案例分析

问题多种多样，关键问题何在？

企业通常会按已制定的作业规范或管理办法执行采购工作，并且会明确规定其采购管理方式，以作为采购人员的工作依据。例如，深圳某塑料制品企业制定的“国内外采购标准作业手册”即为一例。

本篇说明采购作业的含义、内容、方法及程序，并剖析企业采购作业的管理案例，以作为企业在执行采购作业与管理时的参考。

一、采购作业的概念

（一）采购作业的含义

1．采购作业的定义

采购作业是指企业为取得材物料、零组件、工具设备、商制品等标的物所采取的一连串协商行为及交易活动。

2．采购作业的要点

⑴ 寻找物料供应来源，并分析厂商、价格、规格等市场最新信息，进行多家厂商的评选资料分析；

⑵ 与供货商洽谈采购事宜，并参观供货商的工厂，借以建立供货商或供应厂商的基本资料；

⑶ 请厂商提供样品、价格、品管方法、出厂作业方式等信息；

⑷ 针对采购品的报价，与供货商进行议价后决定采购价格；

⑸ 发出采购单以购买所需的原材料、物品、零部件等标的物；

⑹ 进行交期管理，确认是否如期交货；

⑺ 进行进货验收作业，确认进厂物品的品名规格、数量与品质；

⑻ 合格品入库作业；

(9) 完成付款作业，以进行冲销采购单工作；

(10) 建立采购作业所需要的参考资料及档案；

(11) 了解市场趋势，并搜集市场供给与需求价格等资料，进行采购品的价值及成本分析；

(12) 控管采购品的数量与品质，预防呆料与废料发生。

（二）采购作业的内容

采购作业是指执行采购作业所进行的一连串协商行为以及交易活动，涉及适当的厂商、采购品的品质与数量、及时交货以及最合理的采购价格，其内容包括下列各项：

1. 适当的厂商

适当的供应厂商是指供货的品质、交期、价格及协调性等都能密切配合的供应厂商。

品质、交期、价格及协调性四项的评分总和最高的供应厂商，就是最适当的供应厂商。

2. 适当的品质

适当的品质是指产品或服务合乎买方的品质要求。

太严格的品质要求，虽合乎买方市场的品质要求，却会徒增产品或服务的成本；太宽松的品质要求则根本不符合买方市场的品质要求。

3. 适当的交期

适当的交期是指刚好及时配合采购进度或按交货日期完成进货作业。

交货太早，则存货太多，增加存货成本；交货太迟，则容易造成存货缺乏、生产线停工待料等损失。

4．适当的价格

适当的价格是指在所要求的交易条件下，最低或最合理的采购价格。

站在采购的立场，当然希望采购价格越低越好，但供货商却期望卖价越高越好，因此，太高的采购价格，采购者不能接受；太低的采购价格，供货商不能供货。适当的价格就是在符合所要求交易条件下，供应厂商愿意接受或提供的采购价格中最低或最合理者。

有些供应厂商以较低的采购价格报价以取得采购订单，却未顾及所要求的其他交易条件，出现一些不良现象，例如，供应品的品质因低成本而低劣，交期延误，不支付运费、保险费或包装费等，这种采购价格并非适当的价格。

5．适当的数量

适当的数量是指按存量管制系统或物料需求计划下采购的数量而言，其采购数量刚好不多也不少，故为适当的数量。

采购数量太多，则容易造成存货增加，进而造成存货成本增加，并促使呆料发生的几率提高；采购数量太少，则极易造成存货短缺的现象，进而造成缺料停工及延误商机等损失。

二、采购作业的方法与流程

（一）采购作业的方法

采购作业的方法很多，企业可依据采购政策及采购品的特性与需要，采用最适当的采购作业方法。各类型的作业方法说明如下：

1．按采购地区分

⑴ 国内采购

向国内的厂商进行采购的行为，称为内购。

⑵ 国外采购

向国外的供应厂商或外国供货商在本国境内的代理商进行采购的行为，称为外购。

采购作业以国内采购较为方便与经济，但有时国外供货商价格低廉时，则采用国外采购方法较为经济。有时为培养国内厂商提高自制能力，也可不考虑国外采购的经济性而转为采用国内采购方法。

2．按采购来源分

⑴ 独家采购

同一采购品向同一厂商采购的行为。

⑵ 多家采购

同一采购品同时向多家厂商采购的行为。

⑶ 互惠采购

① 双向采购

由需求者与原料供应者互换所需的行为。

② 多向采购

制造产品或物料的供应者通过一方或双方间接交换所需的行为。

③ 统筹采购

联合所属的供应厂及自己工厂所需的原料，一并采购。

3．按采购方式分

⑴ 直接采购

用料单位直接向国内外物料供应厂商采购所需物料的行为。

⑵ 委托采购

用料单位委托代理商向物料供应厂商采购所需物料的行为。

⑶ 调拨采购

将过剩物料互相支持、调拨使用的行为。

4．按采购政策分

⑴ 集中采购

由总公司的采购单位统筹处理采购作业，又称为统一采购或统购。

① 集中采购的优点

- 采购物料集中，可降低作业费用，获得价格折扣，节约运输费用等；
- 集中采购较易于专业分工，可培养采购专业人才；
- 集中采购较利于监督与考核；
- 可建立材料规格的标准，以便获得统一的品质；
- 可配合企业财务状况，建立企业整体的统筹供需关系；
- 可设计有效管制体系，避免失误，从而提高作业效果；
- 便于实行采购程序标准化，减少因分散采购导致的重复作业进而降低采购成本。

② 集中采购的缺点

- 部分用料较少或易于采购的物料常无法得到全面的有效配合；
- 请购程序及手续太过机械化；
- 有些物料因受地域限制而不利于集中采购；
- 无法机动配合紧急采购案；
- 工厂如较分散，集中采购后再分运，对仓储管理的灵活调配是一大挑战。

⑵ 分散采购

由各分公司的采购单位进行采购作业的行为。

① 分散采购的优点

- 可机动配合实地需要，提高服务质量；
- 紧急采购时可争取时效；
- 有利地区性物料等采购品的采购；
- 分散采购的仓储管理较方便。

② 分散采购的缺点

- 大型企业中用料较多的物料无法获得集中采购的价格折扣；
- 难以培养专业人才；
- 不易进行资料的集中控制与处理；
- 相同物料规格不能统一，易增加库存成本；
- 长期的采购计划不易控制；
- 作业分散，手续重复以致成本增加。

(3) 混合采购

采取集中采购与分散采购并行的混合采购，兼具两者的优点并避免其缺点。

一般而论，健全的采购方式应趋向于决策的集中，但在实际执行时采用分散的方式作业。

5．按采购性质分

(1) 公开性

① 公开采购

采购行为公开化。

② 保密采购

采购行为是在保密中进行的。

(2) 数量性

① 大量采购

采购数量多的采购行为。

② 零星采购

采购数量零星化的采购行为。

(3) 特殊性

① 特殊采购

采购项目特殊，采购人员事先必须花费较长时间从事采购信息搜集的采购行为，如采购特殊规格或特种用途的机器。

② 普通采购

采购项目极为普通的采购行为。

(4) 正常性

① 正常采购

采购行为正常化而不带投机性。

② 投机采购

物料价格低廉时，大量买进以期涨价时转卖的采购行为。

● 投机性采购的优点

可能获得巨额的投机利润。

● 投机性采购的缺点

a．动用大量资金；

b．等待有利的购买时机才进行购买，有时会影响产销活动的正常进行；

c．需使用大量的仓储空间以囤积投机性采购的物料；

d．若物料规格大幅变更，投机性采购的物料就有变成呆废料的可能。

(5) 计划性

① 计划采购

依据物料计划或采购计划进行采购的行为。

计划采购的优点在于存货具有计划性并可适当地加以控制，且价格成本控制也较具体，当物料计划及规格发生变更时，易与供应厂商进行协商。

② 市场采购

依据市场的供需情况、价格的波动等状况从事的采购行为。

● 市场采购的优点

a．节省购价；

b．增加制成品边际利润等。

● 市场采购的缺点

a．存货增加，仓储空间增加，存储成本升高；

b．若规格发生变更，则有形成呆废料的可能；

c．若对市场价格趋势判断错误，则可能带来极大的损失。

6．按采购时间分

(1) 固定性

① 长期固定性采购

采购行为属长期而固定性的采购。

② 不固定采购

采购行为属非固定性，需要时就采购，又称实时采购。

(2) 计划性

① 计划性采购

根据物料计划或采购计划进行采购的行为。

② 紧急性采购

物料急用时且无计划性的紧急采购行为，又称非计划性采购。

⑶ 预期性

① 预期采购

预先将物料买进而后付款的采购行为。

② 现用采购

以现金购买需用物料的采购行为。

③ 投机采购

物料缺乏时以低价买进的采购行为。

7．按采购订约方式分

⑴ 合约采购

买卖双方根据合约的方式而进行采购的行为。

⑵ 口头采购

买卖双方不经过合约的方式而是以口头的洽谈方式所进行采购的行为。

⑶ 电话采购

买卖双方通过电话的洽谈方式而进行采购的行为。

⑷ 书信采购

买卖双方借由书信进行采购的行为。

⑸ 试探性订单采购

买卖双方在进行采购事项时，若无法大量下单，先以试探方式下少量订单，这便是试探性订单采购。等试探性订单采购进行顺利时，再进行大量订单的采购。

8．依采购决价方式分

⑴ 招标采购

将采购物料的所有条件(例如物料名称、规格、数量、交货日期、付款条件、罚则、投标押金、投标厂商资格、开标日期等)详细列明，进行招标。

投标厂商依照公告的所有条件，在规定时间内，缴纳投标押金，参加投标。按规定必须有至少三家以上的厂商从事报价投标方得开标。开标后，原则上以报价最低的厂商得标，但得标的报价仍超过底价时，采购人员有权宣布废标，或征得监办人员的同意，以议价方式处理。

(2) 询价采购

采购人员选取信用可靠的厂商，将采购条件讲明，并询问价格或寄以询价单并促请对方报价，比较后再进行现价采购，即采购者向适当的供货商探询商情，或请卖方寄送样品、产品目录或价目表，而买方确认与买卖条件相符时，进行采购的方式。

(3) 比价采购

采购人员寻求数家厂商提供报价，从中加以比价后，决定厂商进行采购事项。

这种采购方式一般用于价值较小的零星采购，先将比价采购的物料进行公告，事先免交押标金，同时有两家以上供货商报价，即可进行比价采购。

(4) 议价采购

采购人员与厂商双方经讨价还价而议定价格后方进行采购行为，亦即与厂商个别进行洽购，以议定价格的采购方法。

凡独家经营的物料，不能以竞争比价方法办理的，则可用议价方式办理，即与供货商议定条件、价格并订约供货。

(5) 订价采购

购买的物料数量巨大，非一两家厂商所能全部提供，或当市面上该项物料匮乏之时，则可订定价格以现款方式采购。

(6) 公开采购

采购人员在公开交易或拍卖场所随时进行机动式采购，采购大宗物料采用此种方式时常会有价格变动的情形。

（二）采购作业的流程

1．采购作业具体步骤

⑴ 由物料管理部门或物料使用部门开出请购单交给采购部门；

⑵ 决定购买物料的项目以及购买数量；

⑶ 分析市场供需状况，并找出有利的购买时机；

⑷ 决定物料供应来源及慎重调查具有潜力的厂商以进行采购；

⑸ 以询价、比价、议价等方式决定有利价格，并选定供应厂商；

⑹ 与供应厂商进行采购合约的制定；

⑺ 开立采购订单；

⑻ 督促供应厂商能确保准时交货，即进行进度跟催作业；

⑼ 核对并完成采购交易行为，亦即根据验收单或品质数量检验报告，核对供货商的交货状况，并统计不良品数量，填写退货单，随货品寄送厂商要求更换处理；

⑽ 核对发票，并注意金额总数。发现有误时，应退回供货商更正，若涉及现金折扣，则发票日期应改为更正时的日期；

⑾ 将采购订单、验收单及发票核对无误后，按照产品和供货商两类区分，并衡量法令规定以及成本节约的原则，予以注明而后依照采购订单的编号顺序归档。

国内采购与国外采购的采购程序大致相同，主要区别在于国外采购必须经过进口程序及海关作业手续。

2．采购作业流程图

企业所进行的采购作业流程图如图表 4 － 1 所示。

图表 4-1 采购作业流程图

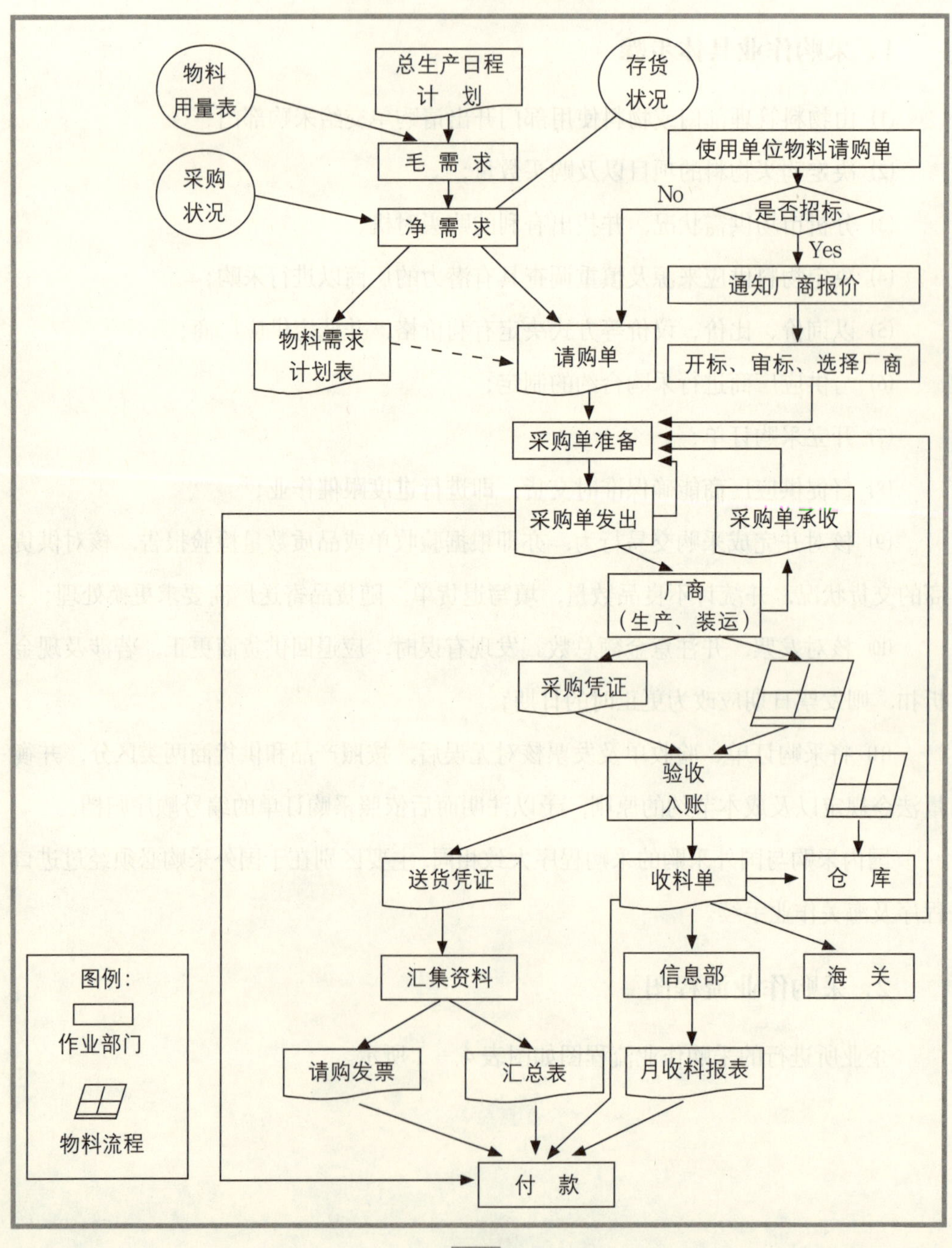

三、采购作业的管理方法

采购作业管理是指运用计划、执行以及控管等管理流程和方法进行采购作业，促使采购作业更有效率。其要点说明如下：

● 采购策略与政策的制定及实施

例如：厂商选用的政策、采购价格的制定策略等。

● 采购目标及预算的编定及实施

例如：年度设备采购预算、降低采购成本的目标等。

● 按采购计划进行相关采购作业

例如：大宗物资的批次采购计划。

● 采购组织运作及专业分工、人员培训

● 采购制度流程的建立与推动

● 供应厂商开发、选定与管理

● 最合适的采购作业的执行

包括品质、数量、价格、交期的控管工作。

● 采购绩效评估与改善

有关采购作业的各项管理方法，将在本书各章节中详述其做法，针对采购管理重点分别剖析台湾地区及大陆企业的案例，以作为企业推动采购管理工作的参考。

四、采购作业的管理案例分析

[实例一] A公司物料请购作业管理办法

1. 本公司各类物料的请购作业及管理方式按本办法办理。

2. 凡统筹采购的资本支出用料及营业用料，由本公司物料部门根据购料预算表，参考存料数量、用料情形，并考量财务状况填具“物料请购单”（图表4－2）及“物料请购明细表”（图表4－3）进行请购作业。

3. 凡经批准在其他工程物料预算内使用或补列下年度预算的用料，须由本公司用料部门填具“物料请购单”及“请购物料明细表”，送物料部门办理请购作业。

4. 经授权的分公司自行购办的物料项目如下：

(1) 零星物料

(2) 消耗性工具

(3) 工程配合物料

(4) 急用物料

经本公司核准自购物料，须由用料部门或物料部门填具“物料请购单”及“请购物料明细表”，送物料部门呈报主管核准请购，也可按其购价授权各级主管核准请购。

5. 本办法经总经理核准后实施，修正时亦同。

图表 4-2 物料请购单

请购单号码： 请购日期：

<table>
<tr><td>核准</td><td colspan="6"></td></tr>
<tr><td>物料编号</td><td></td><td>物料名称</td><td></td><td>收量单位</td><td colspan="2"></td></tr>
<tr><td rowspan="8">用料事项</td><td>规格</td><td colspan="2"></td><td>以前购案</td><td colspan="2"></td></tr>
<tr><td>用料日期</td><td></td><td>用料地点</td><td></td><td>用料单位</td><td></td></tr>
<tr><td>工程编号</td><td colspan="2"></td><td>用途</td><td colspan="2"></td></tr>
<tr><td colspan="3">动用预算项目</td><td colspan="2">预算编号</td><td>金额</td></tr>
<tr><td>资本支出</td><td colspan="2"></td><td colspan="2"></td><td></td></tr>
<tr><td>费用支出</td><td colspan="2"></td><td colspan="2"></td><td></td></tr>
<tr><td>请料部门</td><td></td><td rowspan="2">请料员</td><td></td><td rowspan="2">主管</td><td rowspan="2"></td></tr>
<tr><td>请料登记</td><td></td><td></td></tr>
<tr><td rowspan="3">请购事项</td><td>交货日期</td><td colspan="2"></td><td>交货地点</td><td colspan="2"></td></tr>
<tr><td colspan="6">本请购单核准后 □送总公司购办 □交本公司采购部门购办</td></tr>
<tr><td>可用数量</td><td colspan="2"></td><td>预估需求量</td><td colspan="2"></td></tr>
<tr><td>会签</td><td colspan="6"></td></tr>
</table>

请购人员 请购部门主管 物料部门副主管 物料部门主管

图表 4-3 物料请购明细表

项目	物料编号	物料名称及说明	单位	用料日期	用料数量	合计	用料地点	现存数量	交货地点	交货日期	备注
1											
2											
3											
4											
5											

请料部门主管　　请料人员　　存控部门主管　　请购人员

[实例二] 某公司物料采购作业管理办法

1．通则

⑴ 本公司各类物料的采购作业及管理方式按本办法办理。

⑵ 物料的采购，除由上级机构统购核发者外，国外采购一律由本公司统筹办理，国内采购以由本公司统筹集中办理为原则，其有地域性、时间性的零星消耗性物料，须由本公司授权分公司自行办理。

⑶ 本公司所需各种物料，在国内已有生产、其品质达到本公司规格要求、产量足够本公司需要、价格不超过同类进口价格的情况下，以国内采购为原则。

⑷ 除因偶发事件临时急需或零星采购（金额不超过规定）者外，未经贸易局核准，不得在国内采购进口物料。

2．采购组织

本公司和分公司都应设置购料审核委员会，审核购料案件，研讨改进购料事项。

3．采购方式

(1) 除经本公司已核定价格决定的采购外，应视采购金额、采购条件及市场情况，按下列方式择一办理：

① 招标；

② 比价；

③ 议价；

④ 零星采购；

⑤ 委托采购。

(2) 物料的采购达一定金额以上者，应依照招标规定，以公告招标方式办理。

(3) 物料的采购在一定金额以上，且符合比价情形之一者，须列举事实说明理由，经主管核准后，以比价方式办理。

比价应公告五日以上，如已知合格厂商的家数，可直接以书面形式通知各厂商参加比价。

(4) 物料的采购在一定金额以上，且符合议价情形之一者，须列举事实说明理由，经主管核准后，以议价方式办理。

4．国内采购

(1) 国内购料的物料规格、投标手续及合约草稿等，在公告内没有说明的，须在投标及比价须知内详细规定。

(2) 国内购料在一定金额以上的开标、比价或议价时，应召开购审会议办理。

(3) 一定金额以上国内购料的底价（底价单如图表4-4），由物料部门参考有关资料拟订密呈主管核定，在开标、比价或议价三日前密封送达上级

图表 4-4 ______案底价单

_____年___月___日

项　目	物料名称	单位	标购数量	拟订底价	监办意见	核定底价	备注
本机构负责人		有关部门代表或购审会委员		监　办	上级机构代表		

说明：公司分机构一定金额以上的国内购料，物料部门填具底价单，于开标或议价前会同监办机关及上级主管机构代表核定底价。

机构查核，并在开标、比价或议价前由购审会和监办人员决定。

(4) 一定金额以上的国内购料，应以符合投标须知且在底价以内的最低报价为原则，如最低报价未超过底价10%，经购审会同意认为必须决标时，须说明理由，征得监办人员同意后决定。

如最低报价不合理，有降低品质之虞或其他特殊情形，则可采用次低报价或最低报价超过底价10%～20%者，经购审会同意，须说明理由，呈报上级核准后再予以决标。

最后报价超过底价20%以上者，应废标，另行购办。

(5) 国内采购未达一定金额者，须以比价办理，如需以议价办理时则须经购审会核准后办理。

(6) 购审会办理上述购料，会计及检核委员必须出席，以最低报价未超过底价10%必须决标或最低报价不合理，有降低品质之虞或其他特殊情况可采用次低报价。

参加比价的厂商不足两家，拟当场改为议价时，得经购审会决议后办理。

前项购料底价，由物料部门提出“市价调查及核定底价单”（图表4-5），应密送会计且检核部门应派员复核，并请购审会核定密封，在开标、比价、议价时会同购审会负责人拆封。

图表4-5 市价调查及核定底价单

第___页共___页

批别	项目	名　称	单位	数量	物料部门调查	上次购价	物料部门拟订底价	复核	核定底价	备注

(7) 国内购料未达______元者，须采用零星采购方式办理。但因急需或以标购方式无法购到的物料，经购审会核准后，以零星采购方式办理：

① 金额在______元以上者，应由物料部门、用料部门、会计部门及检核部门派员会同询议价，除独家制造或经销的物料，取一家估价单之外，其他应取两家以上估价单，填具“购料估价比较表”（图表4-6），经购审会核定后择优订购。

② 金额在______元者，由物料部门及用料部门派员会同询议价，除独家制造或经销的物料，取一家估价单之外，其他应取两家以上估价单，填具“购料估价比较表”送经物料部门主管核定后择优订购。

图表 4-6　购料估价比较表

<table>
<tr><td rowspan="3">案由</td><td rowspan="3"></td><td colspan="2">送审日期</td><td colspan="5">年　　月　　日</td></tr>
<tr><td colspan="2">请购单
通知单</td><td colspan="5">字第　　号</td></tr>
<tr><td colspan="2">运用预算</td><td colspan="5"></td></tr>
<tr><td rowspan="2">项目</td><td rowspan="2">物料名称</td><td rowspan="2">单位</td><td rowspan="2">数量</td><td colspan="5">报价厂商名称</td></tr>
<tr><td></td><td></td><td></td><td></td><td></td></tr>
<tr><td></td><td></td><td></td><td></td><td></td><td></td><td></td><td></td><td></td></tr>
<tr><td></td><td></td><td></td><td></td><td></td><td></td><td></td><td></td><td></td></tr>
<tr><td></td><td></td><td></td><td></td><td></td><td></td><td></td><td></td><td></td></tr>
<tr><td></td><td></td><td></td><td></td><td></td><td></td><td></td><td></td><td></td></tr>
<tr><td colspan="4">主任委员或经授权者</td><td colspan="3">购审会委员或有关部门代表人</td><td>使用部门</td><td>经办部门</td></tr>
<tr><td colspan="4"></td><td colspan="3"></td><td></td><td></td></tr>
</table>

③ 金额未达______元者，由物料部门派员询议价，取估价单送经物料部门主管核定订购。

(8) 国内购料决标后，由物料部门填报办理情形（填报单如图表4－7、图表4－8）并经主管或购审会核阅。

(9) 国内购料办理厂商投标登记时，应查验厂商营业执照、纳税证明等证件，必要时并应查验其制造能力的证件。

(10) 国内购料应规定投标厂商缴纳投标金额或预计购料金额1%～10%的押标金，在得标厂商签好合约后或未得标厂商在开标后三日内返还押标金。

图表 4-7 一定金额以上购料案决标情形填报单

__采字第__号

__年__月__日

经内购_____案，（议价采购 / 比价采购 / 公开标购）下列器材，于__年__月__日召开第__次购审会议，进行（议价、比价、开标）事宜。

审计部派______，上级机构派______监办，并经决标如下表所示：

项目	物料名称	单位	数量	用途	投标厂商家数	得标家数	决标价格		请购单号 码	备注
							单价	总价		
合计金额						原定预算总额				
谨呈										

采购主管　　购审会负责人　　经办部门

图表 4-8 未达一定金额购料案决标情形填报表

自购第_____案公告比价采购下列器材，于__年__月__日召开第__次购审会议，办理采购事宜，并经决标如下表所示：

项目	物料名称	单位	数量	用途	投标厂商家数	得标家数	决标价格		请购单号 码	备注
							单价	总价		
合计金额						原定预算总额				

总工程师　　经办部门

⑾ 国内购料在______元以上，在决标后应签订购料合约（图表4－9、图表4－10），并规定得标厂商应缴纳履约保证金或出示资产证明。

购料合约应将副本分送用料及会计等有关部门，一定金额以上者并应送请监办人员签章后，将副本分送上级机构及审计部备查。但订购现货未达一定金额者可免签购料合约。

图表4-9 购料合约（正面）

案　　号:__________购字第________号　　　　签约日期:_____年_____月_____日

合约编号:__________字第________号　　　　决标日期:_____年_____月_____日

________________（购方）向________________ ________________（售方）

（中文名称）　　　　（英文名称）

订购下列器材，双方同意买卖条款如下:

请购单号　码	项目	物料编号	器材名称及规格	单位	数量	单价	总价
全部总价	包括在规定地点交货前的一切税捐、保险及运费。 自签约日起至货品交清为止的价格，售方不得以任何理由要求加价。						
交货期限							
交货地点							
付款办法							

图表 4-10 购料合约（背面）

交货方式	1.售方应于合约规定期限内交货，并在交货七日前备函通知购方。 经办科同时与收料仓库约定交货时间以便购方确定验收日期，通知有关单位办理验收手续。 2.售方交货时应派负责人员随带本案合约在场清点。 3.售方交货后应请收货单位给出临时收货证明。 4.交货日期的计算： (1)在购方验收者，以该批货品全数送达交货地点之日为交货日期； (2)在售方工厂验收者，以购方收到售方验收函件之日起算至第五日为交货日； (3)因不合格退货重交者，以最后合格货品到货计算交货日期，所有退货的搬运检验及公文往返时间概不扣除。
验收方式	1.订购器材之验收事宜由购方在售方交货后，派员按照合约规格及验收办法办理验收，验收时所需图样、人工、工具、仪器等项应由售方供给，不另收费。 2.器材规格如订明化学成分或物理性能，购方不能自行检验者，由验收人员当场会同抽样，并送相关检验机构检验，所有检验费用由售方负担。 3.经验收不合规格的货品应由售方尽快提回，限期更换合格货品，若因此超过合约规定的交货日期，仍以逾期交货处理。
罚 则	1.售方逾约定交货日期两星期未能交货，或所交器材验收不合格而又不能更换或更换仍不合格者，均视为违约。购方可终止合约并没收保证金，售方不得提出任何异议，所有购方因取消订购所受的损失，应由售方及其保证人负担。 2.售方如因故未能如期交货时，应事先以书面形式说明原因并向购方申请延期交货，购方视实际需要决定是否可延期。其逾期罚款仍照合约规定办理。 3.售方逾期交货部分每日按1‰从购方应付货款内扣除。 4.售方如有违约行为，除按本项第1款、第3款两款规定办理外，购方须视违约情节轻重予以停止投标权的处分。 5.售方如因非人力所能抗免的天灾人祸而致未能如期交货时，应由所在地政府部门出具证明文件，申请延期交货及免罚。

续表

<table>
<tr><td>履约保证</td><td colspan="4">本合约按下列(　)项方式办理以保证售方履行条款。
甲：按合约总价缴纳百分之(　)履约保证金，此项保证金于交货验收合格后返还。
乙：售方的保证人须经购方认可，并对本合约规定售方之义务负连带保证的责任。</td></tr>
<tr><td>品质保证</td><td colspan="4">除另有约定外，售方所交器材应自验收合格之日起至少保修一年，在保修期间内如发现品质不良，售方应无条件改善或更换合格品。</td></tr>
<tr><td>附加条款</td><td colspan="4">附加条款如与以上任一条款不一致时，以附加条款为准。</td></tr>
<tr><td colspan="2">售方及其负责人签印
地址：　　　　电话：</td><td rowspan="2">购方签印</td><td rowspan="2">监标人员会章</td><td rowspan="2">审计部</td></tr>
<tr><td colspan="2">售方保证人签印
地址：　　　　电话：</td></tr>
</table>

⑿ 购入物料的价款，应由会计部门核付。

零星料款，须由物料部门经主管核准预领定额备用金先行支付，按期报销。

5．国外采购

⑴ 国外物料的采购，按照有关法令规定委托信托公司办理“国外购办物资委托书”（如图表4－11所示）。达______元以上者，在委托办理时，应呈报上级机构备查。

国外采购器材的规格由请购单位拟订，核定后送物料部门办理。国外购料须要求国外厂商交货前，应先经信托公司认可的独立检验机构公证检验。

⑵ 国外购料估需外汇应向经贸局申请核配或自行核定本公司年度外汇配额。

国外贷款购料所需外汇申请程序另有规定者，按其规定办理。

图表 4-11 国外购办物资委托书

（委托单位中文名称） （委托单位英文名称）
（中文地址） （英文地址）
1.购办物资内容：委托机关签章__________ 发文日期__________ 购案编号________

项目	中国商品标准分类号别	品名（中英文名称）	主要规格	次要规格	数　量	单　位

2.采购方式：□标购 □比价 □议价 （采用比价或议价理由）
（比价或议价：□已征得审计单位同意 □正征审计单位同意中）
议价案件： □送驻外代表处办理 □向本地代理商议价
3.制造厂及本地代理商之名称及地址（指定厂牌购案）：
4.采购地区：
5.决标方式：□总价 □分组 □分项
6.装船期限：____年____月____日前装运。 收到信用状_____个月内装运。
7.报价条件：□FAS □FOB □C&F □CIF
8.保　险：□自办 □委托
□All Risks War SR & CC Risks □F.P.A. □WA □Inland Risk
□TRND □Breakage □Other____________________
9.包装方法：
10.出口检查：□独立公证 □制造厂 □其他
11.运输方法：□定期船（货柜／非货柜） □不定期船 □空运 □邮包
12.运达地点：
13.装于舱面：□可接受□不接受
14.分批交货：□可接受（但不得超过____批） □不可接受
15.决　标：□当场决标 □报价单携回审妥后再决标
16.本案报价有效期：____天
17.报　关：□自办 □________代办
18.提　运：□自办 □________代办
19.预算来源：
20.预算金额：
21.本物资以前曾否采购： □曾（合约号码________ 案号________） □否
22.备注：

说明：1.品名、规格、厂名及地址务请加注英文，表内位置不够时，可附另纸书写；
2.上列各项如有未填者，由信托公司购料处酌量办理；
3.如是指定地区或厂商采购者，请说明理由；
4.同一委托书尽量限于一种采购方式；
5.委托书分“红色”“白色”两种，紧急购案请填红色委托书以便识别；
6.本表一式四份：三份送信托公司购料处，一份由委托机关存查。

(3) 一定金额以上国外购料底价，由物料部门拟订后密送主管核定，密报上级机构核转信托公司在开标、比价、议价时会同监办人员决定。

(4) 未达一定金额国外购料底价，由物料部门调查拟订，请购审会核定后送由信托公司在开标、比价、议价时当场会同制定。

(5) 国外购料开标及决标时，物料部门应指派适当人员出席办理，必要时须请用料单位派员出席。开标后不能当场决标者，应将各厂商的投标单、物料规格等有关资料携回，另行商讨。

(6) 审标人员应在两星期内完成审标，填写“审标意见书”(图表4－12)，经核定后送信托公司依照其采购程序办理决标。

(7) 审标人员与物料部门均不得与各投标厂商讨论有关审标情形，或私自接受厂商补送资料。需由厂商澄清的事项应列明于审标意见书，由信托公司按规定程序转请厂商澄清。

(8) 国外购料决标后，物料单位应依照政府外汇价将料款折算为币值，连同预估手续费等拨付给信托公司办理签证、结汇等手续。

利用国内银行融资者，其付款由物料部门依照其与融资银行协议方式办理。

国外贷款部分由信托公司提供有关表单，物料部门以公司名义代办部分手续后，由公司按贷款规定办理开状手续。

(9) 国外购料决标后，物料部门在收到由信托公司与得标厂商签订的购料合约副本时，应分送用料及会计等有关部门备查，其在一定金额以上者，信托公司应转送公司及审计部备查。

图表4-12 审标意见书

案号:	开标日期: 年 月 时 分					
项目名称	标 序	最低标	次低标	第三次低标	第四次低标	第五次低标
	报价单编号					
	报价单					
	供货商					
	制造商					
数量/单位: 本项底价:	F.O.B报价					
	Frt.					
	Insp.fee					
	C & F					

序号	招标单主要规范	所报规格	意见	所报规格	意见	所报规格	意见	所报规格	意见	所报规格	意见

注:意见✓符合 ×不符合	审标结论
决标建议	审核人: 日 期:

⑽ 进口物料应由信托公司统筹办理投保海上运输保险或航空运输保险，投保自装船至运达本公司指定仓库或工地，并视物料性质或事实需要加保附加险。

⑾ 国外购料案，厂商交货完毕后应洽请信托公司在一定期间内结清各项账款，本公司自付各项运费，同时配合逐项结清。

⑿ 进口物料在提货或验收清点时，如发现有短缺、破损或不符的现象，应根据公证报告等有关文件，函请信托公司交涉索赔。其品质的检验必须在安装后始能决定者，应保留其索赔权，如有不良应在索赔有效期限内函请信托公司交涉索赔。

6．其他规定

本办法呈准后实施，修正时亦同。

第五篇　采购计划与数量管理

一、采购计划的概念

二、采购计划的前置准备

三、采购计划的类型

四、采购计划的编制作业程序

五、采购数量的制定与管理

六、采购计划管理办法实例分析

将合格供应商加以分类，使其发挥专业功能，

防止越俎代庖。

无论是制造业还是服务业，采购计划与预算在企业的经营与管理成本上扮演着关键的角色，因此，本篇特别针对采购计划与采购数量的管理方法进行翔实说明，包括采购计划的概念、执行采购计划前的准备、采购计划的类型、编制作业的步骤等作业要点，并以案例说明采购计划与数量管理的做法，借以作为企业在制定采购计划与采购最适合数量的参考。

一、采购计划的概念

（一）采购计划的含义

针对产销活动所需要的用料计划，采购人员在事前备好工作执行计划以顺利完成采购作业，这便是采购计划。采购计划的内容通常包括采购品、数量以及交货时间等项目。

采购计划以适时取得足够的数量为要件，借以维持产销活动的正常运作，同时兼顾存货的控管以及避免积压存货资金。因此，决定适当的采购数量是一个关键的课题。至于采购的交货数量如何适时完成，不致造成提早交货或延误进货的现象，则可以运用采购计划的交货进度表予以控制。

依据采购计划及付款金额所编订的采购预算，可纳入财会部门的资金规划中，以作为企业财务计划的一环。采购计划与预算属于企业年度计划与目标的一部分，因此，采购计划与预算必须遵循企业整体预算流程来编订。

采购计划与预算的准确性，通常会受到销售预测的准确性、行销计划的变化、用料清单的用料标准、存量管制的方法、标准成本、生产效率的高低以及经济环境变动等因素的影响。因此，采购计划与预算必须随时进行弹性调整，以符合实际状况与需求。

（二）采购计划的目的

1. 采购计划的重点

一般而言，制造业的运营始自购入原物料后，经加工制造或组装、包装等作业步骤而完成产品，再通过销售过程获取利润。在此作业过程中，如何取得足够的原料、物料，即是采购计划的重点所在。

因此，采购计划的目的是为维持正常的产销活动，在某一特定的时间内，运用计算方式产生"应在何时购入何种材料以及多少数量"的采购前的作业规划。

2. 采购计划的主要目的

⑴ 预估材料需用数量与时间，防止供应中断及影响正常产销活动的进行；

⑵ 避免材料储存过多，积压资金以及占用仓储的空间；

⑶ 配合公司产销计划及行销活动的需要；

⑷ 使采购部门事先准备，选择有利时机及方式购入材料；

⑸ 协助确立材料耗用标准，以便管制材料采购及使用数量；

⑹ 确保生产用料的及时供应或存货准备，以满足产销需求。

二、采购计划的前置准备

编制采购计划前需准备生产计划表、用料清单、库存报表等基本资料，并事前备好零件表、零件总表等计算用表，以方便采购计划的编制。

（一）基本用表

采购计划的重点在于决定采购品的数量及交货时间。影响采购数量及时间的资料包括：

1．生产计划

根据客户的订单及销售预测，即可拟订销售计划。销售计划可表明各种产品在不同时间的预期销售数量。而生产计划量即依据此销售数量，加上预期的末期存货数量减去初期存货数量来拟订。

2．用料清单或零件表

生产计划只显示产品的数量，并无法直接知道某一产品需用哪些物料或零部件。以及数量多少，因此，必须依据用料清单获知这些信息。

用料清单是由研究发展或产品设计部门所拟订的，内容显示各种产品由哪些材料所制造或组合而成，根据此表可以精确计算制造某一种产品的用料需求数量。

用料清单所列的标准用量，与实际用量相互比较，可作为用料管制的依据。

3．存量管制卡

若产品有存货，则生产数量不一定要等于销售数量；若材料有库存，则材料采购数量也不一定要等于根据用料清单所计算的材料需用量。

因此，必须建立物料的存量管制卡，以表明某一物料目前的库存状况。再依据用料需求数量，并考虑购料的作业时间和安全存量水准，算出正确的采购数量，然后才开出请购单，进行采购活动。

（二）采购计划用表

在较易管理的物料的类别及规格作业里，根据生产计划取得计划生产量后，通过“零件表”(图表5-1)即可换算各种物料的使用量。

图表 5-1 零件表

名称:油压机控制机构

形式:KM－1000　　　　图号:AD － 21132

零件号码	零件名称	图　号	单位用量	材料规格	备　注
41100606	底　座	C－285	1	铸　铝	
21100106	偏心焊	A － 143	1	冷轧钢	
35600002	手　柄	A － 143	1	冷轧钢	
35600105	握　把	A － 143	1	塑　料	外购
55600231	活　塞	A － 143	1	冷轧钢	
45600112	六角螺丝	S － 45	4	－	外购
70010001	固定环	A － 95	1	－	
41100505	顶　盖	B － 111	1	－	
41100808	插　销	A － 100	1	冷轧钢	
38011001	压力垫	A － 97	1	－	
36600111	球形钮	A － 98	1	冷轧钢	
45610200	压　钮	－	2		
45600101	四角螺丝	－	2		
BC452111	偏心杆总成	A － 143	1		
BC334400	球形钮总成	D － 442	2		
AA456101	最后装配	D － 442	1		

在物料类型及规格相当繁复的行业里，若直接通过材料、零件表去换算各种物料的使用量，易错误百出。因此，可将材料、零件表编成“零件总表”(图表 5－2)，通过零件总表，并根据计划生产量，计算各种物料的使用量，这样不仅准确率高，而且效率也高。

图表 5-2 零件总表

项目	物料编号	品名规格	甲机种产品(计划生产量1 000)		乙机种成品(计划生产量1 500)		丙机种成品(计划生产量1 200)		丁机种产品(计划生产量2 000)		合计
			零件结构	零件总量	零件结构	零件总量	零件结构	零件总量	零件结构	零件总量	
1	1101	A	1	1 000	0	0	2	2 400	1	2 000	5 400
2	1201	B	1	1 000	3	4 500	3	3 600	1	2 000	11 100
3	3321	C	0	0	1	1 500	0	0	10	20 000	21 500
4	4512	D	3	3 000	1	1 500	0	0	0	0	4 500
5	5642	E	0	0	1	1 500	0	0	0	0	1 500
6	4561	F	1	1 000	0	0	0	0	1	2 000	3 000
7	4351	G	1	1 000	8	12 000	1	1 200	3	6 000	20 200
8	6645	H	2	2 000	1	1 500	1	1 200	1	2 000	6 700

三、采购计划的类型

采购计划因物料类型的不同而异，可分为AB级物料的采购计划与C级物料的采购计划，两类物料的采购计划的方式具体说明如下：

（一）AB级物料的采购计划

价格较高的少数类别的AB级物料，其采购计划会受购备时间的影响，每一种物料的购备时间长短不一，采购计划周期的长短也有所不同，购备时间较长的物料，其采购计划周期较长。

范例 5 － 1:AB 级物料采购计划范例

以某一种购备时间为 4 个月的外购物料为例，说明在 8 月底如何进行至下年度 1 月份间的采购计划(图表 5－3)：

图表5-3 采购计划表

材料			需用量						8月	已购未入量				本次请购量	要求进厂日期	备考
名称	规格	单位耗用量	9月	10月	11月	12月	1月	安全库存	底库存量	9月	10月	11月	12月			
A	123	2	1 000	1 000	1 500	1 600	1 200	900	1 500	1 000	800	1 000	1 200	1 700	12月底	外购

⑴ 根据生产计划可求得9月份至下一年度1月份的需用量及安全库存一共为7 200片，也就是说根据生产计划推算，9月份至下一年度1月份工厂必须有7 200片的该项物料才不至于断料。

⑵ 工厂所能提供该项物料的资料为8月底的库存量及9月至12月的已购未入量，一共为5 500片。

⑶ 为使下一年度1月份工厂不因断料而停工，很显然12月底必须购入该项材料1 700片。因购备时间为4个月，因此8月底就得请购该项材料1 700片，12月底才能进厂。

（二）C级物料的采购计划

1．执行C级物料采购计划的方法

对于价格低廉而使用量多的物料，例如铆钉、铁钉、螺丝等C级物料的采购计划，可应用存货管制当中“复仓制”的方式进行备料，在执行C级物料的采购计划时，应时时注意该项物料用量的变化情况，若遇物料用量变化很大时，应设法调整复仓制仓容的大小。

复仓制适用于ABC分析中的C级物料的存货管制，即价格低廉而使用量多的如铆钉、铁钉、文具用品等消耗品，用复仓制来加以管制较省时适宜。

2. 复仓制管制方法的步骤

复仓制的管制方法(见图表5-4)简单易行且应用广泛，其作业步骤说明如下：

⑴ 同一项目的C级物料分别装在两个箱子里面，即图表5-4中所示的A箱与B箱；

图表5-4 复仓制管制法

步骤		A箱	B箱	
(1)		■	■	
(2)		⬓	■	
(3)	请购		■	
(4)	进货	■	⬓	
(5)		■		请购
(6)		⬓	■	进货
(7)	反复推行下去			

⑵ 严格执行发料先后次序，先由A箱发料；

⑶ 待A箱发完料后，随即请购1箱份的数量，再开始由B箱发料；

⑷ 待B箱的物料用至安全库存时，所请购的物料及时进厂，验收完毕后装入A箱；

⑸ 等B箱的物料用完时，随即请购1箱份的物料后，才开始由A箱发料；

⑹ 待A箱的物料用至安全库存时，所请购的物料及时进厂，验收完毕后装入B箱；

⑺ 如此反复继续进行下去。

四、采购计划的编制作业程序

（一）采购计划的编制

如图表 5－5 所示，为顺利推行采购计划，必须先从销售计划、制成品库存计划、生产计划、物料用量分析与物料存量等方面完成物料计划，并据此完成采购计划，再根据采购计划从事采购活动。

图表 5-5 采购计划编制步骤

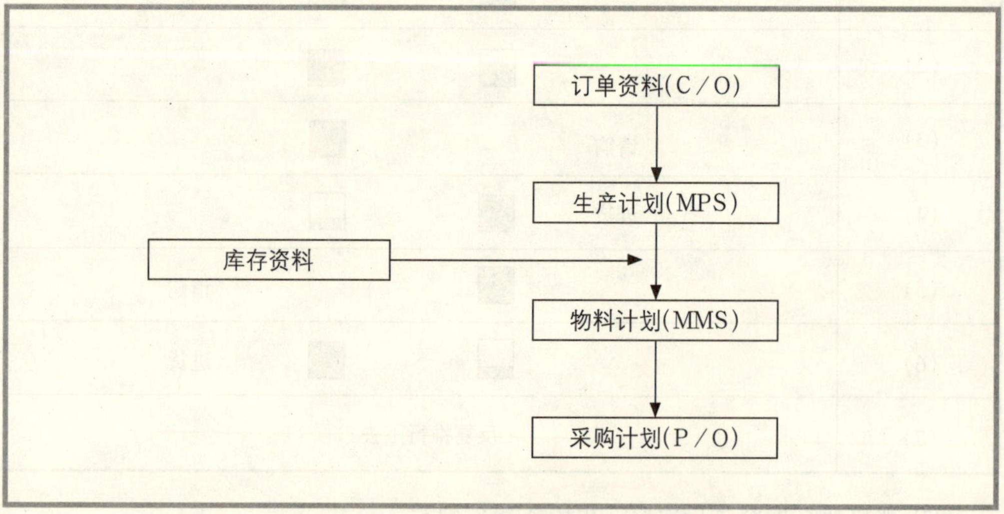

订单资料(C/O)
↓
生产计划(MPS)
↓ ← 库存资料
物料计划(MMS)
↓
采购计划(P/O)

（二）采购计划的编制步骤

采购计划(图表 5－6)需通过物料计划拟订，其编制步骤及注意要点说明如下：

图表 5-6 物料计划表

料号: 规格: 单位:

项 目	品 号	品 名	单位	周			……	周		
			用量	批 号	批 量	需求量	……	批 号	批 量	需求量
1.生产前库存量(A)										
2.已订但未入库量(B)										
3.生产需求量(C)										
4.已指定用途量(D)										
5.使用后库存量(E)										
6.建议采购量(F)										

1. 销售预测与计划

销售计划根据销售预测拟订，即根据以往的销售资料或将来的预测值，或者现有的订单数量决定销售计划。决定销售计划前应具备下列资料：

(1) 订单记录

包括以往的订单资料和目前已收到的订单数。

(2) 市场预测

(3) 服务性物料预测等

2. 成品库存计划

成品库存计划用来调整销售计划与生产计划之间的差额，其调整方法为：

$A_i = B_i + C_i - C_{i-1}$

其中，A:计划生产量，B:计划销售量，C:计划成品库存量，i:月份。

3．生产计划

生产计划是根据销售计划拟订的，它提供了采购零件的标准，并维持重要产品及物料的适当存量，制定生产计划所需的基本资料如下：

⑴ 制程计划资料

作业标准、工程分析表等。

⑵ 日程计划资料

标准日程表、生产优先顺序等。

⑶ 工时计划资料

标准工时资料等。

⑷ 机械设备资料

机器的加工范围、容量、产能等。

⑸ 外包计划资料

供应厂商承制能力调查资料等。

4．物料用量分析

所需要的物料与数量以及物料的购置时间、安全存量与ABC分析等。

5．物料存量计划

即物料的库存状况资料，此计划应考虑两个层面的问题：

⑴ 账物是否一致？

⑵ 物料存量是否正确？

6．物料计划的拟订

应注意计划必须具备弹性与适时性，使物料的供应更确实。

7．采购计划

按物料需求数量与时间考量购备时间的长短，推算采购时间及进货时间，并作为开立请、订购单的依据。

8．开立请购单

根据拟订的物料计划开立请购单，以展开采购活动。

总之，生产计划、用料清单以及存量管制卡是决定采购数量的主要依据。同时，也可利用下面的公式，决定采购数量及需求时间。

决定采购数量＝本期应采购数量（本期生产需用材料数）＋本期末预定库存量－前期预估库存量－前期已购未入库数量

最后再运用上述步骤编制采购计划表，并据此开立请购单，展开后续的采购活动。

五、采购数量的制定与管理

（一）决定最适当采购数量的方法

所谓最适当的采购数量，是指某一物料在某时期按计划及方法产生的应予合理订购的总量，决定最适当采购数量的各项物料订购方法说明如下：

1．定期订购法

进口的物料以及少数价值很高的国内采购物料，可以选择每季、每月或每周订购一次等定期方式进行采购，这种方法便称为定期订购法。

在使用定期订购法时，必须对物料未来的需求数量做正确的预估，以避免存货过多，造成存货资金积压。

2. 定量订购法

对于价格低廉、临时性需求及非直接生产用的物料，比较适合采用定量订购法，即按照订购点来决定采购时机。

例如，复仓制的采购计划，即将此类物料首次入库时分为两部分，当其中一部分使用完毕时，必须先开出请购单，才准使用所剩下的另一部分物料，购与用反复交替进行。此类物料数量的管制，通常由仓管人员负责。

（二）决定最适当采购数量的因素

1. 储备物料的最适当采购数量

在大量生产时，大部分所用的物料以及订货生产下较常用的物料均为仓储中储备的物料，此类物料的管理方式可采用经济订购量，以决定最适当采购数量。

经济订购量是指在存货总成本最低的情况下所订购的批量。在存量管制中，存货总成本包括订购成本、存货持有成本与物料金额。

(1) 物料的订购成本

① 请购手续成本

请购所支出的人工费用、事务用品费用、主管及有关单位的审查费用。

② 采购成本

估价、询价、比价、采购、联络、通信、事务用品等所支出的费用。

③ 检验验收成本

检验验收人员的验收手续所支出的人工费用、文具用品费用、检验仪器的折旧费用。

④ 进库成本

物料搬运进库所支出的成本。

⑤ 会计入账及支付款项所支出的成本。

(2) 存货持有成本

① 资金成本

维持存货需要投入的资金。

② 搬运与装卸成本

存货数量增加，则搬运与装卸的次数也随之增加，搬运工人与搬运设备也随之增加。因此，存货数量增加，则搬运与装卸成本必随之增加。

③ 仓储成本

仓储成本通常包括仓储的租借费用以及仓库管理有关的警卫、保养、盘点、仓库内设施等费用。

④ 折旧与品质变异成本

存货容易出现品质变异、破损、报废、盗窃、存货价值下跌等的问题并由此产生损失费用。

⑤ 短缺成本

是指因物料短缺影响生产进度所引起的成本。短缺成本包括有关的加班费用、特殊人工行政费用、失去商誉的损失、失去销售机会的损失与失去顾客的损失等。

⑥ 保险费与税金

保险费是指存货投保所应支付的保险费用。

一般而言，上述存货持有成本随订购数量的增加而增加，而订购成本随订购数量的增加而减少。

经济订购量为存货管制的基本因素，在物料的采购价格不受订购数量影响下，订购成本与存货持有成本两者共同决定经济订购量的大小，在这种情况之下，经济订购量是指订购成本与存货持有成本总和的最小订购量(见图表5－7)，存货总成本则为订购成本与存货持有成本的总和。

图表 5-7 经济订购量的决定因素

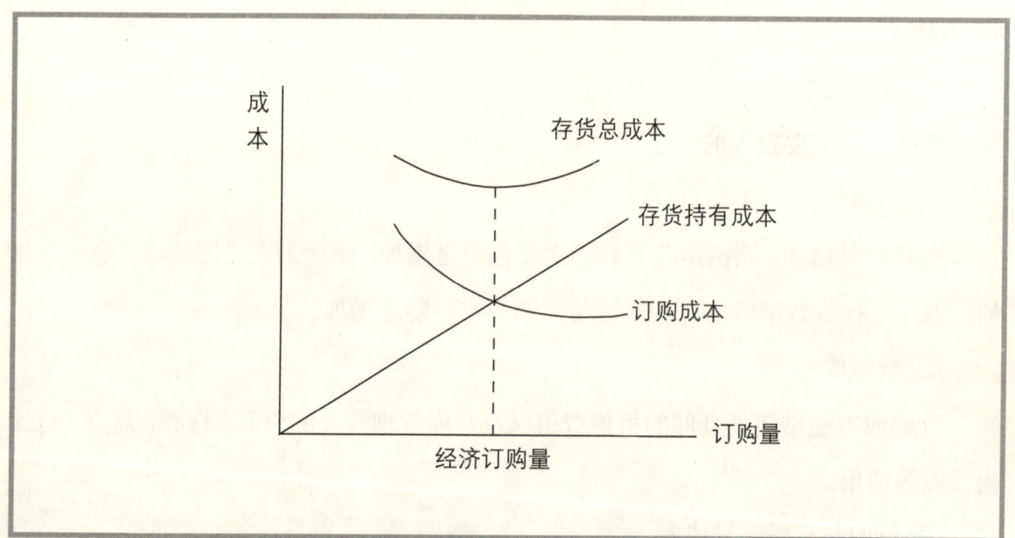

2. 现用现购物料的最适当采购数量

订货生产下的罕用物料即属于现用现购的物料。由于物料罕用，平时并无备用存货，故在接获客户订单时，才能计算确定用量，交由采购单位进行采购工作。

因为，订货生产下的罕用物料，未接获客户订单时，物料用量难以事先计划，为使生产较为顺畅，必须注意下列事项：

(1) 在接获订单之同时，即须以电话通知物料部门并预计用量，以便开展请购及采购工作。

(2) 建立标准收率，以利生产顺利进行。在制造过程当中，难免发生不良品或零件损耗的情形，每种材料零件均有不同的标准收率，因此考虑标准收率的请购数量，并据此进行采购工作，才是适当的采购数量。

(3) 替代性零件的选用。当罕用物料短期内无法取得时，若事先有替代性零件的规划，则较不易出现待料现象。

六、采购计划管理办法实例分析

A企业采购计划管理办法

1．为使本企业物料供应顺利并降低物料存量，特制定本办法。

2．本企业视物料的类别实施不同的采购计划。

3．本企业的物料区分为 ABC 三类，其区别如下：

(1) A 类物料：外购品

(2) B 类物料：价值较高、项目较小的内购物料

(3) C类物料：价值低廉的内购物料，适用临时采购的物料以及间接用料

4．对于A类物料的采购计划，每月月底由采购计划员提出“A类物料的采购计划表”(图表5－8)一式二联，经课长、厂长审阅，呈总经理批示后，一联送采购计划员自存，一联送采购课作为采购的依据。

图表 5-8 A 类物料的采购计划表

购备时间：3个月

安全存量：半个月的计划用量

名称	规格	8月底库存		9月				10月				11月				12月				备注
		仓库	验收前	计划进厂量	总存量	计划用量	本月结存	计划进厂量	总存量	计划用量	本月结存	计划进厂量	总存量	计划用量	本月结存	计划进厂量	总存量	计划用量	本月结存	
A	12	1 600	800	1 500	3 900	2 600	1 300	1 700	3 000	2 000	1 000	2 600	3 600	2 400	1 200	1 800	3 000	2 000	1 000	外购

5．对于B类物料的采购计划，每月月底由采购计划员提出“B类物料的采购计划表”(图表5－9)一式二联，经课长审阅，呈厂长批示后，一联送采购计划员自存，一联送采购课办理采购事宜。

图表5-9 B类物料的采购计划表

名称	规格	8月底库存		9月				10月				采购判定	备注
		仓库	验收前	计划进厂量	总存量	计划用量	计划库存	计划进厂量	总存量	计划用量	计划库存		
B	234	300	200	500	1 000	800	200	1 300	1 500	1 200	300	采购1 800 其中按时进厂500，紧急进厂600，9月底进厂700	外购

6．采购计划员在提出采购计划表的同时，必须根据表中的计划进厂量、计划用量以及物料订购、运输、进厂交货的记录，提出“采购计划进厂数量、交期一览表”(图表5－10)一式三联，呈课长、厂长核章后，第一联送采购课以作为通知厂商调整交期之用，第二联由采购计划员留存以作为催料的依据，第三联送收料处以作为核对厂商的交期及数量之用。

7．C类物料的请购由仓储员负责。

每次物料入库时将其分为两部分。发完第一部分后要发第二部分之前，仓储员必须立即填写“请购单”(图表5－11)一式二联。请购单经课长核章后送请厂长核准，核准后的请购单第二联送回采购计划员，第一联送采购课办理采购事宜。

8．C类物料请购单提出后方准发第二部分物料，同时在该物料的储位挂上“请购中”红色牌提醒注意。采购计划员必须监督并核对C类物料的收发情形，任何C类物料用量变更时，采购计划员必须立即监督仓储员调整其存量标准。对于已达请购点而仓储员没有请购而产生待料停工的情形，仓储员应接受记过的处分。

9．采购课发出订购通知单后立即将订购通知单四至五联送物料课，第四联由采购计划员存底，登记物料订购、运输、接收记录；第五联送收料处存查，以登记厂商资料卡。

10．本办法经本企业总经理核准后实施，修正时亦同。

图表5-10（　）月份采购计划进厂数量、交期一览表

物料名称	规　格	计划进厂量	分批进厂数量交期	厂　商	备　注
A－10112	35×45×25	1 500	8/12　500 8/16　600 8/20　400		

厂长　　物料课长　　制表

第一联：收料处

第二联：物料计划员

第三联：采购课

图表 5-11 请购单

物料名称	规　格	请购数量	预定进厂日期	备　注

厂长　　物料课长　　制表

第一联：存物料课

第二联：存采购课

第六篇 采购规范与品质管理

一、采购最适品质的含义

二、采购规格与规范

三、采购品质的管理方案

四、采购品质管理方案的案例分析

细心、精心、用心，品质永远称心！

确认采购品的品质与规格是采购工作的重点之一。大多采购的对象，应先依据所要求的性能、外观等品质项目，明确其规范，然后决定供应来源及采购的方式，并依此计算采购价格，决定包装、运输及保险等后续作业。因此，采购品质规范的决定，是采购作业成败的关键之一。

本篇主要说明采购最适品质的含义、规格与规范的意义、功能、类型，并说明采购品质的管理方案的内容，且以实例分析作为企业在运用采购规范与确保采购品质做法的参考。

一、采购最适品质的含义

就采购而言，品质通常以适合、可用为原则，最适当的品质是指可以满足使用者使用目的的品质。若采购品的品质太好，势必提高成本；反之，品质太差，将影响使用效益。

采购人员在品质方面的责任，在于确定供货商是否拥有采购品的品质与数量的供货能力、供货时机的配合度、紧急应变的交货弹性以及利用品质成本效益分析的方式详细说明采购品的品质内涵。

（一）优良采购品应具备的特性

一般而言，采购品质应符合买方的要求，优良的采购品质应具有下列特性：

1. 设计性

符合设计品的特性，并体现产品企划的目标品质。

2．**稳定性**

具有各批成品的品质差距小的品质稳定性。

3．**可靠性**

可靠性即操作容易，并能发挥预期的效益。

4．**维护性**

具备迅速修复故障的性能。

5．**服务性**

零件补给容易，技术服务良好。

6．**安全性**

使用时或发生故障时无危险性。

7.**责任性**

制品应具备不会对使用的人及其他周围的人带来困扰或伤害的责任性。

8．**节约性**

不会耗用大量的资源和能源。

9．**环境性**

不影响现在及将来的人类社会环境。

10．**经济性**

产品从制成到使用后废弃，其成本符合经济效益。

（二）如何使采购品具备最适品质

一般来说，会影响企业的采购品的品质水准，包括内外部的协调及合作机制的建立与推动，其要点说明如下：

- 根据客户对品质的要求，建立完整和适当的品质规范制度；
- 选择拥有制造适当品质与成本的技术和产能的供货商；
- 制定一套对供货商品质要求的规定，并创造鼓励供货商追求高品质的动机；
- 衡量供货商的品质及成本绩效，并实行适当的供应厂商评估与辅导的管理制度；
- 建立完善的验收管理制度，做好进货验收的工作。

综上所述，企业为追求采购品的最适品质水准，必须先依据客户的要求建立采购品的规范，进行采购前应将采购品的规范提供给供货商参考，并作为采购品验收的品质标准。故企业应建立“中心卫星体系”的营运管理制度，并据以推动采购品符合最适品质行动的计划。

二、采购规格与规范

（一）采购规格

1．规格的含义

规格是对采购的物品或劳务的要求条件所作的精确说明，是生产制造和服务作业内容的标准以及交货验收的依据。

采购规格的内容因不同的采购品而异，通常包括下列要项：

⑴ 硬件品质的特性

产品或劳务的名称、外观、形状、尺寸、材料成分、强度、精密度、耗损率、不良率、色泽、表面处理、性能、重量、容积、安全、包装方式和单位包装量、标志内容或方法、验收要项、检验方法、允收水准、结构蓝图及交货安装等。

⑵ 软件服务的特性

服务效率、服务品质、次数、地点、方式、技术资料文件及训练、计算机软件及技术管理顾问的咨询服务及其权利义务等。

换句话说，规格是买方将采购品的品质要求以及一切交货条件告知卖方与供应者的文件说明，也是验收的依据。

2. 规格的类型

采购规格包括主要规格及次要规格。主要规格力求清晰与明确，次要规格应具有弹性，具体说明如下：

⑴ 主要规格

主要规格即采购品的主要功能，通常用样品或文件表示。如果说明不够明确，或设定过于简单，不但会失去设定品质标准的意义，而且供货商也会失去其制造的依据，日后交货检验较易产生买卖双方的纠纷。

⑵ 次要规格

次要规格即采购品的次要功能，通常以样品或文件表示。设定次要规格时须避免有不必要的限制，否则形同指定厂商，一般厂商无法供应。

3. 规格的采用方法

规格恰当与否是采购成败的关键因素之一，制定规格并不容易，因此，可以参考国内外现行市场上一些常用的规格，再制定采购规格，其采用的顺序如下：

⑴ 中国采购规格的选用顺序

① 国家标准

凡有国家标准可用者，原则上不应使用其他规格采购。

② 各工会或协会制定的标准

如无国家标准可用时，则可考虑使用国内各产业工会或协会、委员会所制定的标准。

⑵ 国外采购的规格选用顺序

① 国际通用规范

凡有国际通用规范可采用者，原则上不应使用其他规格。

② 其他国家规格中有通用性质者

⑶ 补助规格的使用及限制

① 厂商设计规格

若买方本身无法制定规格时，可考虑由国内具备一定工业水准及检验能力的厂商代为设计规格，厂商已设计完成的规格，应先经过专业人员检验后才能使用。

② 以产品功能采购

采购时如无规格可供采用，可先以产品功能作为采购品的要求条件，要求厂商先行提供规格，经选定可用的规格后，再同厂商进行询、比价，并以议价决标签约。经选定的厂商规格，决标签约交货情形良好者，可列为日后采购的参考。

③ 蓝图、照片、说明书

这些仅能作为规格的补助资料，不能单独作为采购的唯一依据。

当决定品质标准与规格之后，应予以书面化，以“规格说明书”或“规格规范手册”表示，同时可作为买卖双方签订契约的依据。

（二）采购规范

当采购品的品质特性已决定，将其所定的各种规格详细记录在文件上，成为采购人员要求厂商遵守的规范，称为采购规范。

采购人员凭借采购规范与厂商洽商购价与其他交易条件，并要求厂商务必根据采购规范进行相关交货事宜。采购规范对品质检验方法也应作具体的规定，以防买卖双方日后发生验收标准及检验方法的争议。

有关采购规范的表示方法因企业而异。一般而言，通常有下列几种方法：

1．品牌类

(1) 商标或商号名称

以商标或商号名称所表示的采购规范，使买方完全依赖卖方的商誉及品质水准，通常适用于下列情况：

① 该商标产品优于其他厂商者；

② 该商品令人满意，但产品组成较鲜为人知者；

③ 品质特性的检验具破坏性者；

④ 用料少，使用次数不多的标准物料。

此种采购规范表示方式虽然简单，但所规范的产品品质方式并不具体明确。特定厂商的采购品以及特别适用于某项用途的采购品，其物品本身规格并不具体且不需达到特定的规格值，故无须详细拟订规格。

(2) 商业标准

按产业工商团体所制定的标准规格为主，采购品仅需依循即可，故无须另订规格。

2．规格类

(1) 蓝图或规格表

以蓝图或规格表所表示的采购规范，适用于特定零件或加工时需用特种工具等采购，所绘蓝图须考虑进货品质检验方法的便利性。

(2) 化学分析或物理特性

以化学分析、物理特性表示的采购规范，适用于金属材质或化学原料等，所选物料规格在实验室里需易于测定。

⑶ 材料明细表及制造方法

以材料明细表及制造方法所表示的采购规范，可以使买方对卖方的所有材料及制造方法有彻底的了解，通常买方须配合厂商执行品质检验，以确保采购品的品质要求。

⑷ 用途表或使用说明

以用途表或使用说明所表示的采购规范，其要点是承制厂商责任大且信用良好。承制厂商接受订单后，本着其本身的技术水准负责设计、制造与品质检验，通常用于机械设备及工模夹具等的采购以及买方知识不足而卖方是专业权威的情况。

⑸ 标准规格的认同

以标准规格所表示的采购规范，使大公司对所用采购品订有详细的标准规格，采购时将此标准规格作采购规范，厂商根据采购规范进行相关交货事宜。

⑹ 工业设计图

以工业设计图所表示的采购规范，使买方针对设计图样进行制造或施工，同时，厂商根据采购规范进行相关交货事宜。

3．样品类

⑴ 卖方样品

以卖方样品所表示的采购规范，是由卖方提出样品，并根据样品交货验收。

⑵ 买方样品

以买方样品所表示的采购规范，部分采购品会因时间因素存在物理或化学上的品质变化，因此，应慎重进行进货品质检验。

4．其他类

⑴ 商场品质等级标准

⑵ 经认证的产品

三、采购品质的管理方案

（一）采购品质管理方案的规划、执行与控制

1．采购品质管理方案的规划

采购部门在品质管理方面的作业方案可分为采购前的规划、采购进行中的执行与采购后控制三大部分，内容如图表6－1所示。

图表6-1 采购品质管理方案

采购前规划	采购中执行	采购后考核
1.决定品质标准及规格 2.买卖双方共同确认规格、标准及图纸 3.买卖双方共同确认验收标准及方法 4.了解供货商的制程能力及品质水准 5.要求供货商落实推行品管制度 6.其他买卖双方需协商要项	1.检查供货商确实按照采购规范施工 2.提供试制品以供品检 3.派驻检验员抽查在制品的品质 4.检查供货商品管措施是否落实 5.选派技术小组协助供货商提升品质 6.进行厂商的认证 7.其他买卖双方需确认事宜	1.严格执行验收标准 2.解决买卖双方有关品质分歧 3.要求卖方承担保证责任 4.提供品质异常报告或保修责任 5.淘汰不合格供货商 6.持续实施品质辅导及改善计划 7.选择优良供货商共同开发新产品规格

2．采购品质管理方案的执行

采购部门按采购品质管理方案执行品管工作，例如，与供货商签订合作契约时，在契约书中必须提到“品质保证协议”，主要包括买卖双方为确保交货物品的品质，相互规定必须实施的事项，并根据这些事项执行品质的检验、维持与改善，这对于双方的生产效率提升与利润确保均有助益。

在品质保证协议中，需注意以下事项：

⑴ 应明确说明品质规格的内容

包括有关材料、零件的标准规格，品质规格的检验标准与方法以及其他特殊需求的规格。

⑵ 双方必须确立能充分实施品质管制的组织

在采购、制造、检验、包装、交货等作业中，建立彼此相关的标准作业程序，以便于双方能按照作业标准来完成合作事宜。

⑶ 应注意品检的三个阶段

有关供货商的品质检验工作过程，应注意其品检的三个阶段，其要点说明如下：

① 进料检验（Incoming Quality Control，简称IQC）

供货商为了提供买方所需物品而由外部购入的物料、零件，必须实施验收作业，当买方想了解进货的品质时，应提供相关物料来源的信息，也就是买方应了解供货商购料的品质，以确保物品的品质水准。

② 制程中的品质管制（Input Process Quality Control，简称IPQC）

买方对于供货商加工、设备的保养、标准化作业的实行以及其他必要的项目实施检查工作，防止制程中再发生不良品，必要时需选派驻厂检验员抽查在制品的品质，并检查供货商确实按照采购规范进行施工事宜。

③ 制成品出货的品质管制（Finish or Final Quality Control，简称FQC）

采购部门在供货商进行量产以前，可要求供货商提供试制品，以供工程人员进行品质检测。供货商在成品出货时，必须按照双方商定的采购标准及规范实施出货检验工作，甚至要附上相关材料制造商的试验检查表，以确保品质管制工作的落实。

3．采购品质管理方案的控制

采购部门按采购品质管理方案进行供货商品管的考核，除严格执行验收标准外，必要时还需提供品质异常报告，要求卖方承担保证或保修责任，作为解决买卖双方有关品质要求产生差异时的参考，考核的结果可作为淘汰不合格供货商或辅导供货商的依据。

买卖双方在签订合约之前，要有正确的品质管理观念，并了解彼此的要求，共同研商相关的采购规范，避免日后有品质方面的歧见，造成采购至验收付款的作业过程的异议。

买卖双方在制定品质保证协议时，应遵守以下品质管理原则：

⑴ 买方和卖方具有相互了解对方的品质管理体制，并共同实施品质管理的责任；

⑵ 买方和卖方务必互相尊重对方的自主性，即双方对等、相互尊重；

⑶ 买方有责任提供给卖方有关采购品的详细信息；

⑷ 买方和卖方在交易开始之际，对于有关品质、数量、价格、交货期、付款条件等交易事项，须制定合理的合约；

⑸ 卖方有责任保证产品满足买方在使用上的品质需求，必要时，有责任提供必要的资料；

⑹ 买卖双方在签订合约时，务必制订双方可接受的考核方法；

⑺ 买方和卖方务必在签订合约时制订解决双方各种争议的方法及程序；

⑻ 买卖双方应相互站在对方的立场，交换双方实施品质管理所必要的信息；

⑼ 为了维护买方和卖方的良好合作关系，对于订购作业、品质管制、生产管制、存货计划等，应经常作妥善的管理；

⑽ 买卖双方在交易之际，都应充分考虑消费者的最终利益。

买卖双方根据上述品质管理的原则，建立彼此认同的品质规范，并依据此项协议作为日后考核的标准。考核的重点按采购品的不同而有差异，大都以不良品率或不良品数作为计算品质绩效的基础，处理品质问题的态度与解决的时效、品质提升计划的配合以及执行成效也都是考核的重点。

每次进货的检验结果应在月底编制“品质月报表”，并提供品质异常报告，作为供货商奖惩的依据。某公司的厂商交易品质月报表如图表6－2所示。该图显示了各个厂商的批退率与不良率，而且把造成不良的原因也标示出来，以便进行有关品质问题的改善，也可以作为要求卖方承担保证或保修责任的依据。

图表6-2 某公司的厂商交货品质月报表

5月份　厂商交货品质月报表							
厂　商	品　名	批　数	批退数	批退率	抽样数	不良数	不良率
A	CA	5	1	20.0%	530	50	9.4%
B	BE	17	7	41.2%	250	50	20.0%
C	FF	19	5	26.3%	1 830	210	11.5%
D	KK	120	28	23.3%	9 080	540	5.9%
E	PE	10	5	50.0%	980	20	2.1%

品质考核的目的在于通过对供货商的奖惩，使品质能日益精良。对于绩效好的厂商给予奖励，提前付款，提高订购量以及当有新产品开发时，将其列入优先考虑的合作对象；对于绩效差的厂商则降低订购量，加强辅导，降低使用量，甚至淘汰。

（二）国际标准组织的采购品质管理方案

1．采购规范的要求

企业的采购工作得以顺利完成，有赖于对采购要求项目的明确叙述，此要求通常包含在给供货商的合约规格、图样等采购规范以及采购订单内。

采购工作应拟订最适方法，而对物料的要求是其中最重要的内容，该要求要完全为供货商所接受，包含规格、图样，采购订单下订单前买卖双方会谈等的书面程序以及适当的物品采购方法等。

采购文件应详细说明所订产品或服务的资料。各种采购文件在送发之前，应复核其正确性与完备性，其要项说明如下：

⑴ 样式与等级的精确鉴别；

⑵ 各种检验说明及适用规格；

⑶ 所适用的品质系统标准。

2．合格厂商的选择

每一供货商应展示其供货能力，所供应的物品应完全符合规格、图样及采购订单所有的要求，可采用以下方法进行评估：

⑴ 现场实地考察及评估供货商的能力和品质系统；

⑵ 样品评估；

⑶ 参考类似供应品以往的记录；

⑷ 参考类似供应品测试的结果；

⑸ 其他使用者公布的经验。

3．品质保证的协议

有关供货商的品质保证责任，应以明确的协议规定，供货商所提供的保证，可按下列事项说明：

⑴ 买方信赖卖方的品质保证系统；

⑵ 随货提送规定的检验、测试数据或制程管制记录；

⑶ 供货商作全检、测试；

⑷ 供货商逐批抽取样品作允收检验、测试；

⑸ 按买方规定实施正规的品质保证系统；

⑹ 无任何规定时，买方信赖接收进料检验或厂内检验。

保证条款应与买方经营企业的需要相称且避免不必要的成本，若涉及ISO 9001等国际品质保证系统时，可包含买方对卖方品质保证系统作定期的评鉴。

4．验证方法的协议

对于是否符合买方采购者要求而查验的方法，应与卖方供应者拟订明确的协议，协议可涵盖为求进一步的品质改进而交换的测试资料。

5．解决异常的条款

应与卖方拟订各种制度及程序，为解决品质纠纷所订条款应包括处理例行性与非例行性纠纷、问题等，买卖双方对于影响品质的情况，须有改善沟通的条款。

6．验收管制的推行

应建立适当的方法以确保接收的物品有适当的管制，管制应包含隔离场所或其他方法，以避免不合格物品的不慎误用。

接收检验执行的程度应谨慎规划，必须检验时，检验标准的选择应考量总体成本，实施检验必须仔细选择受检的特性项目。在采购品到达前，也须确定所需的检测工具、量规、仪表、装备器材均已备妥，且经过适当的校正，并有足够训练有素的人员来操作。

7．进货品质的记录

应保持适当的进货品质记录，确保历史资料的完备，以作为评核供货商绩效与品质的依据，且作为追溯品质记录的依据。

四、采购品质管理方案的案例分析

不论是企业自订还是依据国际品质保证制度所规划的采购品质管理方案，其目的主要都是整合买卖双方需求的品质规范、合约以及确保品质的协议与管理制度，以期通过此方案提升采购品的品级及品质水平。

综上所述，采购品质管理方案涉及下列事项：

1．买方的采购规范

针对规格及品质要求的说明，事前制定采购品质规范，以作为双方对标的物的实体认知标准。

2．买卖双方的合约

表达买卖双方对标的物的数量、品质、交货等交易条件的约定。

3．买方的验收管理规定

明文规定交货验收、检验内容及方法。

4．卖方的出货检验规定

为确保供货商出货品质，供货商应明确制定出货检验规定，并落实推行。

5．买方的供应厂商管理办法

建立供应厂商的开发、管理、辅导、奖惩等机制，以提升供应厂商品质能力及配合度。

6．买方的免检管理办法

7．买方的新厂商开发及评估管理办法

8．其他买卖双方保密或合作的协议事项

图表6－3表示某企业为确保采购品质，针对新厂商开发、新机种开发、厂商评鉴、奖惩办法所作的采购品质管理方案。

图表 6-3 某企业的采购品质管理方案

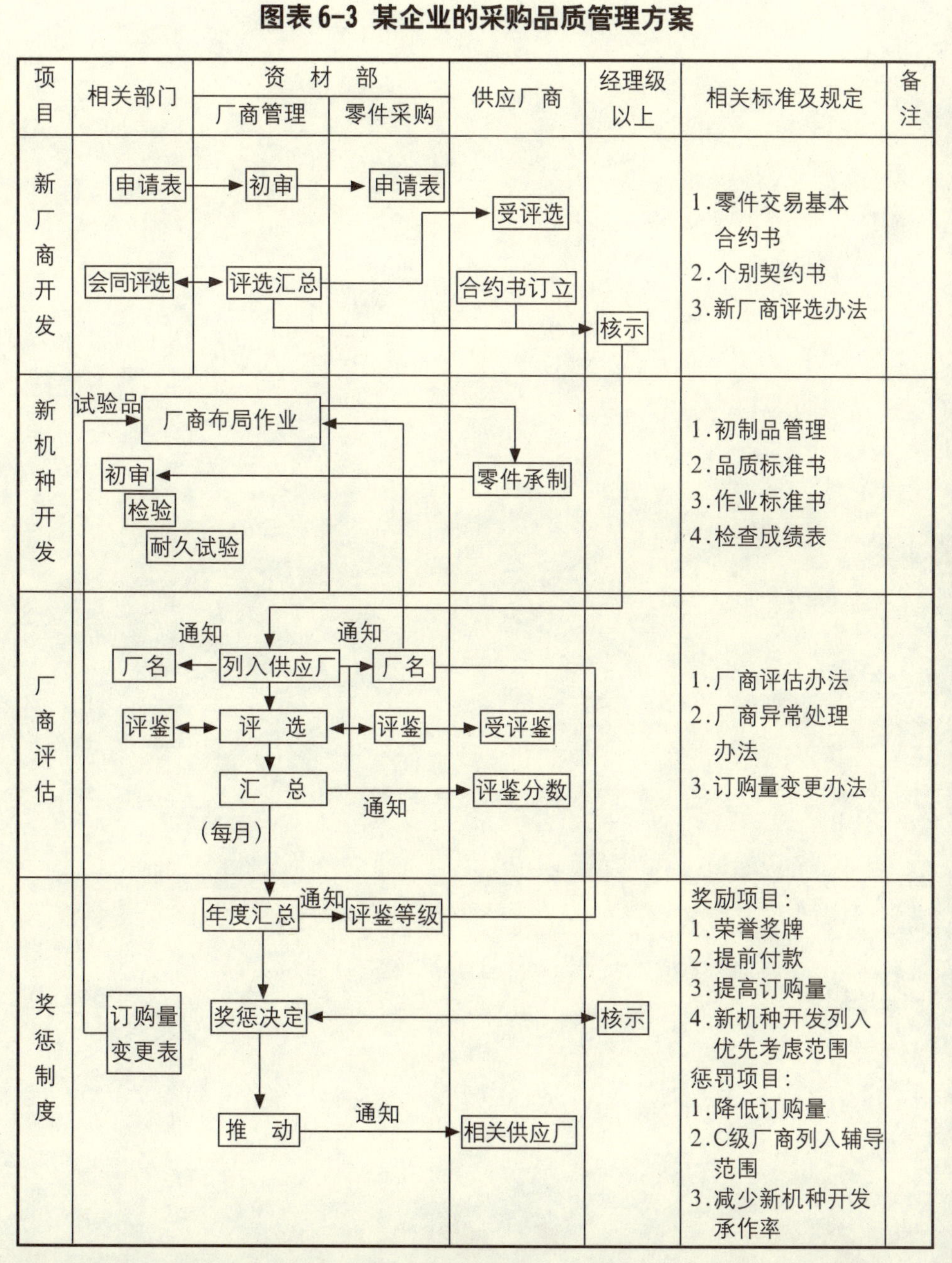

第七篇　供应厂商的开发与管理

一、供应厂商的类型及任务

二、供应厂商管理的目的

三、供应厂商的开发与选定

四、供应厂商的评鉴

五、供应厂商的辅导与奖惩

六、供应厂商管理的实例介绍

“女怕嫁错郎，男怕入错行”，而采购最怕选错供应商！

买卖双方进行标的物的交易活动，除了买方进行采购工作外，采购品的提供者，也担任卖方的厂商，在买卖交易活动中扮演着最关键的角色。

在采购作业与管理过程中，厂商的开发与管理活动都会影响中心卫星工厂体系的运营绩效。本篇为说明厂商对买方的协力配合关系的重要性，特别用“供应厂商”的名称表示“卖方”。

本篇主要说明供应厂商的类型及任务、供应厂商管理的目的以及供应厂商开发、评选、考核、评鉴的做法与实例，以作为企业界推动供应厂商管理工作上的参考。

一、供应厂商的类型及任务

任何一家企业都不可能制造该企业产品所需的所有零配件，因此，必然有些零配件须向外采购，或委托企业外的厂商加工，即所谓的委外加工、外加工或外包的作业。

一般而言，成品的组装或制造企业称为“中心工厂”，负责生产或加工零配件的工厂称为“供应厂商”或“卫星工厂”。

（一）供应厂商的类型

1．组装分工型

中心工厂向供应厂商采购零配件，且自行组装为成品的合作关系。

例如，一家汽车制造商只自行生产引擎等重要组件及装配工作，至于玻璃、轮胎、座椅等其他零配件，则委托企业外的供应厂商加工，最后，再由中心工厂自行装配、检测、包装成为汽车成品。

2．委托加工型

中心工厂仅委托供应厂商进行零件加工的合作关系，并未向其采购整个零配件。

例如，一家生产塑料面板的工厂，其主要业务乃是将塑料原料通过射出成型机完成塑料成型品，再委托供应厂商进行表面印刷及烫金的加工程序，这便是纯粹委托加工的供应厂商形态。

3．原料加工型

中心工厂为中大型原材料供货商，与中下游的供应厂商形成垂直形态的合作关系。

例如，塑料原料的供应厂商即为中心工厂，塑料原料的使用厂商属于此形态的供应厂商。

（二）供应厂商的任务

中心工厂与供应厂商之间的合作方式，使企业在产销活动上，促使买卖双方得以在专业及分工的体制下顺利运作。因此，供应厂商扮演着与中心工厂合作完成产销活动的任务的重要角色。供应厂商的任务说明如下：

1．降低成本，专业分工

从技术观点而言，有些加工技术并非企业的专长，如果自行加工，则可能造成品质不佳或生产效率偏低的现象，以至于使加工成本偏高，企业的竞争力降低。

例如，汽车制造业乃是以金属加工为主体，塑料零件可能非其专业，因而塑料零组件往往委托专业的塑料零件供应厂进行加工。

因此，企业为了降低自身制造加工的风险，可将供应厂商作为合作伙伴的时机通常如下：

⑴ 供应厂商的报价较低时；

⑵ 供应厂商的品质较佳时；

⑶ 专业加工技术能力不足时。

2．降低风险，避免投资

若所有加工制程皆由中心工厂自行投资，则所需设备投资金额会很大，除筹措资金较困难外，风险性也很高，而且所需员工人数也必然增加。这样一来，投资成本与投资风险势必增加。

因此，企业为了降低本身投资的风险，将供应厂商作为合作伙伴的时机通常如下：

⑴ 投资资金有限时；

⑵ 考虑资金周转安全性时；

⑶ 设备投资金额过于庞大时。

3．调整产能，适应市场

对于产品的市场需求量变动性高、中心工厂对于产品销售市场无法掌握、产品在淡旺季销售量差异性大、某些产品并非主力产品，或中心工厂在进行设备投资及人力规划时，企业皆需考虑能适应客户订货量变化时应具备的应变能力。

例如，旺季时，有些零配件可以委托供应厂商加工，这样既能应付客户的订单需求，又不必为增加人工成本而困扰；淡季时，则按现有人力设备生产，不必再委托供应厂商加工。

因此，企业在进行人力、物力、设备等投资规划时，以淡季所需人力、设备为依据，不但可降低投资风险，也可减少淡季时的存货压力。

企业为了降低自身人力、设备等产能投资的风险，可将供应厂商作为合作伙伴的时机通常如下：

⑴ 中心工厂工作负荷超出产能时；

⑵ 销售需求预测尚未稳定时；

⑶ 为使生产能力较具弹性时。

4．企业整合，提高综合效益

公司委托关系企业从事加工，或是向关系企业采购原物料，可增加关系企业的营业额与利润，亦可确保公司的供料来源。

例如，汽车制造厂对于塑料零组件的需求量很大，因此，可投资塑料射出成型公司作为其关系企业。当汽车公司需要塑料零组件时，即向所投资的关系企业订购，或委托其加工，此时，该塑料射出成型公司既是关系企业也是供应厂商。

二、供应厂商管理的目的

中心工厂与供应厂商应建立在共存共荣的合作关系上，因此，中心工厂若正确选择优良的供应厂商，等于解决了大部分物料供应事项问题，即将供应厂的产能转化为中心工厂的助力。反过来说，若供应厂商品质不佳，则不但无助于中心工厂，反而有所拖累，因而，对于供应厂商的管理与辅导工作，是中心工厂的重要工作之一。

综上所述，应强化供应厂管理，并注意供应厂商与中心工厂的配合。供应厂商管理的目的可以归纳如下：

- 确保供应厂商的交货品质；
- 确保供应厂商交货期的准确性；
- 提升供应厂商的管理能力；
- 降低采购成本；
- 其他。

例如，提升买卖双方的配合度等。

三、供应厂商的开发与选定

（一）供应厂商的开发

要找对供应厂商，首先必须扩大供应厂商来源。换句话说，供应厂商越多，找对供应厂商的机会就越大。那么，如何掌握供应厂商来源的主要信息呢？具体方法如下：

- 国内外采购指南。
- 国内外供货商产品发表会及展售会。
- 采购洽谈会。
- 国内外新闻传播媒体。

例如，报纸、广播电台、电视台等。

- 国内外产业公会的会员名录、产业公报等。
- 各企业的中心卫星工厂体系会员资料。
- 国内外供货商联谊会。
- 国内外供货商或专业产品网站。
- 向同业或其供货商查询。
- 国内外政府或相关贸易协会的调查报告或刊物。

例如，工厂中小企业分类统计资料、产业研究报告等。

- 各种专业刊物或厂商名录。
- 其他。

例如，同事、朋友介绍的厂商等。

（二）供应厂商的选定

1. 选择供应厂商的原则

⑴ 多家厂商

一般采购品必须由两家以上的供应厂商供应（专利品除外），借以防止交易所造成的独占供应的弊端，有异常事故时，也不至于担心供应来源不足。

⑵ 确保货源

长期购买的采购品，供应厂商与本企业应保持密切、良好的持续交易关系，若是供应厂商无法严守规定的品质、交期等，或是价格对本企业不利时，必须寻求改善或更换新的供应厂商。

⑶ 供应稳定

选择供应厂商必须保证其能在品质、交期、价格方面，确实能给予中心工厂稳定性供应者，例如：

① 产品的品质好、技术水准高；

② 经营稳定、情况良好；

③ 经营方针、经营者都合乎资格；

④ 对本企业的委托加工所表现的关心度与配合度高。

⑷ 市场调查

选择供应厂商须进行广泛的市场调查，根据其采购量、市场性、采购次数的重复性来决定供应厂商的数量。

⑸ 直接交易

供应厂商的选择，宜以直接交易为原则。若供应厂商采取转包，即再发包给其他承包商的方式，除非另有约定，否则一概不予接受，直接交易才能确保降低交易价格。

⑹ 优先委外

本企业所投资的企业以及其他关系企业，可优先列为供应厂商。本企业的顾客，或是由其介绍的承包厂，必须经过审查，合乎条件之后才能列为供应厂商。

⑺ 定期评鉴

选定供应厂商之后，必须严格且公正地进行定期评鉴，以价格、品质及交货期作为考核依据，不能有任何徇私舞弊的行为。

⑻ 合作伙伴

经试用合格的供应厂商，皆希望能成为长期共存共荣的合作伙伴。

2．供应厂商选定步骤及做法

委外加工品交给供应厂商之后，供应厂商能否确实遵守发包厂商所要求的品质、成本、交期等，其关键因素在于慎选供应厂商。选择供应厂商时，要先做各种调查，按照交易项目选出几家交易对象后，再从中决定外包条件最好的供应厂商。

如图表7－1所示，企业可将审查及选定供应厂商的步骤予以标准化，并叙述各作业的做法，其要项说明如下：

图表7-1 审查及选定供应厂商流程图

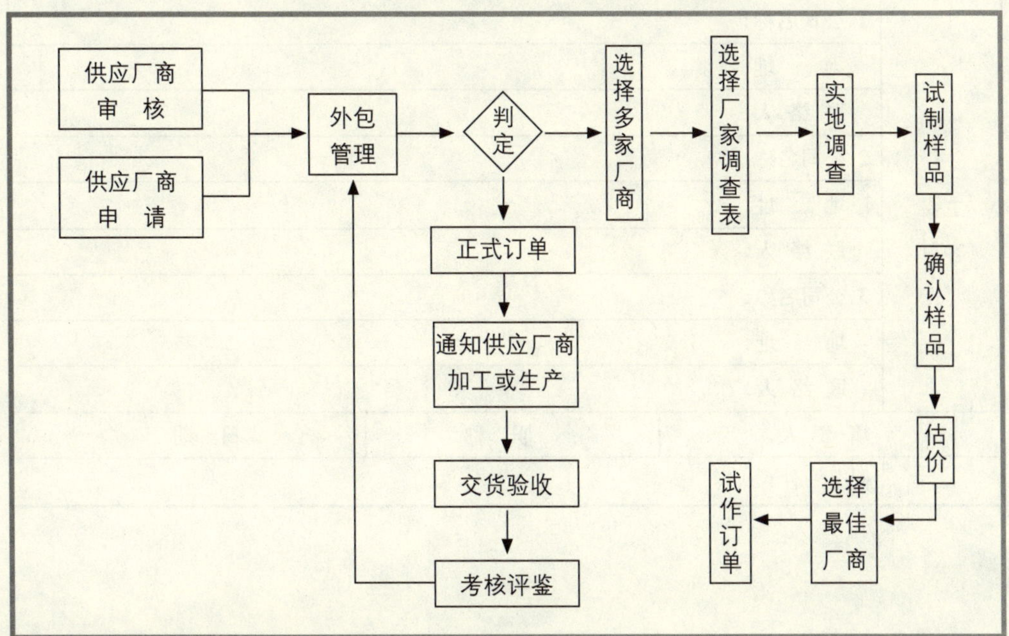

⑴ 备选厂商

候补供应厂商的数目可以多一些，候补供应厂商通常由中心工厂自行寻找或是供应厂商毛遂自荐而得，也可以是通过别人介绍的。

候补供应厂商先要经过实况资料调查，将条件相差太远的供应厂商先加以淘汰，再对适当的供应厂商进行调查与评鉴，以挑选未来可配合的供应厂商。

⑵ 厂商访查

候补供应厂商的实地调查，如图表7－2－1、图表7－2－2、图表7－2－3所示，将实际查访的基本资料填入供应厂商调查表中。

图表7-2-1 供应厂商调查表

<table>
<tr><td rowspan="3">信用参考</td><td colspan="3">往来银行</td></tr>
<tr><td colspan="3">地　　址：</td></tr>
<tr><td colspan="3"></td></tr>
<tr><td rowspan="9">主要客户</td><td colspan="3">1.公司名称：</td></tr>
<tr><td colspan="3">地　　址：</td></tr>
<tr><td colspan="3">联 络 人：</td></tr>
<tr><td colspan="3">2.公司名称：</td></tr>
<tr><td colspan="3">地　　址：</td></tr>
<tr><td colspan="3">联 络 人：</td></tr>
<tr><td colspan="3">3.公司名称：</td></tr>
<tr><td colspan="3">地　　址：</td></tr>
<tr><td colspan="3">联 络 人：</td></tr>
<tr><td colspan="2">填 表 人：</td><td>职　称：</td><td>日　期：</td></tr>
<tr><td colspan="4">附　　件：</td></tr>
</table>

图表 7-2-2 供应厂商调查表

供应商				
公司名称				
地　址				
电　话				
承办人	姓　名		职　称	
产品类别				
生产设备				
工厂面积				
厂房幢数				
厂房层数				
员工人数				
人员编配				
设计工程				
制造工程				
研究发展				
采　购				
生　产				
品保品管				
制造检验				
工作时程				
小时／日				
班次／日				
日数／周				
开工比率				
设备状况				

图表7-2-3 供应厂商调查表

一、请供货商回答下列有关事项：	是	否	其他
1.对本公司所购物料是否有专人负责检验、测试及修改？			
姓名： 职称：			
2.此人是否有权停止进货，以修改本公司所购物料？			
3.贵公司是否切实了解并接受本公司所订规格，并且严格管制品质以符合检验？			
4.是否有审核贵公司原物料供货商的正式程序？			
5.是否留有物料接收检验记录及供货商审核记录？必要时是否可提供本公司参阅？			
6.出货前是否做最后总检验？			
7.是否有足够的检验量具及测试设备用以检验本公司所购产品是否符合规格？			
8.是否对定期调整量具及测试设备留有记录？			
9.是否有作业程序的检核方法？当物料、工具、作业程序或设计有重大改变时，此检验方法是否会重新检验作业程序？			
10.物料、工具、作业程序或设计有重大改变时，是否会先行通知本公司？			
11.检验和测试记录是否会详尽记录在产品上或随附文件上？			
12.是否遵照所制定的程序执行检验和测试？			
13.是否随货附有检验结果、检核单？			
14.凡产品设计变更、版本更新，是否能提出第一批样品的检验报告交本公司？			
15.检验报告是否留有记录？必要时是否可提供本公司参阅？			
16.检验及测试程序若日后变更，是否可供本公司核准？			
17.贵公司采用的原物料发生差异时，有关部门是否进行审查并记录结果？且同意交货先得本公司之核准？			
18.在加工的零组件及物料，贵公司是否会再行检验？			
19.贵公司是否同意驻厂做定期的品质检查，对每批交货中进行抽样作业？			
20.贵公司是否有常设的控制系统，以确保产品品质？			
二、综合评价：			

⑶ 试制样品

将合格的候补供应厂商加以比较后，决定供应厂商，准备与该供应厂商交易，并请该供应厂商试制样品。

⑷ 确认样品

供应厂商将试制完成的样品，送到中心工厂的开发设计部门或工程部门，经各种测试后，判定样品是否合格，样品不合格不予确认，样品合格即予以确认。

⑸ 确认估价

样品确认后，发包单位请供应厂商提供估价资料，估价过高的供应厂商则不予采用，估价过低的供应厂商，应注意其未来交货品质可能不易保证而有偷工减料之虞，因此，务必选择估价合理的供应厂商以确保可顺利达到各项交货条件。

⑹ 试作订单

由中心工厂发包给供应厂商，因为供应厂商对中心工厂的信用还未建立，因而首次交易的采购订单数量及金额不宜太大。

为考验供应厂商各种配合的能力，应先以尝试性的订单试验，且需将各种采购品的交易条件，例如，价格、品质标准、交货期、包装、运送、验收、罚则等先与供应厂商谈妥，并签认合约或订货等书面资料，作为以后供应厂商交易配合及考核评鉴的依据。

⑺ 交货验收

供应厂商接受尝试性订单后，进行采购品的生产制造，并确实按进货验收规定办理交货事宜，由中心工厂派人加以验收。

有些中心工厂规定较严，对尝试性的订单规定在供应厂验收，待验收通过后才允许供应厂商将货品运送至中心工厂交货。交货验收工作是对所有品项的数量、品质、包装等交易条件加以确认。

⑻ 考核评鉴

一般而言，供应厂商必须通过中心工厂的考核与评鉴，成绩优异者才能成为正式的供应厂商，否则，仍视为候补的供应厂商，或淘汰且不再来往的厂商。

如图表7－3所示，考核与评鉴的内容集中于供应厂商对所有交易条件的履行情况，通常下列项目可作为交易条件的要点：

① 品质

可靠性能力。

② 交期

供应能力。

③ 价格

合理成本及降低成本能力。

④ 其他

配合度与服务、管理等能力。

⑼ 正式下单

候补供应厂商经过评核，成绩优异者可成为正式供应厂商，通常中心工厂会按本身的需求给予正式订单，并签订采购合约进行正式的交易。

⑽ 正式交易

将正式供应厂商登录在本企业的合格厂商名录内，并据以进行正式交易，针对日后交易情形纳入定期评鉴的往来供应厂商名单中。

图表7-3 供应厂商评核表

一、基本资料

1.公司名称:______

2.公司地址:______

3.公司电话:______

二、评核状况

1.评审状况:

⑴( )初审 ⑵( )复审

2.评审结果:

⑴( )核准 ⑵( )不合格

三、评核资料

1.一般评核表

评核项目		配分	审查小组			分数
			工程	品管	采购	
1	一般经营状况	10	×0.2	×0.2	×0.6	
2	制造能力	20	×0.4	×0.4	×0.2	
3	技术能力	20	×0.5	×0.3	×0.2	
4	管理制度绩效	15	×0.3	×0.3	×0.4	
5	品管能力(成品)	20	×0.3	×0.4	×0.3	
6	品管能力(原料)	15	×0.3	×0.4	×0.3	
总分		100				

备注:⑴每一评核项目给予适当配分;

⑵总分在60分以下的视为不合格供货商。

2.一般评审评语

⑴采购部门:

⑵工程部门:

⑶品管部门:

3. 合格厂商的分类、分级

合格厂商是按各厂商的专业能力予以归类，分级是将各类合格厂商按其评核结果划分等级，具体说明如下：

(1) 分类

避免厂商包办各种采购案件，预防外行人做内行事。

(2) 分级

防止厂商大小通吃，配合采购的需求，选择适当的厂商。

以供应厂商进行的工程发包工作为例，如图表7－4所示，将承包商按施工类型作成分类、分级如下：

图表7-4 供应厂商评核表

施工类型	等　　级
一、管类	1.高温高压的聚合配管 2.一般配管
二、设备储槽类	1.中、大型的精密机器储槽 2.一般机器架台的储槽等
三、空调风管类	1.含冷冻机 2.不含冷冻机
四、保温类	
五、电气类	1.动力配线 2.变压器、配电盘
六、仪器安装类	
七、土木工程类	1.甲级营造厂 2.乙级营造厂 3.丙级营造厂 4.其他

四、供应厂商的评鉴

（一）供应厂商的评鉴项目

进行供应厂商的评鉴工作，必须先搜集各供应厂商的实际绩效资料，再按照评鉴小组对各项评鉴项目的重视程度，分别予以设定其权数。

评鉴供应厂商绩效的项目，通常包括品质、交期、价格、服务、技术、管理等各项指标，其重点内容说明如下：

1．品质

批次合格率、不良率、退货率、批次产品数量差异数、顾客抱怨次数等。

2．交期

准时交货率、交货数量正确性、短交或超交的批次、及时或延迟交货批次及比率等。

3．价格

降价率、折扣金额、比其他来源便宜的比率等。

4．服务

申诉处理、技术支持、退换货速度、配合度、参与中心工厂活动出席率等。

5．管理

品质政策、中心卫星工厂制度运作情形、出货管理办法、应收管理办法、劳工关系、计算机化作业等。

例如，某企业为落实其定期进行供应厂商的考核评鉴工作，以作为强化供应厂管理之需，规划其供应厂商的评鉴用表的内容如图表7－5所示，可作为其他企业设计供应厂商评鉴表的参考。

图表7-5 供应厂商评鉴表

项 目	考核分数	内 容	比例分数	提供资料单位	评审周期
1.品质	20	⑴批次合格率	10	品管部	每3个月一次
		⑵数量合格率	10		
2.交期	15	⑴如期交货	15	物料部	
		⑵迟延5日以内	10		
		⑶迟延10日以内	5		
		⑷迟延10日以上	0		
3.价格	15	⑴低于5%	15	采购部	
		⑵相同	12		
		⑶高于5%以内	8		
		⑷高于10%以内	4		
		⑸高于10%以上	0		
4.服务	15	⑴供应率	7	采购部	
		⑵外包率	3		
		⑶管制措施	5		
5.技术	15	⑴机械设备	5	品管部 工程部	
		⑵检验设备	5		
		⑶制造技术	5		
6.经营	10	⑴营业状况	4	采购部	
		⑵财务结构	4		
		⑶员工人数	2		
7.管理	10	⑴管制措施	2	品管部 采购部	
		⑵设备管理	2		
		⑶检验管理	2		
		⑷制造管理	1		
		⑸营业管理	1		
		⑹财务管理	1		
		⑺员工管理	1		

（二）供应厂商评鉴的重要性及方法

1. 供应厂商评鉴的重要性

供应厂商的优劣对中心工厂的影响巨大，若有待加强改善的供应厂商提供不良的货品，将可能对买方造成如下损失：

⑴ 丧失顾客对产品的信赖度，减少客户订单的接获；

⑵ 增加额外的检验费用，徒增品质成本；

⑶ 无法实施零库存，且恐造成企业停工待料；

⑷ 增加重加工的费用；

⑸ 增加维修的困难度及次数；

⑹ 现场安装易发生问题；

⑺ 增加停工断料的损失；

⑻ 需要储存更多材料，以备不良品所造成的停工欠料的损失；

⑼ 徒增品质保证成本；

⑽ 造成生产效率降低；

⑾ 造成储运成本过高；

⑿ 其他。

例如，增加进货次数等。

2. 供应厂商评鉴方法

企业为做好供应厂商的管理工作，通常会成立跨部门的评鉴小组，根据已建立的供应厂商评鉴办法，进行还未来往的厂商访查工作，并对已来往的厂商做落实评鉴工作，并借以调整或改善买卖双方的合作关系，创造买卖双赢的局面。

供应厂商的评鉴方法，应按企业的需求调整设立，首先要看评估项目及其权重，在所有评鉴项目中，通常买方会特别注重品质这一项，主要原因在于品质是表示供应厂商有无履行采购单位所订规范及品质要求的能力。

一般而言，经评鉴小组进行供应厂商的资料审查、现场访查、审查会议召开以及达成审查决议，其结果除评鉴出绩优厂商外，也可以包括应加强改善的厂商，此即供应厂商的评鉴过程与方法。

综上所述，建立一套适当的供应厂商评鉴制度，可对采购品的品质提供保障，避免各项因品质不良造成的损失，若能确实按制度认真执行，将可减少生产部门及品质管制部门的人力、物力，其他如储存空间等项目的成本亦会大幅降低。

（三）供应厂商的评鉴绩效与奖惩

1. 合格且绩效良好厂商的奖励方式

一般而言，对于评鉴结果绩效良好的供应厂商，除了能够参加买方机构所举办的年度“绩优厂商表扬大会”，且可获得奖状或奖章外，有时买方还可按交货价款给予一定百分比的奖励金，或获得买方提前付款的优待，或增加采购数量，特别是品质绩效优良的厂商，其进货通常可适用验收作业的免检管理制度。

2. 未合格且绩效不良厂商的惩罚方式

若评鉴结果未达一定水准，则可将供应厂商从合格厂商名单中剔除，丧失日后继续交易的资格。

买方可按供应厂商每次累计交货记录、迟延日数、品质不符的程度、特殊采购的减价金额占原采购价格的比率、违反不得转包的约定、部分交货未按规定等情节的轻重，分别给予扣款、减少采购量、暂停交易等处分。

若交货逾期或品质瑕疵情形严重者，则可将其从合格厂商名单中剔除，永久丧失交易的资格。

五、供应厂商的辅导与奖惩

（一）供应厂商的辅导

供应厂商的辅导，通常可分为直接派员至工厂辅导、请供应厂商派员前来实习、建议供应厂商委托管理或技术顾问公司进行辅导等方式，其辅导的内容如下：

1．教育训练方面

⑴ 供应厂商的高阶人员训练

鼓励其接受新观念，或参加买方举行的供应厂商联谊会、产品开发座谈会及全面品管方面的课程。

⑵ 品质管理教育训练

品质要做得好，需要有持续不断的品质管理训练，一方面可以纠正错误的品质观念，促进全体员工重视品质管理，积极推行品质管理工作，另一方面也可以提高所有员工品质管理的技术及管理能力。

供应厂商的品质技术及管理训练方式多种多样，企业界常用的方式如下：

① 参加公司外的品质技术及管理课程，或其他相关专业管理顾问公司训练课程；

② 供应厂商内部自办品质技术及管理课程，或其他相关的管理训练课程；

③ 中心工厂举办品质技术及管理课程，或其他相关的管理训练课程，敦促供应厂商派高级主管人员及相关主管参加。这样一来，具有辅导及协助改进供应厂商观念以及革新品管方法的多样效果，可由中心工厂全力推行至中心卫星体系中。

⑶ 供应厂商品管人员训练

鼓励其参加品管专业训练或一般品管课程，或安排其了解中心工厂的品管及相关管理方式，以利日后双方的合作，其内容包括下列重点：

① 中心工厂的品管组织及品质政策；

② 中心工厂的进料检验、制程及成品的品质管制和最终的检验作业程序；

③ 中心工厂使用何种验收标准、仪器、量规、抽验表以及判定合格的标准等验收相关作业方式。

2. 其他方面

在进行外加工或采购作业时，应在采购合约中明确规定买方与供应厂商双方的权利与义务，或在外加工单、采购单上签章。对于较为复杂或较重要的外加工和采购作业，都必须由买方与供应厂商进行事先协商，以解决下列交货问题：

(1) 详细规格的解说与设计变更；

(2) 品质管理辅导与品质验收标准的建立；

(3) 供应、生产量及价格的协调；

(4) 交货期的确定与交货进度的跟催；

(5) 设备的使用与维护咨询；

(6) 技术问题的解决与技术提供；

(7) 财务的支持；

(8) 其他。

例如，厂商评鉴、辅导、奖惩等办法，其他交货管理制度、品管制度的建立，原料及制程管制、工作方法改善等买卖双方相互配合事项等。

（二）供应厂商的奖惩

1. 供应厂商的惩罚方式

⑴ 停止订购

停止订购是对供应厂最大的惩罚，也是最有效的惩罚。供应厂商由于丧失订单而进行内部改善，改善后经评鉴合格后才可再争取采购订单。

在停止订购之前，须先向供应厂商做完整的书面说明并提出考核凭证，不会因停止订购而造成双方的关系僵化，并维持双方良好关系，并为未来紧急状况下再委托该厂加工铺路。

在未停止订购之前，部分供应厂商就已积极改善，因此，停止订购前，买方会先采取直接罚款的方式，当直接罚款无效时，才停止订购。

在卖方市场的前提下，停止订购并无法对供应厂商产生惩罚性的效果，因此，采购人员须审慎判定是买方还是卖方市场。卖方市场时，停止订购会造成公司停工待料的损失，停止订购前须已选好具有替代性的厂商，否则不可贸然行事。

⑵ 直接罚款

通常直接罚款惩罚无效时，才会采取停止订购的行动。每月收集对供应厂商的考核评鉴资料，在下列情况下才可采取直接罚款方式：

① 品质不佳且造成买方损失时

- 买方须再重新加工才能使用时；
- 买方采取特殊采购认定时；
- 买方采取全检验收时；
- 不良率远超出双方所制定的标准时；
- 导致买方加工品质不良时。

② 延误交期时

- 延误交期超出双方所制定标准时；
- 导致买方停工待料时。

③ 催交率或拒收率过高时

催交次数过多或拒收批次较高时，会增加买方的采购及管理成本，故须罚款索赔。

直接罚款有助于供应厂商提升交货品质及减少其延误交货期，但也可能导致买卖双方关系破裂。因此，在罚款之前，应先书面告知供应厂商高层主管，请其督促改善，否则将按合约罚款。如果书面告知无效，再采取直接罚款的惩罚方式，这样供应厂商一般不会有太大异议。

中心工厂若能确实执行进料检验，并提早厘清双方责任，收集完整的损失资料，也是避免罚款争执的方法之一。

采购人员建立起正确观念从而确实执行罚款是很重要的，有时候，采购人员往往因人情因素不便向供应厂商罚款，只是一而再地采取告诫方式，将造成买方日后更大的损失。

一般而言，对供应厂商采用直接罚款的方式，并非为了买方降低成本，而是买方为了经由此做法引起供应厂商的注意，买方可借此方法督促供应厂商进行改善。

(3) 间接督导性惩罚

间接督导性惩罚属于较温和的惩罚方式，其优点是供应厂商较易接受惩罚，且易于与供应厂商继续维持协商及合作，但由于惩罚较轻，其缺点是易造成供应厂商的改善进度较慢，惩罚效果有限。

一般而言，间接督导性惩罚的方式较常发生在进货品质不佳而造成买方损失时，惩罚的做法如下：

① 减少采购订单；

② 延长应付票款的票期；

③ 供应厂商进行辅导。

减少供应厂商的订单作为惩罚方式，其效果较佳，最好以书面形式告知供应厂商，否则，对方因管理不佳，有时并不会凸显出来引起高阶主管的重视。

2．供应厂商的奖励方式

(1) 大幅增加订购金额

对于供应厂商最直接的奖励方式，就是大幅增加对供应厂商的订购次数及金额，促使供应厂商增加营业额及利润，使卖方的业务人员绩效提升，此法是对供应厂商最具体有效的奖励方式。

(2) 间接鼓励性奖励

对于供应厂商较间接的奖励方式，就是小幅度地增加供应厂商的营业额及利润，常用的奖励方式如下：

① 缩短应付票款的票期；

② 小幅增加采购订单。

3．供应厂商的奖惩依据

对供应厂商进行奖惩，需要完整的资料作为奖惩依据，并且在执行奖惩前，以书面方式告知供应厂商，事先获取供应厂商的反应。因此，为避免日后买卖双方的争议，资料的正确性很重要，奖惩依据的资料来源如下：

(1) 验收单

根据验收单可统计分析进货品质、交货期等相关数据，常用的指标如下：

① 拒收批率；

② 特采批率；

③ 逾期交货次数率；

④ 平均逾期日数。

⑵ 异常反应单

根据异常反应单可统计分析品质、工时等相关数据，常用的指标说明如下：

① 停工待料损失；

② 品质不良损失；

③ 全数检验损失；

④ 重新加工损失。

六、供应厂商管理的实例介绍

[实例一]外加工厂商品检验稽查表

图表 7-6 外加工厂商品检验稽查表

□供应厂商□试用厂商□原料供货商□外加工厂商 稽查人员: 年 月 日

1-1	厂商名称:	4-1	制程上有否按规定的操作标准操作? □有 □没有
1-2	厂商地址及电话:	4-2	制程中有否按规定的检查标准检查? □有 □没有
1-3	负责供应本厂的原料及加工品名称:	4-3	制程检查记录有保存吗? □有 □没有
1-4	经办人员职称及姓名:	4-4	制程中发现不良品的处理:
2-1	是否有品管组织表? □有 □没有	5-1	对本公司供料储存情形:
2-2	品管负责人职称及姓名:	5-2	成品检验如何实施? □全检 □抽检 □不检验
2-3	品管部门是否独立存在? □独立 □非独立 存在___单位	5-3	被退货时实施措施:□改换包装再送回 □等催货急时再送回□全检后再送回
2-4	检验人员共计______人 1.进料____人 2.制程____人 3.成品____人 4.其他____人	5-4	本公司要求的水平和厂商生产能力比较(厂商的意见) □过高 □过低 □适中
2-5	检验人员是否兼做其他工作: □是 □否	5-5	不良率能否降低? □照规定 □打算降低
2-6	对于不良反应是否有人负责处理: □有 □没有	5-6	现有接受本公司订购事项进度情形:
3-1	进料时，有检验吗? □有 □没有 □有时有，有时没有	5-7	其他:
3-2	检验方式: □全检 □抽检 □抽样计划 □其他	6	需要本公司协助事项:
3-3	进料时发现不良品的处理: □批退 □选别 □重工 □照用 □其他		
3-4	进料验收单有保存吗? □有 □没有		

[实例二] 供应厂商的管理方案

1．供应厂商的重要性

(1) 采购与外加工的工作成效，取决于需求标准，应慎重地选择适当厂商；

(2) 供应厂商的水准，对公司的制造品质、成本及生产量都有重大影响；

(3) 对产品或待加工的材料，须向供应厂商采购或委托其加工时，供应厂商对买方加工品商情的适度保密很重要，因此，选择供应厂商时不得不慎重。

2．选择供应厂商的考评重点

(1) 经营者的作风及其经营能力；

(2) 拥有令外包厂商满意的加工技术与机器设备；

(3) 拥有专门技术，且生产方式合理化、效率高；

(4) 技术人员、技术水平及其擅长专业符合外包厂商的需要；

(5) 现场主管的人品；

(6) 外包厂商整体的管理水平；

(7) 工厂的立地条件；

(8) 资金状况；

(9) 供应厂商原料来源；

(10) 对买方加工品的商情保密态度等；

(11) 其他。

3．评鉴项目

(1) 品质

$$品质 = [100 - 50\,(\frac{拒收批数}{送验批数} + \frac{全部不良总数}{全部货总数})] \times 品质权数$$

(2) 交期

$$交期=[100-50\times(\frac{\Sigma 误期批数\times 误期日数}{总交货批数}+\frac{误期批量\times 误期日数}{总交货数})]\times 交期权数$$

(3) 价格

$$价格=\frac{最低价格}{价格权数}\times 询问价格$$

(4) 协调性

① 一般供应厂商以6分计

② 配合整数	配合稍密数	正常配合	配合稍不足	配合不足
10分	8分	6分	5分	4分

③ 本公司占有率

4. 权数参考数据

(1) 项目	买方市场	一般市场	卖方市场
① 品质	40%	25%	20%
② 交期	30%	25%	40%
③ 价格	10%	25%	10%
④ 协力度	20%	25%	30%

(2) 美国奇异电气公司的供应厂商评等

品质 40%

价格 35%

服务 25%

(3) 大陆某知名电气公司的供应厂商评等

品质 40%

价格　　40%

服务　　20%

5．奖惩措施

(1) 奖励方法

① 发奖励金；

② 发奖牌、奖状；

③ 增加订货；

④ 缩短票期或付现；

⑤ 会检后抽验(减量、正常、加严)。

(2) 惩罚方法

① 罚延迟交货违约金；

② 扣除或没收定金；

③ 减少订货；

④ 停止来往；

⑤ 延长付款票期；

⑥ 负责品管的客诉；

⑦ 加强辅导。

6．供应厂商辅导

(1) 品质改善

① 技术问题改进；

② 仪器设备改进；

③ 品质管制技巧改进；

④ 确立规格与蓝图；

⑤ 模具改进；

⑥ 确立检验标准与方法。

(2) 交期改善

① 生产计划；

② 用料计划、请购管理；

③ 进度跟催；

④ 设备维护；

⑤ 现场管理。

(3) 降低成本

① 提高生产效率；

② 降低损耗；

③ 降低制造费用；

④ 降低间接费用。

(4) 财务支持与管理技巧指导

① 卖方市场:部分投资；

② 特殊技术:部分投资；

③ 专卖性。

[实例三] 供应厂商考核及等级评定办法

1. 适用范围

(1) 本公司对现有的供应厂商实施考核及等级评定，以等级的升降作为委外订制及付款办法的依据；

(2) 配合供应厂商的要求，对提出申请的厂商重新鉴定等级；

⑶ 对试用厂商实施考核，当试用期结束时，若其考核评分达到70分以上，则正式成为本公司的供应厂商，并划分其等级；

⑷ 供应厂商交货验收时，不良率过高，或在本公司生产装配造成重大问题时，经通知也未能有效改进者，则予以重新考核评定等级。

2．目的

⑴ 掌握供应厂商的经营概况，确保其供应的品质，以符合本公司的需求；

⑵ 分析供应厂商的能力和潜力，为委外管理部门提供选择的依据；

⑶ 协助督促供应厂商改善其品质，提高交货能力。

3．考核及等级评定小组的组成

须由品管、生管、技术、托外管理、采购等单位会同实地访查。

4．考核及等级评定的项目与标准

⑴ 项目与标准

① 品质　　40%

② 交货期　　30%

③ 价格　　10%

④ 管理及其他　　20%

⑵ 考核对象

① 对供应厂商或试用厂商每月考核，评分包括：

- 品质；
- 交货期；
- 价格。

② 对试用期满的已适用厂商及供应厂商应每年考核一次，考核包括：

- 品质；

- 交货期；
- 价格；
- 管理及其他项目。

(3) 考核表的格式

图表7-7 供应厂商考核表

供应厂商名称：

序号	项目	详细内容	配分	得分	小计
1	品质(40%)	(1)批数合格率	30		
		(2)对不良问题改进情形	10		
2	交货期(30%)	(1)逾期率	10		
		(2)逾期日数	10		
		(3)本公司生产线停工待料次数	10		
3	价格(10%)	价格合理化程度	10		
4	管理及其他(20%)	(1)组织与管理制度	4		
		(2)交期管理	4		
		(3)设备规模、技术水平	4		
		(4)财务状况、经营情形	4		
		(5)现场管理	4		
总计			100		

说明：

① 品质

$$批数合格率 = \frac{合格总数}{交货总数}$$

百分比(%)	95以上	90~95	85~90	80~85	75~80	70~75	65~70	65以下
得分	35	30	25	20	15	10	5	0

② 交货期

● 逾期率 $= \frac{\text{逾期总数}}{\text{交货总数}}$

百分比(%)	8	0.1~2.0	2.1~4.0	4.1~6.0	6.1~8.0	8.1~10.0	10.1~12	12.0…
得　分	7	6	5	4	3	2	1	0

● 逾期日数:每逾期一日扣一分

● 本公司因供应厂商逾期而致生产线停工待料次数:

次　数	0	1	2
得　分	6	3	0

③ 价格

以本公司所定的标准价格为准，若未定标准者，按前批价格为准。

比较的结果	低于5%	相　同	高于5%以内	高于10%以内	高出10%以上
得　分	15	12	8	4	0

④ 考核及等级评定的划分

等　级	A	B	C	不适合为本公司的供应厂商
总　分	90以上	80~90	70~80	69以下

[实例四] 供应厂商评鉴考核管理办法

1. 目的

(1) 本公司一向视供应厂商为工厂延续部分，除了采取有关辅导措施外，还期望其能配合本公司产销政策;

(2) 本办法是基于互惠的原则下，对供应厂商承制本公司制品的品质及交货情形加以客观而合理的评鉴，作为考核管理的依据。

2．实施范围

本办法适用于与本公司有交易行为的各供应厂商。

3．评鉴项目与标准

级数的评定需以四项评鉴项目皆能符合为原则，否则以降级论定。评鉴项目分级如图表 7－8：

图表 7-8 供应厂商评鉴项目分级表

序号	评鉴内容	评鉴单位	标准	甲级(A)	乙级(B)	丙级(C)
1	品　质	品管单位	35%	30 以上	26 以上	23 以上
2	交货日期	采购单位	35%	30 以上	26 以上	23 以上
3	协作精神	采购单位	15%	12 以上	11 以上	10 以上
4	价　格	采购单位	15%	13 以上	12 以上	10 以上

4．方式

(1) 时间

每 3 个月一次。

(2) 做法

① 品质

供应厂商承制或供应任何物品，应具有保证品质的责任，本公司品管部门根据进料管制标准抽样表的规定执行检验工作。

● 品质评鉴是根据零件被验收合格件数与送验收总数的比值计算，品管单位根据当月检验记录单统计各厂商交货的不良率。

$$品质得分 = \left(1 - \frac{不良件数}{总交货件数}\right) \times 35\%$$

例 1：厂商交货 50 件中有 45 件验收通过，则其评分为：

$$(1-\frac{5}{50})\times 35\% = 31.5\%$$（品质一项的得分）

● 若以往抽样合格验收入库，而在制程中才被发现的不良品，则根据品质变异单的统计并入当月的不良率计算。

● 特殊采购品在评分时，原则上视为合格品处理，但不论其中件数多少，一律将品质一项的得按95%计算。

$$品质得分=(1-\frac{不良件数}{总交货件数}\times 35\%\times 95\%)$$

② 交货日期

● 各项制品的交货，承制商应按双方约定认可的交货日期如期交货。

● 由采购单位每3个月统计一次。

$$交期得分=(1-\frac{延期交货次数}{总交货件数})\times 35\%$$

③ 协作精神

● 采购单位客观评分

满100分者　　15分

90分以上　　12分

80分以上　　11分

70分以上　　9分

60分以上　　7分

● 评分标准

a．报价、交货是否确实而迅速；

b．不良品的处理是否迅速而彻底；

c．售后服务是否迅速而满意；

d．在制程中才发现不良品，或品质变异的售后处理意愿，配合的态度是否诚恳而迅速。

④ 价格

● 由采购单位评分，以（$\frac{12}{1\pm\text{单价变动率}}$）计算之。

例 2:单价不变则给予 12 分。

涨价 10%时，则 $\frac{12}{1+0.1}=10.9$ 分

跌价 20%时，则 $\frac{12}{1-0.2}=15$ 分

● 若单价变化但确属合理，供应厂商可另以详细的成本分析表送交采购单位换算，并经本公司确认属实后，酌情给予加分。

5．奖励办法

(1) 奖励方式

① 能按期交完订货数量，且经评鉴为甲级的供应厂商，给予交货价额 0.5%的奖励金，每季由供应厂商开立统一发票申请。

(2) 同一制品连续 10 批次交货均合格通过，若第 11 批次起仍连续保持合格记录时，则该批次货款以 1 个月内期票支付奖励之，若无法连续合格通过时，则重新由另一单元计算。

③ 经评鉴认定绩优的供应厂商，由本公司每年颁发奖状或奖章以资表扬。

(2) 惩罚方式

① 未依约定交货时，每逾一天罚交部分货款的 1%，并从该批货款中扣除抵消。若合约中另订有逾期罚款时，则按合约规定扣减。

② 供应厂商承制任何物品，应具有保证品质的责任，进料检验合格通

过的制品，在本厂制程中才发现的不良品或变异品也应在规定期限内更换新品或重加工，本公司并按其价格加罚1%的品质不良罚款。若不按规定日期更换新品或重加工，则每逾一天加罚0.5%，该项扣除款额从下批次货款中扣除。

③ 经评鉴认定不合格者，除通知供应厂商将其不合格品取回并更换新品或重加工外，并应按新的交期按时交货，否则如再逾期交货，仍按规定处理。

④ 经评鉴认可特殊采购使用者，从货款中扣除5%以内的罚款后收货。

⑤ 经评鉴认定为丙级的供应厂商，第一次通知其改善，若连续两次列为丙级则减少订货量，如连续三次以上仍为丙级者，则予以淘汰处理。

6．附则

① 供应厂商的交货不良率由品管单位统计，每月通知采购单位并在收料中心公布。

② 本办法经总经理核准后，在供应厂商联谊会上公布实施，修订时亦同。

[实例五] 供应厂商评价办法

1．目的

本公司视供应厂商为公司的合作伙伴，除采取有关的辅导措施外，并将本公司奖励制度应用于供应厂商的管理，以配合本公司产销政策的推行，奖励优良供应厂商对产业界及本公司的贡献。

2．评价项目及年度总分数

⑴ 制品考核评分项目

① 交货日期考核评分（占60%）

- 逾期交货率 （40%）
- 特采率 （20%）

② 品质考核评分(占40%)

- 不合格率 （20%）
- 装配不良率 （20%）

③ 制品考核分数由①、②项计算而来，其等级划分如下：

A级 95分以上

B级 85分以上

C级 70分以上

D级 60分以上

E级 59分以下

(2) 厂商考核评分项目

① 各项制品考核分数算术平均数(占80%)

② 每年考核评分项目(占20%)

- 交易额 （10%）
- 估价的迅速性 （5%）
- 协作精神 （5%）

③ 厂商考核评分分数由①、②项计算而来，其等级划分如下：

A级 90分以上

B级 80分以上

C级 70分以上

D级 60分以上

E级 59分以下

3．评价方法

(1) 逾期交货率

逾期率	0	1%以下	5%以下	10%以下
分　数	40	38	35	30
逾期率	15%以下	20%以下	30%以下	30%以上
分　数	20	10	5	0

(2) 特采率

特采率	0	1%以下	5%以下	10%以下
分　数	20	18	15	10
特采率	15%以下	20%以下	30%以下	30%以上
分　数	8	5	2	0

(3) 不合格率

不合格率	0	1%以下	5%以下	10%以下
分　数	20	18	15	10
不合格率	15%以下	20%以下	30%以下	30%以上
分　数	8	5	2	0

(4) 装配不良率

不良率	0	1%以下	5%以下	10%以下	15%以下
分　数	20	15	5	1	1

4．奖惩条款

(1) 罚款规定条款

每笔订货按每月交货成绩计算1次。

① 逾期交货违约金罚款规定

● 各项制品的交货，供应厂商应按交货日程表上的日期如期交货。

● 未依约定交货时，如未收定金，逾期一天处罚未交部分价额的千分之一违约金。收定金时，视其数量多寡，再加罚千分之一违约金。

● 本公司检验所需日期不计逾期违约金。

② 品质不良罚款规定

● 供应厂承制制品应具有品质保证的责任；

● 通过检验或抽验的制品在工厂装配时，若有不良品发现，则供应厂商除负责在 3 天内掉换新品外，并按其价值罚百分之一的品质不良罚款。若不按规定日期换新品，每逾期一日另加罚千分之一，如为抽样检查时，应罚价额的百分之四。

(2) 奖励规定条款

①按期交货奖励规定

● 各项制品确实按本公司详细交货日程表制交时，则供应厂商可享有按期交货奖励；

● 按期交足订货且合格率为100%时，给予交货价额百分之二的奖励金；

● 按期交足订货且合格率为 95%以上时，给予交货价额百分之一的奖励金。

② 品质优良奖励规定

● 供应厂商本身已建立良好品管制度或施行全检制度时，可申请抽验交货而享受奖励金；

● 抽验交货的供应厂商，按期交货可享受交货价格百分之二的品质优良奖励金；

● 各制品抽验交货时，按照本公司验收管理办法的允收水准（AQL）规定验收，若有不良批数时，取消该制品品质优良奖励；

- 抽验交货的资格由本公司采购课、品管课、检验课共同审定。

(3) 制品考核评分奖励规定

① 供应厂商制品连续三个月以上列为A级，而装配时无严重不良品时，则该项制品可申请抽验交货方式；

② 制品连续一年被列为A级或B级的厂商，次年度增加该项制品的订货，以示奖励。

(4) 厂商考核评分奖励规定

① 厂商考核列为A级者，则次年增加对该厂商的订货三成以上。

② 厂商考核列为B级者，则次年考虑维持与前一年度相等的订货额，并视实际需要给予增加订货一成的奖励。

③ 厂商考核列为C级以下者：

- C级厂商：次年度减少三成以上的订货；
- D级厂商：次年度减少五成以上的订货；
- E级厂商：次年度减少八成以上的订货。

5.本办法经总经理核定后实施，修正时亦同。

[实例六] 外包商的管理与评等制度

1. 目的

为了达到更经济、合理的产销方式，制造更优良的产品，并使外包的供应厂商能与本厂的产销计划配合，提高本公司的生产力，特制定本制度。

2. 评等办法

(1) 评等项目

① 品质；

② 交期；

③ 价格；

④ 服务。

(2) 评等说明

① 品质

● 批数合格率 = $\frac{合格总数}{入厂总数}$

例：某外包商2008年3月交货50 000件，其中10 000件不合格，则

$$批数合格率 = \frac{50\ 000-10\ 000}{50\ 000} = 80\%。$$

查图表7-9得合格率80%，评分12分。

图表7-9 批数合格率评分表

批数合格率	评分
95%以上	20
90%～95%	18
85%～90%	15
80%～85%	12
75%～80%	9
70%～75%	5
70%以下	0

● 个数合格率 = $\frac{合格个数}{入厂总个数}$

例：某外包商于2008年4月共进货4批(见图表7-10)。

图表 7-10 某外包商 4 月份进货批次

第一批	345 件	抽　样	50	不良品	3
第二批	1 560 件	抽　样	125	不良品	5
第三批	710 件	抽　样	80	不良品	7
第四批	320 件	抽　样	240	不良品	40
合　计	2 935 件	检查数	495 件	不良品	55

$$个数合格率 = \frac{495-55}{495} = 89\%$$

为了计算更精确、公平，区间可再加以评分，公式如下：

$$批数合格得分 = 查表应得分数 + \left(\frac{实际区间百分率差}{表上区间百分率差}\right) \times 实际区间分数差$$

个数合格率为 89%，查图表 7－11 后应得 6 分，另加区间分数应为：

$$批数合格得分 = 6 + \left(\frac{89-85}{90-85}\right) \times (7-6) = 6.8\ (分)$$

图表 7-11 个数合格率评分表

个数合格率	评　分
97.5 以上	10
95～97.5	8
90～95	7
85～90	6
80～85	5
70～80	4
60～70	3
60 以下	2

② 交期

● 以进厂个数为计算基础

例:某外包商2008年3月交货30 000件，按图表7－12规定:

如期交货:10 000件，给分 $20\times\frac{10\ 000}{30\ 000}=6.67$

迟交半日:9 000件，给分 $10\times\frac{9\ 000}{30\ 000}=3$

迟交1日:6 000件，给分 $5\times\frac{6\ 000}{30\ 000}=1$

迟交1日以上:5 000件，给分 $0\times\frac{5\ 000}{30\ 000}=0$

共得6.67＋3＋1＝10.67（分）

图表7-12 延期交货日数评分表

延期交货日数	评　　分
如期交货	20
延迟半日	10
延迟一日	5
延迟一日以上	0

● 以请购单的交期或契约上的交期为计算基础，验收单如验收合格，以收件日期为准，如不合格，以下次再交再验合格为准。

③ 价格

以公司所订的标准价格为标准，如未订标准，可按目前的外包情形以加权方式订出标准，加权可考虑品质及数量两种因素，外加工的各步骤均可以依照本方法订出标准价格。

例:若2008年3月份外包厂加工某零件情况如图表7－13:

图表 7-13 某外包厂 3 月份加工零件情况

厂　商	承制量	品质等级	价　格	备　注
A	50 000	C	0.9	
B	70 000	B	1.0	
C	60 000	A	1.2	
D	20 000	A	0.8	

就此例而言，品质等级与权数的关系可如图表 7－14：

图表 7-14 品质等级与权数关系

品质等级	A	B	C
权　　数	0.35	0.2	0.1

同样，数量与权数的关系可如图表 7－15 所示：

图表 7-15 数量与权数关系

单位:万

数　量	5	7	6	8
权　数	0.25	0.35	0.3	0.1

若品质与数量的权数分别为 0.6 与 0.4，则标准价格可订为：

$0.6 \times (0.1 \times 0.9 + 0.2 \times 0.1 + 0.35 \times 1.2 + 0.35 \times 0.8) +$

$0.4 \times (0.25 \times 0.9 + 0.35 \times 1.0 + 0.30 \times 1.2 + 0.10 \times 0.8)$

$= 0.89$

有了标准后，即可计算各厂在价格方面可得的分数：

A 厂商：$\frac{0.9}{0.89} = 1.01$，高于 5%内，得分 15

B厂商：$\frac{1}{0.89}=1.12$，高于10%以上，得分 0

C厂商：$\frac{1.2}{0.89}=1.34$，高于10%以上，得分 0

D厂商：$\frac{0.8}{0.89}=0.89$，低于5%以内，得分25

④ 服务

● 协作率 = $\frac{\text{承制本公司的营业额}}{\text{供应厂总营业额}}$

例：某外包商于2008年3月承制A公司零件的营业额共868 520元，该厂同月的营业额为2 167 150元，则协作率为：

$\frac{868\ 520}{2\ 167\ 150}=0.4=40\%$

查图表7－16可知得5分。

图表7-16 供应厂商评分

供 应 厂 商	评 分
35% 以 上	5
25% 以 上	4
20% 以 上	3
15% 以 上	2
10% 以 上	1
10% 以 下	0

● 外包率 = $\frac{\text{供应厂商交货金额}}{\text{本公司外包金额}}$

例：某外包商于2008年5月承制B公司零件总金额为868 520元，而本公司于2008年5月零件加工总金额为35 788 560元，则外包率为：

$$\frac{868\,520}{35\,788\,560}=0.024=2.4\%$$

查图表7－17可知得2分。

图表7-17 外包率评分表

外　包　率	评　分
10%以上	10
8%～10%	8
6%～8%	6
4%～6%	4
2%～4%	2
2%以下	1

以上说明可视实际需要增减评分项目，或拟订各项目宜占的分数比重，各项的评分表也可自行制订，视实际的情形或外在环境的变化做弹性调整。

外包厂商评等后，则可借着发包配额及付款方式进行管理，如图表7－18所示：

图表7-18 等级评定表

评定等级	分　数	发包配额	付款办法				
			现金	30日	45日	60日	80日
A	90.1～100.0	60%		✓			
B	80.1～90	30%			✓		
C	70.1～80	10%				✓	
D	60.1～70						✓
E	60以下						✓

应该注意的是，在实施前评等制度应先告知供应厂商详细的分等及实施办法，评等后也应通知外包供应厂商评等的结果，如图表 7－19 所示。

图表 7-19 评等分数比例说明表

项　目	考核分数	内　　容	比例分数	提供资料单位	评审周期
1.品质	40	(1)批数合格率 (2)个数合格率	20 20	品管课 物料课	月、季
2.交期	20	(1)如期交货 (2)延迟半日 (3)延迟 1 日 (4)延迟 1 日以上	20 10 50 0	物料课 采购课	月、季
3.价格	25	(1)低于 5% (2)相同 (3)高于 5%以内 (4)高于 10%以内 (5)高于 10%以上	25 20 15 8 0	采购课	季
4.服务	15	(1)协作率 (2)外包率	5 10	物料课 生管课	月、季

[实例七] 供应厂商的考核与奖惩规定

1. 考核规定

(1) 首先依据图表7－20进行供应厂商考核评分

图表7-20 供应厂商考核评分表

序 号	项 目	考核内容	最高分	评 分
1	品质45%	1.批数合格率	35	
		2.对不良反映的改进	10	
2	交期20%	逾期率	20	
3	价格20%	价格	20	
4	管理及其他15%	1.组织制度	3	
		2.逾期日数	3	
		3.设备规模(技术)	3	
		4.财务状况	3	
		5.生产管理	3	
合 计			100	

(2) 不良改进，如图表7－21所示。

图表7-21 不良改进评定表

级 数	分 数
甲	80～100
乙	70～80
丙	60～70
丁	60以下

2．奖惩规定

当考核工作完成后，对供应厂商的奖惩相当重要，一般先根据评分及评等的结果，再采取奖惩对策。

若缺乏奖惩对策，则供应厂商的评等只不过徒具形式而已，毫无意义，因此，只有依赖奖惩办法，供应厂商评等的功能才能有所发挥，供应厂商的管理绩效才得以显现。

对考核评等优良的供应厂商，应给予适当的奖励。与此相对，考核评等低劣的供应厂商，应给予适当的惩罚。对供应厂商考核评等后的奖罚活动如图表 7－22 所示：

图表 7-22 供应厂商考核奖惩对策

供应厂商考核	奖惩对策
甲　等	1.大幅增加订单
	2.大幅缩短票期
乙　等	1.小幅增加订单
	2.小幅缩短票期
丙　等	1.小幅减少订单
	2.小幅延长票期
	3.供应厂商辅导
丁　等	1.大幅减少订单
	2.寻找新供应厂
	3.大幅延长票期
	4.派员辅导

第八篇 采购谈判与价格管理

一、采购价格的概念和种类

二、影响采购价格的因素

三、采购价格的谈判

四、议价的准备与谈判技巧

五、采购价格与管理的案例分析

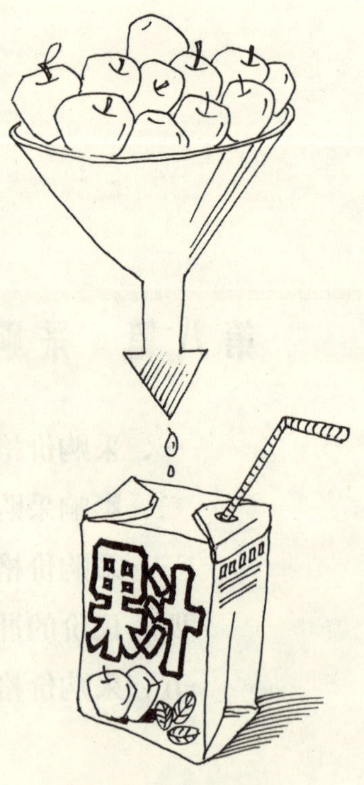

采购——企业效益最直接的源泉!

采购所要求的价格并非是最低采购价格，而是最适当的价格，或是最合理的价格，即采购最适价格，这也是企业控制采购成本的关键要素之一，因此，采购部门应致力于寻求最适采购价格。

本篇重点在说明采购价格的含义、影响因素、类型以及采购价格协议的谈判技巧，以便作为企业进行采购时，有关采购价格的决定及议价方式的参考。

一、采购价格的概念和种类

（一）采购价格的概念

价格是指将物品或工作的交易价值以货币表示的数额。因此，价格会因人、物、事、时、地的不同而变动。

采购所要求的价格并非是最低的价格，而是最适当的价格，即采购最适价格。若采购要求的价格太低，可能会降低采购品的品质、延误交期以及改变其交易条件；若采购价格太高，则将会增加采购费用及成本，影响产品利润。

在既定的品质、交期或其他交易条件下，最低的采购价格便是最适当的采购价格，最适当价格在于先维持既定品质、交期或其他交易条件，而后再要求价格的合理性。

总而言之，不论是最适的采购价格，还是最合理的采购价格，都是企业控制采购成本最关键的方法之一，因此，采购部门应致力于寻求最适采购价格。

（二）采购价格的种类

1．到厂价与出厂价

⑴ 到厂价

供货商的报价，包含物品送达买方的指定交货地点所产生的各项费用。

⑵ 出厂价

卖方报价，不包括运送费用。

2．现金价与期票价

⑴ 现金价

以现金的形式支付货款。

⑵ 期票价

以支票的形式支付货款。

3．净价与毛价

⑴ 净价

卖方实际收到的货款，交易过程中不再支付任何费用。

⑵ 毛价

卖方的报价因另定交易条件可以折让。

4．现货价与合约价

⑴ 现货价

以现货交易的当期价格为准。

⑵ 合约价

以事先合约约定的价格为准。

5．订价与实价

⑴ 订价

物品标示的售价或牌价。

⑵ 实价

买方实际上支付的代价。

二、影响采购价格的因素

（一）市场与管理因素

整体而言，采购价格取决于市场的供需状况，而影响采购价格的因素很多，从市场环境的变化到个别采购条件的差异，都会影响到采购价格的高低。影响采购价格的市场性与一般管理上的因素说明如下：

1．**成本结构**

采购品以物料为例，其成本结构包括材料成本、人工成本、制造费用、管销费用、税金及合理利润等，采购前若能充分掌握物料成本结构的项目及详细内容，则可取得更合理的价格。

2．**市场供需**

供需是决定价格最重要的因素之一，采购人员应随时了解及分析供货商的产能、库存及市场需求状况。当供给大于需求时，供货商基于销售竞争压力而降低价格，此时便可以较低的采购价格取得物料；当需求大于供给时，则需在确保物料供应来源不匮乏的前提下，议定合理价格（此时采购价格会较高）。

3．**价格趋势**

价格会随各项时间因素的影响而变动，分析价格变动的长期趋势、景气循环、季节性变化对采购价格变动的影响，才能以更合理的价格取得采购品。

4．**伙伴关系**

采购人员可通过与供货商建立彼此间长期的交易合作伙伴关系，促使供货商以更优惠的价格提供高品质且交期稳定的物料。基于互信互利的伙伴关系，可用较合理的价格取得品质较稳定的物料。

5．付款条件

不同的付款条件会影响采购价格。以付款期限为例，由于供货商考量取得现金的利息成本，以现金或较短且快速的付款期限可以降低采购价格，例如，国外采购的离岸价格(FOB)与到岸价格(CIF)会有明显的差异。

6．多家比价

多选择几家供货商进行询、比价，通过搜集充分的商品讯息与比较，借由供货商间的相互竞价而达到降低价格的目的。

7．以量制价

大量采购往往可以享受到优惠折扣，为了享受折扣优惠可以考虑采用一次下单分批交货的方式，配合现有的库存管理政策，在不增加库存成本的前提下降低平均采购单价。

8．价值分析

在正常情况下，采购品的价格与品质成正比，采购过程中所要求的不是最佳的品质而是最适的品质，因此，企业必须依照实际需求来制定采购品的品质与规格，以最适当的价格来取得物料。

9．交货期限

若是紧急采购用料，由于交货期限较紧迫，可能需加班或紧急送货，以致采购价格较高。换句话说，若交货期限较宽裕，则可以较低价格取得所需物料。

10．其他因素

其他如售后服务、包装、采购地区、利率与汇率等采购内容的变动，或台风、地震、战争等突发性事件，也会影响物料的采购价格。

（二）采购方式差异性因素

除了影响采购价格的市场与一般管理性因素外，不同的采购方式也会对采购价格具有决定性的影响。采购人员与供货商接洽采购事宜之前，应先确定采购价格的决定方式。

针对招标、议价、询价、比价、定价、拍卖等各种采购方式以及影响个别订单的采购价格的决定方式，其主要特性分别说明如下：

1．招标

以简章、登报、上网等公开方式明定各项采购条件，包括标的物的名称、规格、数量、交期、付款条件、未履约罚责等相关采购条件，将其予以公告的方式称为招标。

参与投标的供货商依照公告条件，在规定时间内提出投标文件确认资格，并交付押标金。公开招标至少需要有两家以上供货商参与投标，并依照预定日期当众开标，并经比、议价后决定得标者。

若所有供货商投标价格皆高于采购底价，则有可能宣布流标。此方式普遍被各级政府及中大型民营企业所采用，以公开竞标方式进行各项采购案，既公平又可议定合理价格。

目前企业经常运用公共网站公告采购招标信息，例如，上海地区某民营电子集团公开征求供货商投标以获取最有利的采购条件。但由于公开招标手续较为繁复，因此，一般企业需有较大金额的采购案时再予采用。

公开招标的优缺点说明如下：

(1) 优点

① 在公正、公开、自由竞争的前提下，以最低价得标，可享有最低价采购的好处；

② 杜绝徇私舞弊，经办人员必须依照法定程序办理采购。

(2) 缺点

① 手续烦琐且费时，耗用成本大；

② 可能发生绑标、围标等共同舞弊事件；

③ 可能发生因供货商低价抢标而造成亏损，无法按约交货；

④ 押标金增加负担，必将利息成本转嫁于价格；

⑤ 不适用于特殊物料的采购；

⑥ 可能较难兼顾品质、交期及售后服务等方面。

2．议价

议价是指与供货商个别进行交易条件与价格的协商，以决定双方都能接受的采购价格，通常适用于专利品采购、特殊品采购、紧急采购、独家或极少数供货商时，为获得合理价格所采取的采购作业方式。

进行采购作业时一般都先向供应厂询问价格，再对供货商报价资料加以分析后，与其个别议定采购价格。进行议价时仍应考虑供货商的信誉与规模、品质稳定度、售后服务、交期的配合度等相关交易条件。

个别议价的优缺点说明如下：

(1) 优点

① 采购人员通过向供货商询价或市场调查以掌握详细的市场价格信息，经过比较、分析供货商所提供的价格后，事先制订底价，再与供货商进行个别议价。由于充分掌握商情，因此，可以较低的价格取得标的。

② 议价时对交易条件可做详细的协商、议定，以充分掌握供应厂商的交货能力、信用状况等，可确保品质水平及如期交货，以避免验收及付款过程中所造成的问题。

③ 协商交易条件无法达成时，可改日再议或另觅其他替代供货商。

④ 急用物料的紧急采购，可立即与供货商面对面商议，立即确定交易条件，以应迫切之需。

⑤ 可以避免招标作业过程中绑标、围标的缺点。

⑥ 可利用与供货商建立的互信基础，在议价过程中，获取较优惠的交易条件。

(2) 缺点

① 由独家或少数几家供货商长期议价供应，由于缺乏竞争性，将可能丧失采购的品质及价格优势；

② 由于议价过程由采购人员与供货商单独进行，在长期交易过程中，因买卖双方相互熟悉，容易造成采购人员与供货商互相勾结的弊端。

3．询价

询价是选择合适的供货商，告知采购条件后直接询问价格，或以询价单请供货商报价，若价格及相关交易条件谈妥时即予以订购的方式。

此种直接向供货商询价后立即采购的方式，适用于数量小、单价低的物料采购。

4．比价

比价是选择信用佳、品质稳定的供货商分别报价，经由竞价的方式，选出价格低又符合规格者的方式。比价方式适用于相同交易条件、品质及规格明确的标的物。

比价时一般会从提供报价的多家供货商中，先选择报价最低的供货商进行采购。当品质具有差异但规格仍在容许的范围内时，则仍然可以选择报价最低者作为采购的对象。

由于供货商所提供的产品品质相当，因此，价格成为最主要的考虑因素。选择适当的供应厂商进行比价，可以达成公平竞价、减少弊端、简捷迅速的效果。

为了确保供货品质，避免不适当的供货商参与比价而造成额外的不当现象，比价作业前仍需对供货商的供货能力与服务绩效加以评估。

5．合约定价

当企业的规模相当大，而供货商的规模小且数量相当多时，常以合约价收购的方式进行采购。例如，对于众多的烟农、蔗农，农产加工企业会采取合约定价收购方式，收购前先以合约方式预先议定好采购价格，即所谓的合约生产或合约作物。

对于需求量极大的采购案，可以先行议定整年度的需求量与价格，再由采购部门以合约价购买。

6．公开拍卖

公开拍卖采购方式是指采购人员通过公开市场交易，以拍卖价格进行随时机动的采购方式。

拍卖是商品供需双方以公开方式通过拍卖市场或拍卖网站等媒介机制，根据市场供需变动情况而立即反应的价格变动取得物料的方式。

果蔬市场、花卉市场等都属于最常见的公开市场，另外，如证券交易、期货交易等也是典型的拍卖市场。

三、采购价格的谈判

（一）采购价格谈判的意义

采购价格的谈判是指采购人员与供货商双方进行采购价格的协商。也可以说采购价格的谈判是运用讨价还价的方式决定采购价格。

采购人员若能精确掌握采购品的成本分析信息，则可为采购价格的决定提供有力依据。又因市场供需时常发生变化，采购人员势必要借助采购价格谈判的方式，达到采购降价的目的。

（二）采购价格谈判的方式

进行采购价格谈判之前，必须历经询价、比价、估价三个阶段。

1．询价

向合格的厂商提出报价要求。

2．比价

将所得到的数家厂商的报价，进行价格比较。

3．估价

采购人员对采购品进行成本分析，进而估计其合理采购价格的过程称为估价，即采购底价的设定。

在完成询价、比价与估价三个阶段后，采购人员就可通过采购价格谈判来取得较低的采购价格。

（三）采购价格谈判的效果

在卖方市场，采购价格谈判的降价效果较低；在买方市场，采购价格谈判的降价效果则比较明显。

在景气繁荣时期，采购价格谈判的降价效果较低；在景气低迷时，采购价格谈判的降价效果较高。

采购数量越大，采购价格谈判的降价效果越大；采购数量越小，采购价格谈判的降价效果越小。

四、议价的准备与谈判技巧

（一）议价的准备作业

1．议价的事前分析

为使议价时有所依据，议价前应做好采购品的资料分析，例如：

⑴ 采购品市场行情、供货商的资料分析；

⑵ 采用价值分析的方法，对采购品进行成本分析；

⑶ 制定采购品的底价表，确认可接受的底价。

2．设定议价目标

针对采购品的品质、数量、交期、配合度等交易条件的需求以及议价前的成本、底价等资料，设定采购价格的目标。

3．选定议价人员

依据专长、授权层级等条件选定议价人员。

4．选定议价场所

以买方的指定场所为佳。

5．选定议价时间

以买方的指定时间为佳。

6．议价的作业程序

一般先向供应厂商询问价格，再对供货商报价资料加以分析后，与其个别进行议价协商作业，最后再决定采购价格。

（二）议价时应注意的事项

1．应注意避免的事项

⑴ 避免急躁

应避免立刻告知自己的底牌，或表现出急于采购的心态。

⑵ 过于注意细节

忽略整体目标，仅在细节里打转。

例如，过于深入讨论采购品的加工技术及作业方式，而未锁定降价的任务。

⑶ 避免争执

尝试证明卖方所提供相关资料的错误，因而产生无谓争执。

2．应注意把握的事项

⑴ 以逸待劳

尽量在自己公司谈判。

⑵ 慎选对手

选择可以让步的对象谈判。

⑶ 塑造氛围

偶尔保持沉默，缓和谈判气氛。

⑷ 目标导向

掌握预期谈判的成果。

⑸ 准备周全

事前制订详细计划，收集采购品商情、成本等资料。

⑹ 合作关系

采用长期合作观点进行谈判。

⑺ 善用技巧

运用学习曲线、成本分析、价值分析等技术进行谈判。

⑻ 转换话题

涉及自己公司的弱点时，应设法引开话题，转而注意其他话题。

⑼ 事缓则圆

议价触礁时，可要求暂缓。

⑽ 专业支持

遇上工模具、特殊采购品或成本分析时，请技术或财务等专业人员支持谈判。

（三）议价的谈判技巧

1．提示采购价格

提示谈判价格，包括提示最低价、提示容忍价、提示预算额度、不表明自己立场等方法。

2．事前收集信息

事先设法了解卖方的产量、产值、营业额、员工人数等资料。

3．建立双赢策略

设法让供货商积极地协助自己，创造双赢气氛，与卖方相处愉快。这样不但可以提高降价几率，而且可以先决定价格，再争取各类折扣。

4．平等合作原则

议价僵化会不利于双方，因而尽量不批评对方，而要赞美对方，以争取更低价格或更好的服务。

5．善于互动协商

议价时须具有弹性，有效运用发问技巧。

6．礼让对方的立场

让对方有合理的利润，让对方自己提出结论。

（四）议价发问的类型与功能

1．议价发问的类型

⑴ 综合型

例如，您认为如何处理才能对双方都有利呢？

⑵ 直接型

例如，您认为我方如何应付客户的降价要求呢？

(3) 诱导型

例如，采购量增加时，如何计价？

(4) 疑问型

例如，听说您曾以多少价格供应某家公司？

(5) 事实型

例如，您以多少价格供应甲公司呢？

(6) 暧昧型

例如，我真的不知如何面对公司降低成本的压力？

(7) 辩论型

例如，您所提供的原料成本似乎偏高，能否说明一下？

(8) 挑拨型

例如，您所提供的工时资料不完整，能否补充？

(9) 反击型

例如，为什么乙供货商说多少价格就可成交？

(10) 中继型

例如，工时部分，您是否能说明得更完整些？

(11) 是否型

例如，塑料原料一公斤才52元，可否由我方供应？

2．议价发问的功能

高明的发问技巧，常使对方陷于泥沼而不自知，一般发问具有的功能说明如下：

(1) 唤起注意

使卖方了解买方的立场。

(2) 获得信息

使卖方透露与价格有关的信息。

⑶ 促进领悟

确认自身的需求。

⑷ 促使思考

考量降价的空间大小。

⑸ 引出结论

最后决价的底线。

⑹ 交易确认

信息透明及确认程序。

（五）议价的方法

议价前，应先考量买卖双方的优劣势，确认是买方市场还是卖方市场，并据以采取不同的议价策略进行议价作业。

是买方市场时，不必预先提示价格，可从卖方的报价中找出杀价的空间，进行较有利的议价。

是卖方市场时，可预先适度提示谈判价格，有助于议价工作的进行，若能在议价时，仔细观察卖方弱点，即可从此影响卖方的底线，进而达到降价的目的。

综上所述，议价作业因时、因人、因势都会有不同程度的影响，以下说明议价作业的进行方式及其应注意事项：

1. 买方先提示最低价的方法

当买方提示最低价后，可观察卖方反应，判定卖方的可能售价，其可能出现的情况如下：

⑴ 当买方提出最低价后，卖方显示很不耐烦，表示该最低价可能偏低；

⑵ 卖方显示略为不能接受，表示该最低价稍作修正后，卖方可能会接受。

虽然买方提示最低价，事实上仍存在容忍价作为谈判空间，如果一开始就提示容忍价而遭卖方拒绝，则谈判马上触礁。

2．买方先提示最低价，但也显示容忍价的方法

有时为了时效性，不得不提早显示买方能容忍接受的价格，以免耽误采购时机。一旦提出容忍价，就必须坚持到底，因而最好向卖方有裁决权的人提出容忍价。

3．买方先向卖方提示预算额度的方法

有时买方可主动提示其预算额度，促使卖方考量售价的高低，通常的时机如下：

⑴ 设计部门的估价低于采购部门的估价时，以设计时的预算额度作为谈判价格提示；

⑵ 公司要做促销活动时，势必降低采购单价；

⑶ 客户要求买方公司降价时，则买方采购单价也须降低；

⑷ 采购设备时，以决议的预算作为提示价格。

4．买方无法列举出成本分析资料时的方法

当需要购买未曾买过的采购品时，因还无成本资料可供参考，此时可设法掌握卖方的产量、产值、营业额、员工人数等资料，这样有助于买方进一步进行采购价格判断分析。有关做法说明如下：

⑴ 不断向卖方说明己方面临客户降价的压力，不得不设法降低采购单价。

⑵ 向对方说明未来使用该项采购品的数量可能大增，且赞美对方的办事效率、工作能力，并且不刻意指责对方的错误。这些方法均有机会使卖方议价人员心甘情愿、非常高兴地以底价成交。

五、采购价格与管理的案例分析

（一）企业采购价格管理案例

[实例一] 深圳某日用品制造企业采购价格管理方法

该日用品制造企业为提升采购管理能力，除建立完善的采购制度以及专业分工作业外，还定期举行采购人员的培训课程，以下将说明该企业采购价格管理的重点及方法：

1．日常管理方法

⑴ 由采购人员收集市场行情，定期分析不同类别的采购品厂商及价格信息；

⑵ 建立不同类别采购品的历史交易价格资料文件；

⑶ 制定主要及大宗采购品的底价分析表；

⑷ 定期举行采购人员的厂商及价格信息交流会议；

⑸ 建立与推动采购稽核制度；

⑹ 建立与推动供应厂商考核制度。

2．定期厂商会议

每季度定期开展供应厂商联谊会，会中宣布采购价格配合政策。

3．价格因素管控

作为采购人员须知道一般影响采购价格的因素，其要点如下：

⑴ 规格与品质；

⑵ 创新与专利技术；

⑶ 生产季节与采购时机；

(4) 采购数量；

(5) 运费；

(6) 采购地区；

(7) 供需关系；

(8) 交货期的缓急；

(9) 零配件的综合采购与单独采购；

(10) 交货条件；

(11) 付款条件；

(12) 服务条件；

(13) 互惠条件；

(14) 其他商业条款的影响。

4．善用分析能力

采购人员的价值分析技巧、成本分析等培训。

5．强化厂商管理

以合议制方式进行实际采购谈判及实地厂商考评工作。

6．交期跟催管理

(1) 把握交期的要点包括：交货期限及交货日期等；

(2) 制定购备时间，以管控交货期限；

(3) 运用交期一览表或交货看板，以掌握交货日期的信息；

(4) 通过核对收货单位的到货单，确认实际到货状况；

(5) 定期电话跟催；

(6) 进行厂商的实地巡回查询活动；

7．其他管理措施

例如，辅导厂商的制程改善、降低成本等活动，借以分享降价的绩效。

（二）企业公开招标与决标的采购规范

[实例二] 某企业公开招标与决标的采购规范

第一章　总则

第一条：为建立本企业的采购作业方法与制度，按公平、公开的采购程序，提升采购效率与功能，确保采购品质，特制定本法。

第二条：本法所称采购，指工程的订做，财物的买受、定制、承租以及劳务的委任或雇佣等。

第三条：

1．本法所称工程，指在地面上下新建、增建、改建、修建、拆除构造物与其所属设备及改变自然环境的行为。包括建筑、土木、水利、环境、交通、机械、电气、化工及其他经主管机关认定的工程。

2．本法所称财物，指各种物品（生鲜农渔产品除外）、材料、设备、机具与其他动产、不动产、权利及其他财物。

3．本法所称劳务，指专业服务、技术服务、信息服务、研究发展、营运管理、维修、训练、劳力及其他经主管机关认定的劳务。

第四条：本法所称厂商，指公司、合伙或独资的工商行号及其他提供各机关工程、财物、劳务的自然人、法人、机构或团体。

第五条：

1．办理“查核金额”以上采购的开标、比价、议价、决标及验收时，应在规定期限内，送相关文件报请上级主管派员监办。上级主管视具体情况制定授权条件，由单位自行办理。

2．办理时未达“查核金额”，但决标金额达查核金额，或合约变更后其金额达查核金额的采购，应补具相关文件送上级主管备查。

第六条：办理公告金额以上采购的开标、比价、议价、决标及验收，除有特殊情形者外，应由其会计及有关单位会同监办。

第七条：不得有意规避本法，分批办理公告金额以上的采购，其有分批办理的必要，并经上级主管核准者，应按其总金额核计采购金额，分别按以上公告金额或查核金额的规定办理。

第二章　招标

第八条：

1．采购的招标方式分为：公开招标、选择性招标及限制性招标。

2．本法所称公开招标，指以公告方式邀请不特定厂商投标。

3．本法所称选择性招标，指以公告方式预先公告投标厂商的资格，并对投标厂商进行资格审查后，再邀请符合资格的厂商投标。

4．本法所称限制性招标，指不经公告程序，邀请两家以上厂商比价或仅邀请一家厂商议价。

第九条：办理公告金额以上的采购，符合下列情形之一者，须采用选择性招标：

1．经常性采购。

2．须花费很长时间才能完成且须审查投标文件者。

3．厂商投标需高额费用者。

4．厂商资格条件复杂者。

第十条：

1. 办理选择性招标，须预先办理资格审查，建立合格厂商名单。但仍应随时接受厂商资格审查的请求，并定期修正合格厂商名单。

2. 未列入合格厂商名单的厂商请求参加特定招标时，企业在不妨碍招标作业，并能适时完成其资格审查者，在审查合格后，邀其投标。

3. 经常性采购，应建立六家以上的合格厂商名单。

4. 办理选择性招标，应给予资格审查合格的厂商平等的受邀机会。

第十一条：办理公告金额以上的采购，符合下列情形之一者，须采用限制性招标方式：

1. 以公开招标、选择性招标或按公告程序办理，结果无厂商投标或无合格标，且原定招标内容及条件未经重大改变者。

2. 属专利、独家制造或供应、艺术品、专业咨询，以及无其他合适的替代标的者。

3. 遇到不可预见的紧急事故，致无法以公开或选择性招标程序办理，且确有其必要者。

4. 原有采购的后续维修，零配件供应、更换或扩充，因兼容或互通性的需要，必须向原供应厂商采购者。

5. 属原型或首次制造、供应的标的，以研究发展、实验或开发性质办理者。

6. 在原招标目的范围内，因未能预见的情形，必须追加合约以外的工程，如另行招标，确有产生重大不便及技术或经济上困难之时，需要原订约厂商办理才能达到目的，且未超过原合约金额 50% 者。

7. 原有采购的后续扩充，且已在原招标公告及招标文件说明扩充的期间、金额或数量者。

8．在集中交易或公开竞价市场采购财物。

9．委托专业服务、技术服务或信息服务，经公开、客观试评选出的优胜者。

10．办理设计竞赛，经公开、客观评选出的优胜者。

11．因业务需要，指定地区采购房产，按所需条件公开征求勘选后认定适合需要者。

12．委托在专业领域具领先地位的自然人，或经公告审查优胜的学术或非营利机构进行科技、技术引进，行政或学术研究发展。

13．邀请或委托具有专业素养、特质或经公告审查优胜的文化、艺术专业人士，机构或团体表演或参与文艺活动。

第十二条：基于效率及品质的要求，须以统包办理招标。

统包是指将工程或财物采购中的设计与施工、供应、安装或一定期间的维修等合并于同一采购合约办理招标的方式。

第十三条：

1．视个别采购的特性，在招标文件中规定允许一定家数内的厂商共同投标。

共同投标，指两家以上厂商共同联名投标，并在得标后共同联名签约，连带负履行采购契约之责，以承揽工程或提供财物、劳务的行为。

2．共同投标厂商应在投标时附共同投标协议书。

第十四条：

1．办理公告金额以上的采购，应按功能或效益制定招标文件。其有国际标准或国家标准者，应按相关规定执行。

2．所拟订、采用或适用的技术规格，其所标示的拟采购产品或服务的特性，如品质、性能、安全、尺寸、符号、术语、包装、标志、标示或生产程序、方法及评估的程序，在目的及效果上均不得限制竞争。

3．招标文件不得要求或提及特定的商标或商名、专利、设计或形式、特定来源地、生产者或供应者。但无法以精确的方式说明招标要求，而已在招标文件内注明诸如“或同等品”字样者，不在此限。

第十五条：

1．办理公开招标或选择性招标，应将招标公告或办理资格审查的公告刊登在采购公报上并公开于相关网站。修正公告的内容时亦同。

2．办理采购时，应估计采购案件的件数及每件的预计金额。预算及预计金额，应在招标公告中一并公开。

第十六条：办理招标，其自公告日或邀标日起截至投标或收件日止的等标期，应制定合理期限。

第十七条：

1．公开招标的招标文件及选择性招标的预先办理资格审查文件，应自公告日起截至投标日或收件日，以公开发给、发售及邮递方式办理。发给、发售或邮递时，不得登记领标厂商的名称。

2．选择性招标的文件应公开说明限制投标厂商资格的理由及其必要性。

第十八条：

1．办理招标，应在招标文件中规定投标厂商须缴纳押标金。得标厂商须缴纳保证金或提供其他担保。但有下列情形之一者，不在此限：

(1) 劳务采购，可免收押标金、保证金；

(2) 未达公告金额的工程、财物采购，可免收押标金、保证金；

(3) 以议价方式办理的采购，可免收押标金；

(4) 按市场交易惯例或采购案特性，无收取押标金、保证金的必要或可能者。

2. 押标金及保证金应由厂商以现金、金融机构签发的本票或支票、保兑支票、邮政汇票、无记名政府公债、设定典权的金融机构定期存款单、银行开发或保兑的不可撤销担保信用证缴纳，或以银行的书面连带保证、保险公司的连带保证保险单的形式出示。

第十九条：对于厂商所缴纳的押标金，应在决标后无息发还未得标的厂商。废标时亦同。

应在招标文件中规定，厂商有下列情形之一者，其所缴纳的押标金，不予发还，其已发还者，予以追缴：

1. 以伪造、变造的文件投标；

2. 投标厂商另行借用他人名义或证件投标；

3. 冒用他人名义或证件投标；

4. 在报价有效期间内撤回其报价；

5. 开标后应得标者不接受决标或拒不签约；

6. 得标后未于规定期限内，缴足保证金或提供担保；

7. 押标金转换为保证金；

8. 其他经认定有影响采购公正的违反法令行为者。

第二十条：应在招标文件中规定，不返还得标厂商所缴纳的保证金及其利息的情形，或担保者应履行其担保责任的事由，并说明该项事由所涉及的违约责任、保证金的抵充范围及担保者的担保责任。

第二十一条:

1．厂商的投标文件，应以书面密封，在投标截止期限前，用邮递或专人送达招标机关或其指定的场所。

2．前项投标文件，厂商应以电子数据传输方式递送。但仅限于招标文件已有订明者，并应在规定期限前递送正式文件。

3．应在招标文件中规定允许厂商在开标前补充非合约必要条款的文件。

第二十二条:

1．办理采购，其招标文件在公告前应予保密。但须公开说明或借以公开征求厂商提供参考资料者，不在此限。

2．办理招标，不得在开标前泄漏底价，领标、投标厂商的名称与家数及其他足以造成限制竞争或不公平竞争的相关资料。

3．底价在开标后至决标前，仍应保密，决标后除有特殊情形外，予以公开。但按实际需要，应在招标文件中公告底价。

4．对于厂商投标文件，除供公务上使用或法令另有规定外，应保守秘密。

第二十三条：应在招标文件中规定，允许厂商在不降低原有功能条件下，就技术、工法、材料或设备，提出可缩减工期、减省经费或提高效率的替代方案。

第二十四条:

1．办理采购，须依实际需要，规定投标厂商的基本资格。

2．特殊或巨额的采购，须由具有相当经验、实绩、人力、财力、设备等的厂商担任，须另规定投标厂商的特定资格。

3．外国厂商的投标资格及应提出的资格文件，须就实际需要另行规定，附经过公证或认证的中文译本，并在招标文件中订明。

第二十五条:

1. 制定前条投标厂商的资格，不得不当限制竞争，并以确认厂商具备履行合约所必需的能力者为限。

2. 投标厂商未符合前条所定资格者，不予受理其投标。但厂商的财力资格，可以银行或保险公司的履约及赔偿连带保证责任、连带保证保险单代之。

第二十六条:

1. 办理采购，须依本法将其对规划、设计、供应或履约业务的项目管理委托厂商进行。

2. 承办项目管理的厂商，其负责人或合伙人不得同时为规划、设计、施工或供应厂商的负责人或合伙人。

3. 承办项目管理的厂商与规划、设计、施工或供应厂商，不得同时为关系企业或同一其他厂商的关系企业。

第二十七条:

1. 采购可请其他具有专业能力的机关代办。

2. 上级主管对于不具有专业采购能力的机关，得请其联络其他具有专业能力的机关代办采购。

第二十八条:厂商对招标文件内容有疑义者，应在招标文件规定的日期前，以书面形式向招标机关请求释疑。疑义的处理结果，应在招标文件规定的日期前，以书面答复请求释疑的厂商，必要时可公告之。若涉及变更或补充招标文件内容者,除将选择性招标的规格标与价格标及限制性招标以书面形式通知各厂商外，还应另行公告，并视需要延长等标期。机关自行变更或补充招标文件内容者亦同。

第二十九条：办理公开招标或选择性招标，须就资格、规格与价格采取分段开标。

第三章　决标

第三十条：公开招标及选择性招标的开标，除法令另有规定外，应按招标文件公告的时间及地点公开。

第三十一条：办理采购，除本法另有规定外，应制定底价。

底价应按图说、规范、合约并考量成本、市场行情及机关决标资料逐项编列，由主管或其授权人员核定。底价按下列规定制定：

1. 公开招标应在开标前确定。
2. 选择性招标应在资格审查后的下一阶段（开标前）确定。
3. 限制性招标应在议价或比价前确定。

第三十二条：办理下列采购，可不订底价。但应于招标文件内说明理由及决标条件与原则：

1. 制定底价确有困难的特殊或复杂案件。
2. 以最有利标决标的采购。
3. 小额采购。

第三十三条：按本法规定办理招标，除有下列情形之一不予开标、决标外，有三家以上合格厂商投标，即应按招标文件所定时间开标决标：

1. 变更或补充招标文件内容者。
2. 发现有足以影响采购公正的违法或不当行为者。
3. 按规定暂缓开标者。
4. 按规定暂停采购程序者。
5. 按规定由招标机关另有适法的处置者。

6．应对突发事故者。

7．采购计划变更或取消采购者。

8．经主管认定的特殊情形。

第一次开标，因未满三家而流标者，第二次招标的等标期间应予缩短，并应不受前三家厂商的限制。

第三十四条：

1．投标厂商有下列情形之一，在开标前发现者，其所投的标应不予开标；在开标后发现者，应不决标予该厂商：

⑴ 未按招标文件的规定投标；

⑵ 投标文件内容不符合招标文件的规定；

⑶ 借用或冒用他人名义或证件，或以伪造、变造的文件投标者；

⑷ 伪造或变造投标文件；

⑸ 不同投标厂商间的投标文件内容有重大异常关联者；

⑹ 其他影响采购公正的违反法令行为。

2．决标或签约后发现得标厂商在决标前有前项情形者，应撤销决标、终止契约或解除契约，并可追偿损失。但撤销决标、终止合约或解除合约不符合公共利益，并经核准者，不在此限。

3．根据第一项不予开标或不予决标，导致采购程序无法继续进行者，可宣布废标。

第三十五条：应按招标文件规定的条件审查厂商投标文件，对其内容有疑义时，须通知投标厂商提出说明。前项审查结果应通知投标厂商，对不合格的厂商，应说明其原因。

第三十六条：

1．办理采购的决标，应按下列原则之一办理，并应在招标文件中说明：

(1) 订有底价的采购，符合招标文件规定，且在底价以内的最低标为得标厂商。

(2) 未订底价的采购，符合招标文件规定，标价合理，且在预算数额以内的最低标为得标厂商。

(3) 以符合招标文件规定的最有利标为得标厂商。

(4) 采用复数决标的方式：机关可在招标文件中公告保留采购项目或数量选择的组合权利，但应符合最低价格或最有利标的竞标精神。

2．采用上述第三款决标者，以异质的工程、财物或劳务采购而不宜以第一款或第二款办理者为限。

3．决标时可不通知投标厂商到场，但其结果应通知各投标厂商。

第三十七条：

1．符合招标文件规定的投标厂商的最低标价超过底价时，应联络该最低标厂商减价一次。减价结果仍超过底价时，可由所有符合招标文件规定的投标厂商重新比减价格，比减价格不得逾三次。

2．前项办理结果，最低标价仍超过底价但未超预算数额，机关确有紧急情况需决标时，应经原底价核定人或其授权人员核准，且不得超过底价8%。但查核金额以上的采购，超过底价4%者，应先报经核准后决标。

第三十八条：

1．决标符合招标文件规定的最低标价但超过评审委员会建议的金额或预算金额时，应联络该最低标厂商减价一次。

2．减价结果仍逾上限金额时，可由所有符合招标文件规定的投标厂商重新比减价格。但须对重新比减价格的次数予以限制，比减价格不得逾三次，办理结果，最低标价仍逾上限金额时，应予废标。

第三十九条：办理以最低标决标的采购，经核准，并在招标公告及招标文件内预告者，并按前两条规定无法决标时，可采取协商措施。

第四十条：

1．决标按招标文件所规定的评审标准，就厂商投标标的的技术、品质、功能、商业条款或价格等项目，作序位或计数的综合评选，评定最有利标。

价格或其与综合评选项目评分的分数，可作为单独评选的项目或决标的标准。未列入的项目，不得作为评选的参考。评选结果无法符合机关首长或评选委员会过半数的决定，评定最有利标时，可采取协商措施，再作综合评选，评定最有利标。评定时应附理由，综合评选不得逾三次。

2．按前项办理结果，仍无法评定最有利标时，应予废标。

3．机关采用最有利标决标者，应先报经核准。

第四十一条：按规定采用协商措施者，应按下列原则办理：

1．开标、投标、审标程序及内容均应予保密。

2．协商时应平等对待所有符合招标文件规定的投标厂商，必要时可录像或录音存证。

3．已标示原招标文件可更改项目的内容后，纳入协商。

4．上述可更改的项目变更时，应以书面形式通知所有得参与协商的厂商。

5．协商结束后，应依据协商结果给予上述厂商在一定期间内修改投标文件重新递送的机会。

第四十二条：办理采购采用最低标决标时，如认为最低标厂商的总标价或部分标价偏低、不合理，有降低品质、不能诚信履约之虞或其他特殊情形，可限期通知该厂商提出说明或担保。厂商未在机关通知期限内提出合理的说明或担保者，可不决标予该厂商，并以次低标厂商为最低标厂商。

第四十三条：

1．以选择性招标或限制性招标办理采购者，采购合约的价款不得高于厂商在同样市场条件的相同工程、财物或劳务的最低价格。

2．厂商也不得以支付他人佣金、比例金、中介费、答谢金或其他利益为条件，促成采购合约的签订。

3．违反前两项规定者，可终止或解除契约或将溢价及利益从合约价款中扣除。

4．公开招标的投标厂商未达三家者，准用前三项的规定。

第四十四条：

按规定通知厂商说明、减价、比减价格、协商、更改原报内容或重新报价，厂商未按通知期限办理者，视同放弃。

第四十五条：

办理公告金额以上采购的招标，除有特殊情形者外，应在决标后一定期间内，将决标结果的公告刊登在政府采购公报上，并以书面形式通知各投标厂商。无法决标者亦同。

第九篇　采购跟催与交期管理

一、交期的含义

二、最适交期与采购日期的决定方法

三、未能如期交货的原因与对策

四、交期作业的管理方案

五、采购跟催的方法

六、采购交期管理实例分析

除了“物美价廉”之外，采购还需顾及数量和交期。

何时进行采购，预定采购品何时进厂验收等工作，对采购人员能否顺利工作有着重大影响，因此，从订购开始至交货完成的周期管理，即交期管理的作业过程与结果，是采购人员最主要的日常工作之一。

本篇主要说明交期的含义、最适交期与采购日期的决定方法、未能如期交货的原因与对策以及交期管理、采购跟催的方法等，可作为企业进行最适交期的规划、执行、控制及采购跟催等交期管理相关作业的参考。

一、交期的含义

交期通常具有下列双重内涵：

1．交货日期

是指采购标的物的“进货日期”或“交货日期”。

2．交货周期

交期是指采购标的物的“交货周期”，即指订货日期至进货日期之间的时间。

因此，最适交期的管理，应同时掌握“交货日期”及“交货周期”两项内涵进行控管，以顺利完成“如期交货”的采购任务。

二、最适交期与采购日期的决定方法

（一）采购时机的选择

若采购工作进行过早，则会增加采购品的库存量，造成大量资金积压；若采购工作进行太迟，则库存量可能不足，容易造成产销活动无法顺利进行。

因此，依据采购品的需求批次、批量、日期，运用“购备标准日程”倒算其采购日期，促使进货后库存时间为最短的交期安排，就是最适交期的决定。

（二）购备时间的管理

购备时间是指从采购品请购开始，直到采购品进厂收妥、备发所经过的时间，如图表9－1所示，购备时间可分为下列四部分：

- 处理订购单时间；
- 厂商制备时间；
- 运交时间；
- 检验收料时间。

图表9-1 购备时间分析图

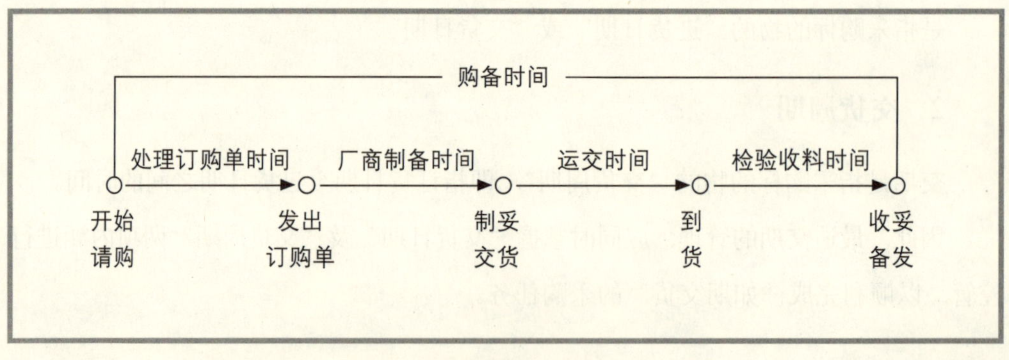

购备时间的长短随对象特性、市场供需情况、采购品来源、采购管理制度而异，为加强交货进度的管制，企业通常会将采购品的购备时间分类列表，以作为计算请购时间及交货时间等请订购资料之用。若市场发生较大变化，或超过一年时间未调整购备时间，则购备时间需重新加以修正调整。

以采购品的预定交货时间为准（例如，预定3月25日交货），若购备时间为3天，则采购订单至少需在3月21日以前发出，否则会造成采购时间紧张，以致交货延误。

（三）采购方式与时间

1．现用现购方式

在订货生产下，罕用物料不能事先储备，故此类物料的采购均采用现用现购方式进行，即收到客户订单或确定客户需求后再备料使用，使库存品为零或降到最少，以免库存品变成呆滞品。

在现用现购物料的情况下，决定物料采购时间，须自物料需用日期起，倒算合理的购备时间，以决定适当的采购日期。例如，12月15日需用某项物料，购备时间为5天，则采购日期至迟应在12月9日之前，否则，可能会因购备时间过短而造成采购紧急件，甚至延误交货时间，造成停工待料现象。

2．存量管制方式

在计划生产或物料已储备库存的情况下，可按存量管制方式进行最适当时间的采购作业。不同存量管制制度会有不同的做法，其重点说明如下：

⑴ 定量订购制

在定量订购制之下，当某项物料存量达到订购点时，即为最适当的采购时间，这时便可以不定期且定量方式进行采购作业与管理事宜。

⑵ 定期订购制

在定期订购制之下，采购品会按需求状况每隔一定时期便进行一次采购，即以定期但不定量的方式进行采购作业与管理事宜。

三、未能如期交货的原因与对策

针对未能如期交货的采购单，在分析其造成交期延误原因的同时，应找出其问题所在，并据以提出改善对策，实施改善行动进而提升采购绩效。有关未能如期交货的原因与对策分别说明如下：

（一）未能如期交货的原因

企业采购未能如期交货的原因，因企业特性、规模、采购管理制度、采购品等不同而有所不同，可大致分为卖方、买方、其他等三项因素：

1．卖方因素

⑴ 超过产能，未能及时生产及交货；

⑵ 制程能力不足；

⑶ 转外包延误时间；

⑷ 制程设计不良；

⑸ 产量达标率欠佳；

⑹ 品质不良，未能按时限完成交货量；

⑺ 材料欠缺，待料停工而延误生产及交货；

⑻ 缺乏责任感造成态度不积极，无法配合买方需求。

2．买方因素

⑴ 购备时间不足，紧急采购而造成进货延误；

⑵ 规格及数量临时变更，来不及生产而未能及时供货；

⑶ 紧急采购；

⑷ 选错供货商，致供货商无能力配合供货；

⑸ 未能及时供料；

⑹ 低价采购，厂商未重视进货；

⑺ 催货不积极；

⑻ 技术指导不足，厂商制程技术不足而延误进货。

3．其他因素

⑴ 买卖双方缺乏协助配合；

⑵ 采购方式欠妥；

⑶ 采购人员离职；

⑷ 偶发环境因素等。

（二）未能如期交货的对策

1．个案处理法

针对每件采购案买卖双方的因素，探讨其人为、料源、技术方法、管理等个别原因，找出采购作业与管理制度、厂商管理、采购品生产或供应等方面的处理对策，据以进行改善。

⑴ 协助供货商改善其制程能力，降低制程不良率，使生产可按预定进度顺利进行，较能确保其准时交货的进度。

⑵ 协助其购买物料，或直接供料给厂商，使其不会因料源不足而停工待料，而是按预定进度顺利进行，可确保其交货进度。

2．通案处理法

针对常见问题，以系统化方式规划企业的交期管理的作业方案，并制定及推动交期管理制度。

善用采购交期的跟催技巧，一方面确保交期的准确性，另一方面又可进行采购的作业改善。例如，建立中卫体系、定期办理厂商联谊会、建立中心工厂与供应厂商间的B2B（Business To Business）系统等，都有助于控管交货进度，并据以确保交货进度。

四、交期作业的管理方案

通过最适交期作业的规划、执行以及控制的管理方案与活动推展，在采购期间实时掌控交期的动态，借以提高交期的管理效率，可顺利完成如期交货的采购任务。

交期作业管理方案如图表9－2所示，其内容包括采购前交期的规划、采购中交期的执行、采购后交期的控制等要项。

图表9-2 交期作业管理方案

采购前交期的规划	采购中交期的执行	采购后交期的控制
1.卖方 (1)了解供货商生产设备利用率 (2)了解供货商物管及生管能力 (3)要求供货商实施刚好及时系统（JIT） (4)卖方提供生产计划表与交货日程表 (5)给予供货商合理的交货时间 2.买方 (1)确定交货日期及数量 (2)准备替代来源 (3)慎选运输方式	1.卖方 (1)了解供货商备料情形 (2)了解供货商的良品率 2.买方 (1)买方提供必要的材料、模具或技术支持 (2)买方加强交货前的跟催工作 (3)交期及数量变更的通知 (4)买方尽量减少规格变更 (5)实施免检入库	1.验收 (1)加强验收作业 (2)短交或超交的处理 2.供应品管理 完成交易后剩料、模具、图纸的回收 3.改善 (1)交货延迟的原因分析 (2)讨论是否更换供货商 (3)要求供货商改善包装或运输方式 4.厂商评估 (1)执行供货商的奖惩办法 (2)逾期交货罚款 (3)选择优良供货商签订长期合约

(一) 交期作业的规划

1. 作业规划的安排

采购前做好交期安排的规划，可提高采购任务的达标率，规划重点举例如下：

⑴ 买方应事前慎选有交货意愿及责任感的供货商，并规划合理的购备时间，使供货商能确实配合交货。

⑵ 买方在订购或发包后，应主动督促供货商备料及安排生产，不可等到逾期才开始采取补救行动。

⑶ 一旦卖方发生交货迟延，若短期内无法改善或解决，应立即寻求同业支持或其他供应来源。

⑷ 对表现优异的供货商，可签订长期合约或建立伙伴关系。

2. 作业规划的内容

交期作业的规划内容因企业对采购管理及交货需求的配合方式不同而异，其常见的要项说明如下：

⑴ 日常进货跟催

采购人员在开立采购订单或签订合约时，应同时决定督促厂商如期交货的方法。若采购品并非重要项目，则仅作一般的督促即可。例如，可仅需注意是否能按预定时间收到正确的验收报表。

采购单位应审核供货商的交货进度，并分别从有关交货状况的资料获知供货商的实际进度，例如，供货商制程品管的资料，生产报表的资料，访问供货商所得到的资料以及供货商依规定定期送交的进度报表等。

⑵ 预定交货进度

在采购订单或合约中明确规定供货商应编制预定交货时程表，表内应包括所有供应作业的时程，例如，企划作业、设计作业、采购作业、工厂产能扩充、工模具准备、零件加工、组件制造、分支装配作业、总装配作业、完工试检验及装箱交运等全部作业。

买方可明确规定供货商必须编制实际交货进度表，并与预定进度并列对照，要求其说明提前、延误原因及改进措施。

(3) 购备时间管控

将请购、采购、卖方生产准备、运输、检验、交货、入库等各项作业所需的时间，予以合理规划，避免造成因供货商未掌握作业时间而导致延误交货现象。

(4) 工厂实地查访

重要物品的采购案，除要求供货商按期提报工作进度表外，还应实地前往供货商的工厂进行查访，此做法可明文规定在合约或采购订单内，必要时可派专人驻厂督促。

(5) 买卖互动渠道

买卖双方应有互动沟通系统，当买方的需要一有变动，立即可通知卖方；卖方的供应一有变动，也可随时通知买方处理变更事宜，及时交货的问题即能即时顺利解决。

(6) 加强产销协调

由于市场的状况多变，生产计划若有调整的必要时，必须征询采购部门的意见，以便对是停止或减少送货的数量，还是继续增加的数量，做出正确的判断，并尽快通知供货商，使其减少可能的损失。

(7) 准备替代来源

供货商不能如期交货的原因很多，且有些是属于不可抗拒的因素，因此，采购人员应未雨绸缪，多准备其他供应来源，工程开发人员也应多寻求替代品，以备不时之需。

(8) 加重违约罚则

在制定买卖合约时，应加重违约罚款或解约责任，使供货商不敢心存侥幸。若需求急迫时，应对如期交货的厂商给予奖励，或以较优厚的条件付款。

⑼ 重大特案处理

针对修建工程、大型生产设备等特殊性的重大采购案，或一次性的重大采购案等作业，其交货管理可运用标准化的程序管制方式，例如，甘特图表、计划评核术(PERT)、关键路途法（CPM）等。

⑽ 标准交期管控

按交货日期倒算其交货进度以及精确计算催货进度的标准时间点，以便形成标准交货管控的时间点，并据以检核交货进度。

（二）交期作业的执行

1. 采购信息处理

采购信息应包含采购订单内容、替代品、供货商评鉴等级及制程能力等相关资料。采购信息的分类基本上可按交易对象、能力、产品等加以区别，因此，采购信息处理的建立与运用情形的良莠，将影响整个交期管理的绩效。

2. 进货验收管理

在进货验收管理方面，应明确对提早及延误交货的管制、验收的速度、整修品及特殊品的处理、现品的整理及整顿等加以掌控，同时，必须避免使供货商的交货配合度降低。

⑴ 提早交货管制

提早交货不仅会增加库存，而且未遵守交期作业计划。因此，必须规定明确的早、迟交的期间范围，且严格加以限制。

(2) 验收的速度

到货品必须迅速进行验收工作，验收作业的延误，不仅会使供货商的交期配合度降低，而且还会占用验收场地，使现品的储位不足，也有可能由于货品生锈或腐蚀等而引起品质劣化的情形，造成待验区管理的困扰，因此，必须明确规定验收作业的程序及时限。

(3) 验收件数的平衡

由于验收部门的人员有限，因有时货品堆积而延迟验收，或有时交货数量很少，造成验收工作量不平衡等情形，因此，在采购作业阶段，必须先行考虑预定交货时间及数量等进度的安排。

(4) 现品的验收入库

现品验收合格即可入库，若有异常则需注意后续处理作业，例如：

① 供货商运交的货品，如与订单上记载的数量不符，可不予签收；

② 查收数量时，利用定数箱或计算秤等来确认货品的数量较方便；

③ 经验收后的部分不良品，可能会被退货，需先检修后再重新交货验收；

④ 由于刚好及时系统、看板管理方式等在企业的运用，部分企业已实施在特定时间购入需要数量的做法，交货则按时、日、周的使用数量处理，此做法无形中增加了交货次数，减少每批次的交货数量。

（三）交期作业的管控

定期总结交期作业的绩效，掌握未能如期交货带来的问题，并做好改善工作，以确保如期交货的采购任务。

有关交期作业的控制方法，其要点说明如下：

1．定期绩效分析

企业可以设定指标以衡量交期管理的绩效，例如：

(1) 交货迟延率（%）$= \frac{\text{每月迟延总批数}}{\text{每月交货总批数}} \times 100\%$

(2) 迟延件数率（%）$= \frac{\text{每月交期迟延件数}}{\text{每月订单件数}} \times 100\%$

(3) 迟延日数率（%）$= \frac{\text{自订单日起至实际交货日止的日数}}{\text{自可购日起至合约交期止的日数}} \times 100\%$

2．绩效总结改善

针对绩效较差的供货商以及经常会延误的标的物，可针对购备期间各阶段的现况与问题，提出改善对策，以达到如期交货的目的。

五、采购跟催的方法

（一）采购跟催的重要性

采购人员的主要任务是适时、适量、适质、适价地采购所需的标的物，并能顺利供应使用部门的所需。

供货商未准时交货将导致企业停工待料或销售损失，为了避免这一状况发生，采购部门须提早进行跟催工作，以确保供货商能准时交货。

防止缺料最好的方式在于选择优良供货商，减少催料作业。催料作业主要资料来源为采购订单及验收入库单。

（二）采购跟催的方法

有关采购跟催的作业方法很多，企业常用的方法及其要项说明如下：

1．运用“采购跟催表”（图表9－3）进行采购跟催作业

图表9-3 采购跟催表

物料名称	规 格	计划采购量	分批进厂		厂 商	备 注
			数 量	交 期		

采购跟催作业可按交货日期分类，进行不同阶段的跟催作业，并利用采购跟催报表所显示的信息，按交期先后顺序，以批次别进行跟催作业，其具体做法如下：

⑴ 交货日前预防性的跟催作业

以“预计应交采购明细表”作为跟催依据，预定交货日可避免记录不良的供货商迟交。

⑵ 已迟交物料的跟催作业

以逾期未交采购单明细表为跟催依据，是采购人员每日的例行工作。

2．运用计算机进行跟催作业

根据订购单及验收单的资料，采购管理信息系统可提供下列信息以协助催料：

⑴ 厂商采购单明细查询

可依输入厂商代号查询该供货商未来应交或已逾期未交的物料明细表，此表的信息可用于进行个别供货商的辅导与管制。

⑵ 物料别采购单明细查询

个别物料进行查询，同样可获得未来应交或已逾期未交的采购订单明细表，查询

结果可用于进行个别物料的管制，这样有助于仓储及生管作业的进行。

⑶ 制造批号单备料完整性查询

对管制企业内采购作业的完整性进行查询，若备料不完整，则按所欠缺物料再进行前项物料别的查询，此做法可用于未制造生产前，即可完成催料及备料工作，此举同样有助于仓储及生管作业的进行。

⑷ 采购订单的物料采购进度查询

根据采购订单查询物料目前的交货进度，确认物料是否已入厂，是整批还是分批入厂，其交货量如何，何时可完成交货等检核事项，并据以进行催料工作。

3．运用颜色管理进行跟催作业

颜色在管理上可运用于分类、优劣比较、心理展现等方面，使用在采购跟催作业上的做法如下：

⑴ 管制卡的运用

按采购日期顺序放入该日卡栏内，逾期则放入黄栏内，由采购部门跟催，紧急用料时则放入红栏内，由上一级主管跟催。

⑵ 催料管制板的运用

如图表 9－4 所示，以颜色显示供应厂各月的交货状态。

图表 9-4 催料管制板

产品名称	材质规格	供应商	电　话	负责人	预定交货日及数量										
					1	2	3	4	5	6	…	28	29	30	31

备注：如期交货（绿色）、应进而未进（黄色）、限紧急用料（红色）

4. 制定供应厂管理办法，加强供应厂的联系与辅导

按供应厂的开发与日常往来作业方式建立供应厂商管理办法，推动供应厂商联谊会，建立中心卫星体系等以加强买卖双方的合作与沟通，并且易于交货配合。

5. 其他采购催料方法

(1) 物料会议的总结；

(2) 物料管制表的催料点的设定；

(3) 批次别备料表的使用；

(4) 缺料通知单的运用等。

六、采购交期管理实例分析

[实例] 珠海某机械装配厂采购交期管理方案

1．制定交期管理方案的目的

为使本公司的产品出货顺利，强化生产用料的供应与控制，以避免待料停工导致的销售损失，特制定本交期管理方案。

2．交期管理方案的内容

本公司的交期管理方案分为规划、执行、控制等三阶段，分别说明如下：

(1) 规划阶段

针对交期管理的管理办法、采购人员的任务分配、“预定交货一览表”及“跟催表”的编制、厂商交货管理看板的制作、采购与验收进度的监控、厂商的交货配合度的评估与奖惩措施等方式进行规划。

(2) 执行阶段

① 以采购部门及人员为交期管理方案的主办，生管、物管、仓管以及使用单位为协办，进行各作业管制点的交期跟催与如期交货的确保工作。

② 针对是否按规定如期交货进行评估，并作为奖惩的依据，其做法说明如下：

- 以进厂个数为计算基础

针对交货期限配合情形制定评分标准（如图表 9－5 所示）。

图表 9-5 交货期限评分表

延期交货日数	评分
如期交货	20
延迟半日	10
延迟一日	5
延迟一日以上	0

例:某供货商2008年2月分批交货总数量共30 000件，按表规定:

第1批如期交货10 000件 >给分 $20 \times \frac{10\ 000}{30\ 000} = 6.67$

第2批迟交半日9 000件 >给分 $10 \times \frac{9\ 000}{30\ 000} = 3$

第3批迟交1日6 000件 >给分 $5 \times \frac{6\ 000}{30\ 000} = 1$

第4批迟交1日以上5 000件>给分 $0 \times \frac{5\ 000}{30\ 000} = 0$

共得6.67 + 3 + 1 = 10.67（分）

● 以请购单的交货期限或合约上的交货期限为计算基础，验收单如验收合格，以收件日期为准;如不合格，以下次再交验收合格为准。

③ 按交期配合度的奖励条款

● 各项制品确实按本公司详细交货日程表制交时，则供应厂可享受按期交货奖励;

● 按期交足订货且合格率是100%时，给予交货价额2%的奖励金;

- 按期交足订货且合格率是95%以上时，给予交货价额1%的奖励金。

(3) 控制阶段

根据供应厂商交期配合情形采取奖惩、辅导、淘汰等措施，以确保如期交货。

第十篇　采购绩效分析与改善

一、采购绩效分析的概念

二、采购绩效分析的指标与标准

三、采购绩效分析的评估人员与方式

四、提升采购绩效的方法

五、企业采购绩效管理实例分析

防止缺料最好的方式在于选择优良供应商，

减少催料作业。

采购工作绩效的好坏及采购人员的行为、态度的优劣，将影响采购作业与管理的产出与结果。因此，定期及不定期地进行采购绩效评估与分析，可了解采购工作的执行状况，也可通过改善采购绩效中较差的项目，达到提升采购管理绩效的目的。

本篇将主要说明采购绩效分析的指标及标准，并叙述企业评估采购绩效工作的负责部门、评估分析的主办人员、评估方式以及提升采购绩效的具体且有效的方法，以作为企业在进行采购绩效分析与改善的参考。

一、采购绩效分析的概念

（一）采购绩效分析的含义

采购绩效是指采购目标的完成程度因素以及采购工作完成的实际产出与结果的展现程度。

一般而言，影响采购工作绩效最重要的因素是供货商。随着企业对采购部门或人员的任务要求不同，其评估分析的方法也有所不同。

采购绩效评估分析的内涵是分析采购作业的效率以及采购管理的效能。基本上，采购绩效评估分析应注意下列做法：

1．定期性

绩效评估必须持续进行，因此，需定期地总结目标完成程度，当企业采购人员推动定期评估绩效制度时，除了配合评估作业外，通常也会致力于绩效的提升。

2．整体性

采购工作涉及采购、品管、仓库等部门，因此必须以企业整体目标的观点，来进行绩效评估分析。

3．**平衡性**

采购作业的效率，受各种供货商、送货方式等外来因素所影响，评估分析时，不但要衡量企业内部绩效，也要注意各种外来因素所产生的影响。

4．**标准性**

评估分析时，可以用企业内部已有的实际绩效为标准，也可以将未来的预算作为评估的基础，或者用其他企业的采购绩效作为比较对象，以进行各项采购绩效的评估分析。

（二）采购绩效分析的目的

1．**确保采购目标的实现**

各类企业及机关团体可以针对采购单位所应追求的主要目标加以评估，并督促目标的实现。

各企业的采购目标有所不同，例如，大型企业及政府机构的采购偏重防止舞弊、以量制价，采购作业以适时、适质、适量为目标。而中小企业的采购则较注重降价，采购工作除了维持正常的产销活动外，通过较低或更合理的采购价格，促使企业通过降低采购成本而降低产销成本，是采购的重要任务。

2．**提供改进绩效的依据**

绩效评估制度的建立与推动，为衡量采购目标是否达成提供了客观的标准，也可以确认采购部门当前的工作表现。

正确的绩效评估，有助于找出采购作业的缺失所在，若企业能据此拟订改善措施并实施，则可借此提升采购绩效。

3．作为工作奖惩的参考

良好的绩效评估方法，能将采购部门的绩效独立于其他部门显现出来，同时也可反映采购人员的个人表现，以作为采购部门及人员的各种人事考核的参考资料。

依据客观的绩效评估结果，采取公开、公正、公平的奖惩措施，不但能激励采购人员提高作业效率，还能使采购部门发挥团队合作的效能。

4．规划人员培训的方案

根据绩效评估的结果，可针对现有采购人员工作能力的缺点，拟订改进的计划，例如，安排参加专业性的采购训练课程，提升采购人员的专业能力。若发现整个部门缺乏某种特殊人才，如采购成本分析专员或电子材料采购专员等，则可通过企业内部甄选或向外界招募的方式增聘人才。

5．改善部门间的合作关系

采购部门的绩效，受其他部门配合度的影响很大，因此，采购部门职掌是否明确、表单及作业流程是否合理化、付款条件及交货方式是否符合公司管理规定、各部门的目标是否一致等，均可通过绩效评估予以判定，并可借以改善部门间的支持合作关系，增进企业整体的运营效率。

6．提升采购人员的士气

有效且公平的绩效评估制度，将使采购人员的努力成果获得适当回馈与肯定。

采购人员通过绩效评估，将与业务人员或财务人员一样，对公司的利润贡献都有客观的衡量尺度，因而有机会成为受到肯定的工作群，这对士气的提升具有相当的助益。

二、采购绩效分析的指标与标准

（一）采购绩效分析的指标

采购人员在其工作职责上，必须达到适时、适量、适质、适价及适地等基本采购要求，因此，其绩效评估项目应以此采购任务为中心，并以数量化的指标作为衡量绩效的标准。

采购绩效分析的常用指标，涉及采购工作的效能面及效率面等两方面，其内容要项说明如下：

1. 采购工作效能的指标

针对品质、数量、时间及价格绩效等项目制定指标，就采购人员的工作效能进行衡量分析，其各项指标分别为：

(1) 品质绩效

采购的品质绩效可通过验收记录及生产记录上的资料分析判断其绩效高低。验收记录是指供货商交货时，为公司所接受或拒收的采购项目数量或百分比；生产记录则是指交货后，在生产过程中发现品质不合格的项目数量或百分比。

若进料品质管制采用抽样检验的方式，则在制品品质管制中发现品质不良的比率，将比进料品质管制采用全数检验的方式高，其关系可用下列公式表示：

$$进料验收指标 = \frac{合格(或拒收)数量}{检验数量}$$

$$在制品验收指标 = \frac{可用(或拒收)数量}{使用数量}$$

拒收或拒用的比率越高，表示采购人员的品质绩效越差，因此，可以借以了解供货商别的产品品质水准。

(2) 数量绩效

当采购人员用以量制价的方式争取数量折扣时，虽然有时可以达到降低采购价格的目的，但也可能因进货较多导致存货偏高的现象，甚至发生呆料、废料的情况。

数量绩效指标，并不一定由采购人员负完全责任，有时也会受到企业营业状况、物料管理绩效、生产技术变更或投机采购等因素的影响。

① 储存费用指标

现有存货利息及保管费用，与正常存货水准利息及保管费用的差额。

② 呆废料处理损失指标

处理呆料、废料的收入与其取得成本的差额。

存货积压利息及保管的费用越大，呆料、废料处理的损失越高，显示采购人员的数量绩效越差。

(3) 时间绩效

时间绩效指标是用以衡量采购人员处理订单的作业效率，及其对于供货商交货时间的控制效率。

延迟交货可能形成缺货现象，但是，提早交货也可能导致买方负担不必要的存货成本，或提前付款的利息费用。

① 紧急采购费用指标

紧急运输方式，例如，空运的费用与正常运输方式的差额。

② 停工断料损失指标

停工期间作业人员工时与薪资的损失。

(4) 价格绩效

通过价格指标，可以衡量采购人员议价能力以及供需双方势力的消长情形。

采购价差的指标，通常有下列数种：

① 实际价格与标准成本的差额；

② 实际价格与过去平均价格的差额；

③ 使用时的价格和采购时价格的差额；

④ 将当期采购价格与基期采购价格的比率，与当期物价指数与基期物价指数的比率相互比较。

2．采购工作效率的指标

采购工作效率的指标，是指在完成采购目标的过程中，各项采购作业效率的衡量指标，其要项说明如下：

(1) 采购金额

(2) 采购金额占销货收入的百分比

(3) 订购订单的件数

(4) 采购人员的人数

(5) 采购部门的费用

(6) 新厂商开发个数

为使供应来源充裕，对来源单一的采购品，通常会要求采购人员必须在预定的期限内增加供货商家数。因此，绩效指标也可以用单一来源的采购品，占所有A类采购品的比率大小来衡量。

(7) 采购完成率

采购完成率是衡量采购人员执行采购案件努力程度的指标，采购人员若为提高完成率，使议价流于形式或草率议价，则将得不偿失。因此，为避免停工断料，应促进完成率的提升。其公式如下：

$$完成率指标=\frac{本月累计完成件数}{本月累计请购件数}$$

一般而言，完成件数有两种计算标准：

① 由采购人员签发订购单计算

② 必须等供货商交货验收完成才算

(8) 错误采购次数

错误采购次数是指未按有关的请购或采购作业步骤处理的案件。例如，错误的请购单位、没有预算的资本支出请购案、未经请购单位主管核准的案件、未经采购单位主管核准的订购单等。

(二) 采购绩效分析的标准

有了绩效评估的指标之后,必须考虑哪种标准可作为与实际数值进行比较的标准,一般常见的标准说明如下:

1. 历史绩效

选择企业以往的绩效数值,即已产生的历史统计资料,作为评估目前绩效的标准,这种做法较易取得资料且相当正确、有效。

采购部门中，无论组织、职掌还是人员等，均应在没有重大变动的情况下才适合使用此项标准。

2. 标准绩效

若难以取得过去的绩效资料，或采购业务变化很大，则可以标准绩效作为衡量标准。标准绩效的设定，有下列三种原则:

(1) 固定的标准

标准一旦建立，则不再变动。

(2) 理想的标准

是指在完美的工作条件下应有的绩效数值。

(3) 可达成的标准

在现况下应该可以达到的水平，通常依据当前的绩效数值加以考量设定。

3．产业绩效

若其他同业在采购组织、职掌及人员等方面与企业相类似，则可与其绩效数值进行比较，以判别彼此在采购工作成效上的优劣。

若个别企业的绩效资料不可获得，则可以整个产业绩效的平均水准来比较，或以同业间的标杆企业为标准作评估。

4．目标绩效

标准绩效代表在现况下，应达成的工作绩效；目标绩效则是在现况下，一定要经过一番特别的努力，才能完成的较高境界的工作绩效。

目标绩效代表公司管理层对工作人员追求最佳绩效的期望值。因此，目标绩效常以同业最佳的绩效水准为标杆。

三、采购绩效分析的评估人员与方式

（一）评估人员

1．采购部门主管

由于采购主管对辖属人员最为熟悉，且所有工作任务的指派、工作绩效的优劣评价，通常会在其直接督导之中，因此，由采购主管负责评估所辖采购人员的个别表现，可兼收监督与培训的效果。

2．财会部门人员

采购金额占公司总支出的比例很高，成本节省对于企业利润的贡献更是不可忽视，特别在经济不景气时，对资金周转的影响更大。因此，会计或财务部门不但要掌握公司产销成本数据，还要全盘管制资金的取得与支付，特别是采购费用的支出及成本，因而对采购部门的工作绩效也可按客观数据参与评估。

3．技术部门人员

若采购项目的品质及数量对企业最终产品的生产影响重大时，有时可让负责技术的人员，或负责生产计划与管制的生管人员评估采购部门的绩效。

4．供货商代表

有些公司通过正式或非正式管道，向供货商探询其对于采购部门或人员的意见，以间接了解采购绩效和人员的素质。

5．外界专家或管理顾问

有时为避免公司各部门之间的本位主义，特别聘请外界的采购专家或管理顾问，针对公司全盘的采购组织、制度、人员及工作绩效，提出客观的分析与建议。

（二）评估方式

1．定期评估

⑴ 行为评估

定期评估是配合公司年度人事考核制度进行的，以采购人员的行为表现，例如，工作态度、学习能力、协调能力、忠诚程度等为考核内容，对采购人员的工作绩效及行为表现作年度总结。

⑵ 工作评估

如图表10－1所示，以目标管理的方式，从各种工作绩效指标当中，选择当年度比较重要的项目订为目标，年终按实际达成程度加以考核。

图表 10-1 采购目标表

次序	重要性	重点目标项目	实际目标达成标准	实际方法	实施方案						上级评定	等级
					10	11	12	1	2	3		
1	30%	购入品降低成本 5%	1. 金属材料 3%~5% 2. 非金属材料 5%~8% 3. 零件：主要零件 5% 一般零件 3%~10%	(1)检查同质材料的购买数量 (2)明示长期合约的分期交货量	品目检查	与厂家的协议 与公司内关系部门的协议			具体推进	确定	达标率 4.5% 分期交货量的决定仍需请购部门协助	B
2	20%	利用方法降低成本 10%	1. 利用代替品变更材料 10% 2. 请供货商改变工作方法 5%~10%	(1)奖励代替品使用提案 (2)缩短制程	提案、委托文书的发行	与厂家的协议 订购时按零件别检查		实施		确定	达标率 11.5% 对厂家要求的部分仍要改善	A
3	20%	确保合约中规定的交货期	1. 请厂商配合 2. 请厂商把握完工日 3. 交期变更时迅速联络	(1)按约定日期交货 (2)辅导厂商 (3)尽量不要使厂商勉强答应交货的期限	向厂家及其他各部门宣传	实施				确定	交期的确定仍有困难存在，须究明原因	B
4	15%	提高事务效率	1. 采购事务迅速化 2. 合理的简化	(1)讨论电话订货的可行性 (2)小量购买的扩大 (3)订购文书电脑化	品目金额分析	继续订购品的价格协议 与宣传部门协议	实施方法决定并实施			确定	请购部门的协助仍不足	B
5	15%	市场调查	1. 其他厂家生产厂家调查比较 2. 代替品的开发	(1)型录的活用 (2)厂家的技术调查零件的性能讨论标准的使用扩大		型录整理	随时送达设计、技术课 对厂家宣传 品目决定并实施				计划完成	A

促使采购部门必须提升个人或部门的采购绩效，同时以采购工作为考核重点，也比较客观、公正。

2．不定期评估

不定期的绩效评估，是以项目方式进行。例如，公司要求某项产品的采购成本降低10%，因此，当到预定期限时，即评估实际的成果是否超过或低于10%，并就此成果给予采购人员适当奖惩。

不定期的绩效评估方式对采购人员的士气有相当大的提升作用，例如，新产品开发计划、资本支出预算、成本降低项目等都可采用不定期的绩效评估方式进行。

总而言之，企业可采用定期与不定期混合方式进行采购绩效评估，这样可随时了解采购部门或个别采购人员的表现，并据以提出提升绩效的改善方案，进一步执行改善方案。

四、提升采购绩效的方法

企业为使采购作业的执行更有效率，在采购工作的管理方面，应建立各项采购管理制度；在采购人员的行为态度方面，应制定采购行为规范，促使采购工作有所遵循。这样可提升采购绩效，不会因人、因事等不同因素而异。

为提升采购应有的绩效，有关采购作业管理及行为规范需注意下列事项：

（一）采购作业管理方面

1．采购计划过程

采购计划过程包括预测、目标、政策、方案、程序、规则及预算，在采购计划的制定过程中应注意下列要点：

⑴ 预测与计划管理

① 采购部门的采购计划，是否遵循公司的产销预测来拟订？

② 二者之间是否容易协调配合，或经常各行其道？

⑵ 目标与策略管理

① 采购部门是否参与公司策略规划？

② 其所定的部门目标，是否与公司的总目标一致？

⑶ 制度与流程管理

① 是否编订采购手册？

② 对采购部门的政策、职责、人员编制、作业程序、表单使用等，是否有详细的解说？

⑷ 工作与方案管理

① 对于新材料、新来源、可能预见的缺货及涨价等，有无拟订采购策略或方案？

② 是否加以应对以上问题，以利用机会或逃避风险？

⑸ 预算与成本管理

① 采购部门的人员与费用预算是否合理？

② 能否达成公司所交付的任务？

③ 有无编订采购预算，提供给财务部门作资金筹划的参考？

2. 采购作业执行

采购作业的执行包括：请购、询比议价、订购、跟催、交货、付款等，其应注意项目说明如下：

⑴ 请、订购作业方面

① 新产品设计阶段，采购部门是否就其价格与供应来源提供意见？是否订有工程变更的管理办法？

② 使用部门是否填写完整请购单中的条件，有无任意指定厂商，或对规格作不必要的限制，以致减少供货商竞争的状况？

③ 若已有物料需求计划，是否请订购数量还需按人为的判断加以调整？

④ 所有请购是否以制式的请购单提出申请，有无未经请购或由其他部门核准的采购案？

⑤ 采购人员对请购的需求，认为有不符合公司最佳利益时，是否可以质疑并要求申请部门变更条件？

⑥ 采购的购备时间是否合理，是否经常发生紧急采购情况？

⑦ 决定存量水平时，是否考虑订购成本、仓储成本、预期的价格变动以及货源充裕或短缺现象？

⑧ 耗用材、服务及资本支出等的请购，是否使用不同的请购单，以便对需求状况作不同程度的说明与作业管制？

(2) 供货商选择方面

① 大量使用的物料，是否同时与两家以上的供应商维持关系？

② 参与报价或投标者，是否是经过审查的合格厂商？

③ 征询的供货商家数，是否足以形成自由竞争的局面？

④ 对于供货商有无奖惩制度？是否确实执行？

⑤ 采购人员与供货商之间的行为规范有无明文规定？

⑥ 是否邀请国外供货商参与报价或竞标？

⑦ 是否利用公开招标的采购方式？

⑧ 对于主要的物料及货品，是否做过自制或外包的决策分析？

⑨ 是否要访问供货商的工厂或办公场所，以了解其近况？

(3) 采购价格制定方面

① 对独家供应的厂商所决定的价格，是否经过慎重的审议？

② 是否有足够的理由不把订单交给报价最低的厂商?

③ 对于供货商所提供的价格优待条件，是否未曾利用?

例如，现金折扣或数量折扣等。

④ 当所需的模具由客户提供时，是否有不知情的厂商仍将此项模具费用包含在报价中?

⑤ 资本设备的报价中，是否包含定期或紧急修护所需零件的费用?

⑥ 决定重要物料的采购价格时,有无对产品将来的获利能力作一番盘算或预估?

⑦ 进行国内外采购决策时，是否将政府所提供的投资抵减奖励措施，列为采用产品的有利比价条件?

⑧ 与供货商进行谈判前，是否做好充分的准备?包括对产品的性能、技术等方面的了解，对制造成本、价格的研究，对买卖双方优势和缺点的分析?

⑨ 议价是否参考底价或预算?重大的采购案是否要求厂商提供成本分析表?

⑩ 除了货款外，是否支付了额外费用?例如:运费、信用证手续费等。

(4) 交货与品质方面

① 在订购后，若交货数量与规格发生变动，是否变更订购单?

② 采购部门是否派员前往供货商工厂访查，实地查核主要货品或订制的机器能否按预定进度交货?

③ 有无设立追查或催办制度，若发现迟延交货，采购人员是否有做必要的处置?

④ 已订未交的数量加上库存量大大超过未来正常用量时，采购部门是否主动与物料计划部门协商，降低将来订购量或取消部分订购量?

⑤ 当供货商无法如期交货，采购部门另向其他供货商下订单时，原未能履约的供货商的订单是否已取消?

⑥ 在订购单或合约中，是否已明订采购品的品质检验标准?

⑦ 对于重要的货品或设备的采购，是否委派品质保证部门的人员常驻供货商工厂进行品质的督导?

⑧ 是否经常发生买卖双方对于交货品质认定不同所发生的纷争? 在未完成验收手续前，这些货品归谁保管或处置?

⑨ 在订购单或合约中，是否明文规定有关交货迟延或完工保修、保证责任?

⑩ 对于品质有轻微瑕疵但可用的货品，是否允予特采验收? 有无价格折让的约定等附带条件?

3．采购作业控制

⑴ 厂商交货验收方面

批次别订购与验收入库的核对与控制，务求每笔请订购单可以按如期、如量、如质、如价方式，确实完成验收，而不致出现超交、短交、品质不良等现象。

⑵ 货款支付方面

已验收完毕且账目无误，务必按约支付款项，以完成批次别采购单的结案作业。

⑶ 供货商管制方面

定期确认供货商品质、交期、价格、协调及配合度等来往状况，务必使供货商做好合作伙伴的角色。

（二）采购人员行为方面

1．采购人员品德才能方面

⑴ 采购人员应具有价值分析、预测、表达等能力；

⑵ 对负责采购品应具有的专业能力；

⑶ 采购人员应具有临财不苟得、敬业精神、虚心与耐心。

2. 采购人员行为规范方面

(1) 遵守采购公约的规定；

(2) 遵守法律的规定；

(3) 遵守企业的各项作业与管理规定。

五、企业采购绩效管理实例分析

[实例] 某装配业采购绩效管理方案

1．采购绩效管理方案的目的

为使本公司的采购部门及采购人员有效提升效率，且确实完成采购任务，对于请、订购及验收等采购作业与管理予以强化，以避免待料停工导致销售损失，而制定本采购管理方案。

2．采购绩效管理方案的内容

本公司的采购管理方案分为采购目标与预算规划、执行与控制等阶段，分别说明如下：

(1) 目标与预算规划阶段

针对采购部门的任务制定年度或阶段性的“采购目标表”及“采购预算表”，以作为该工作期间的作业依据。因为作业及改善皆有时程控制，其绩效又能定期评估，采购部门及人员才较能系统化发挥其应有的专业技能，蓄积较好的采购绩效能量。

(2) 执行与控制阶段

除采购的日常作业外，采购部门及人员按“采购目标表”执行各项采购方案，同时也定期评估其绩效，以达到检查控制及完成采购目标与任务的目的。

第十一篇　采购管理案例分析

一、采购作业与管理重点摘要

二、采购管理办法与制度的案例分析

三、采购交易合约案例

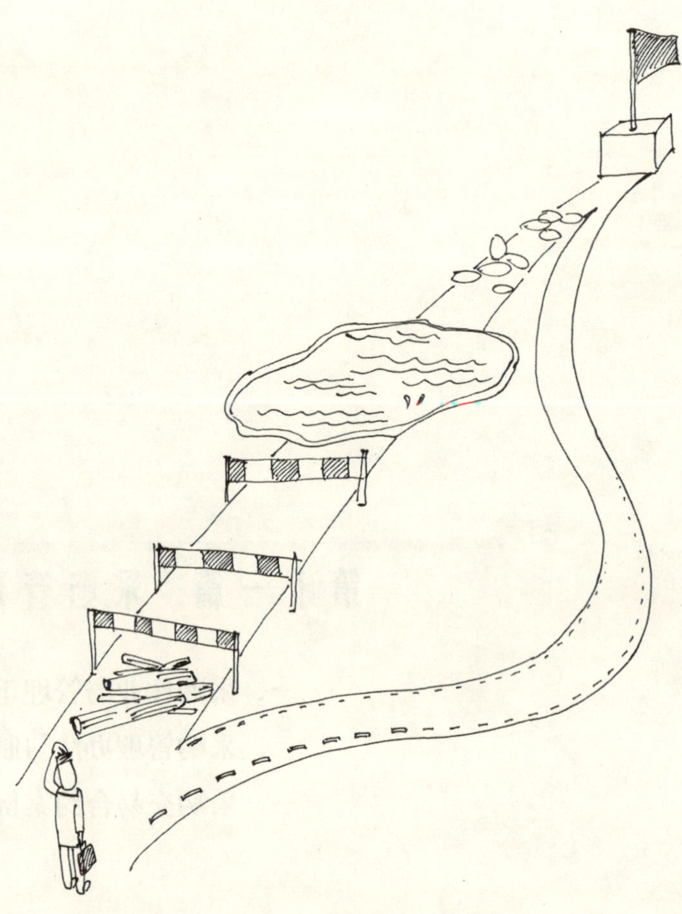

从管理的角度来讲，两点之间最短的距离不一定是一条直线，而是一条障碍最小的曲线。

本篇汇集企业界各式各样的采购管理规章、办法、表单流程等实例，包括国内外采购管理办法、交易合约等，从案例中可了解各企业采购管理工作的内容及不同的推行方法，可作为企业在规划或推动采购管理制度、活动时的参考。

一、采购作业与管理重点摘要

（一）采购作业的管理要项

- 采购目标、策略、方针；
- 采购计划、预算；
- 采购作业制度；
- 供应厂商管理；
- 价格管理、降低采购成本活动；
- 交期管理、进度管控；
- 品质管理、验收作业与管制；
- 采购绩效管理；
- 采购组织与人员管理；
- 相关资料搜集、相关人事协调等。

（二）采购作业的重点流程

图表11-1

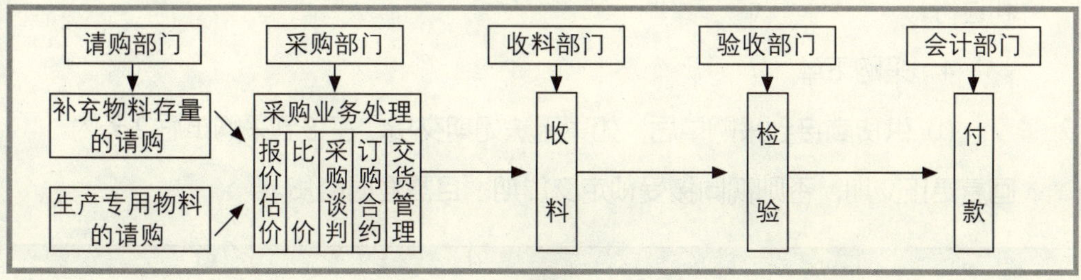

二、采购管理办法与制度的案例分析

（一）国内采购作业管理案例

[实例一] 国内某企业采购管理办法

1．目的

本公司国内物料的采购作业按本办法办理。

2．采购依据

采购人员根据各项物料用量毛需求表以核对物料存货账，查看是否有存货。若有存货，则在物料存货账中将毛需求用量先行预扣；若存货不足，则在预扣预定用量后再进行物料采购作业。

3．采购订单

⑴ 根据物料用量毛需求表、需求存货账、已订购未人的在途采购量等决定采购数量。

⑵ 依据供货商的采购前置时间及物料需求日填写“采购单”。“采购单”内务必填写采购单号、预定交货日期、品质验收项目、验收标准及交易条件，例如逾期处理、拒收处理、全检处理、超交处理及付款条件等。

⑶ “采购单”的内容如图表11－2所示，一式四联。

⑷ 由供货商在交货单上填写本公司采购单号，以使本公司验收工作顺利进行。

4．采购下单

⑴ 供货商接到采购单后，如果无法如期交货，在接到采购单后2天内回复更正交期，否则视同接受预定交货期，且需准时交货。

图表 11-2 采购单

<table>
<tr><td>采购单号</td><td>XX01879</td><td>厂商编号</td><td>E0024</td><td>预交日期</td><td>03/29/2008</td><td>采购日期</td><td>03/06/2008</td></tr>
<tr><td colspan="4">卖方名称:AA 印刷厂
卖方电话:
地　　址:　　　　　　单位代表:</td><td colspan="4">买方名称:DD 用品有限公司
买方电话:
地　　址:　　　　　　单位代表:甲</td></tr>
<tr><td rowspan="2">物料编号</td><td rowspan="2"></td><td rowspan="2">物料说明与规格</td><td rowspan="2"></td><td>单位</td><td>单 价</td><td>数量</td><td>金额(单位:元)</td></tr>
<tr><td>张</td><td></td><td>15 000</td><td>320</td></tr>
</table>

1.交货方式:送货到本公司

2.结算方式:隔月结账

3.验收管理:

(1)包装方式:

(2)外箱标示:卖方应在外箱上明确标示采购单号、物料编号、规格、数量、颜色、重量。

(3)逾期处理:交货延迟第 2 天起，每逾期 1 天按货款总金额的 0.5%扣款。

(4)拒收处理:检验不合格，退货回卖方，运费由卖方负担。卖方收到通知后，需在一周内载回退货并补货。

(5)全检处理:若以全检处理，不良品退回卖方，并在一周内补货，全检费由卖方负担，特采单价由买卖双方议定。

(6)数量超交:只允许超交 3%以内，其余超交部分拒收。

(7)运　　费:由卖方支付。

(8)其　　他:

4.账务处理:

(1)结账截止日:每月 25 日。

(2)请款日期:应详列请款周期的允收良品出货明细，并须在每月 30 日前送交买方。

(3)增值税发票:应在每月 30 日前送交买方，发票内容应与请款明细相符。

(4)请款资料:请款资料包括送货单、请款明细、发票，卖方若资料不齐，须待资料补齐方可结账。

(5)付款时间:结账后次月 25 日付款。若资料超过每月 30 日方送至买方，付款日为次月 5 日。

5.合同签认:本采购合同一式四份，卖方在收到合同 48 小时内须将已加盖公章的合同第一联交回买方。若有异议者，也请于 48 小时内与买方协议。

6.签订合同地点:

7.异议调解处理:本合同在执行中双方如有争议，应互让协商，若不能协商解决，应由本合同签订地区法院调解或裁决。

续表

8.备注:品质验收事项 (1)套印准确性; (2)颜色差异前置时间; (3)黏胶耐用年限; (4)刮痕; (5)其他影响使用功能者。 卖方盖章 买方盖章

(2) 遇紧急状况,须先口头订购后再补采购单。

5. 采购变更

采购人员接获供货商更正交货期通知时,必须通知收料部门。若是计算机作业,则必须更正预定交货日的资料。更正交货期以不影响生产进度为原则,若是影响生产进度,则需发函生管部门或口头确认新交货日。如果时常更正交货日,则采购人员也须更正供货商采购前置时间基本资料。

6. 进度管控

(1) 将采购单按供货商分类,并按预定交货日期排序,追踪逾期未交的订购单。

(2) 以电话进行采购进度追踪,确认其未来一周应交货的采购单,以确保准时交货,达到防患于未然的目标。

7. 交货验收

根据已验收品质、数量的验收单冲销采购单。数量不足者,请供货商尽速补交;品质不佳者,也应尽快通知供货商补交,并列入供货商考核表。

8. 厂商管理

针对交期不准确、品质不良的供货商,采购单人员在验收单上建议罚款金额。若是经常发生,则应迅速寻找新的替代厂商,并准备更换供货商。

9．付款作业

月底审核应付账款凭证，包括订购单、验收单、厂商交货单、发票、罚款建议表。

10．不良处理

收集品质不良现象，整理成“物料别品质不良注意事项表”，或“品质检验项目表”，作为检验依据。

11．采购协商

明确采购部门的工作内容以及与其他部门联络沟通的渠道及做法。

12．采购步骤

⑴ 根据生管人员转送的物料用量毛需求表，在物料存货账中预扣用量，决定净需求量及应采购量。

⑵ 根据所决定的采购量，并参考采购前置时间，开立采购单（一式四联），分送至相关单位。

⑶ 根据采购单资料文件打印未来一周应交货的采购单，并进行采购进度管控及催料工作。

⑷ 根据验收单打印逾期未交采购单，并进行管控。

⑸ 确认已到期采购单确实完成验收交货，对已到期未交货的采购单进行跟催并尽快完成交货。

⑹ 完成付款并进行采购单结案作业。

13．其 他

本办法经总经理核定后实施，修正时亦同。

[实例二] 某生产企业采购作业规定

1. 目的

本公司有关物料的采购作业步骤及方式悉按本规定办理。

2. 采购作业步骤及规定

本公司采购作业程序如图表 11－3 所示，其作业规定说明如下：

(1) 请购作业

① 请购部门及分工

● 一般物料由使用单位开立请购单。

● 属于存量管制的物料由仓储单位开立请购单。

● 已运用物料管理计算机化作业的物料请购，一般依据物料需求计划及存量管制水准，直接由计算机打印请购单，但须经物料管制单位签核。

● 工厂进行扩建计划时，所有请购单限定由扩建项目小组开立，以利管控预算。

● 文具及总务用品，由管理部门统筹各单位的需求后集中请购。

● 计算机设备，由各使用单位提出需求，再由信息部门集中请购。

② 请购附件

开立请购单时，物料应具有规格及用途说明，大宗物料须附分期使用计划，工程及设备须附施工说明书，包括工程规范及材料明细表、使用性能、图样等。

③ 填单说明

● 为配合计算机化作业及验收，做到付款便捷，以一张请购单填写一项物料为原则。

图表 11-3 采购作业流程

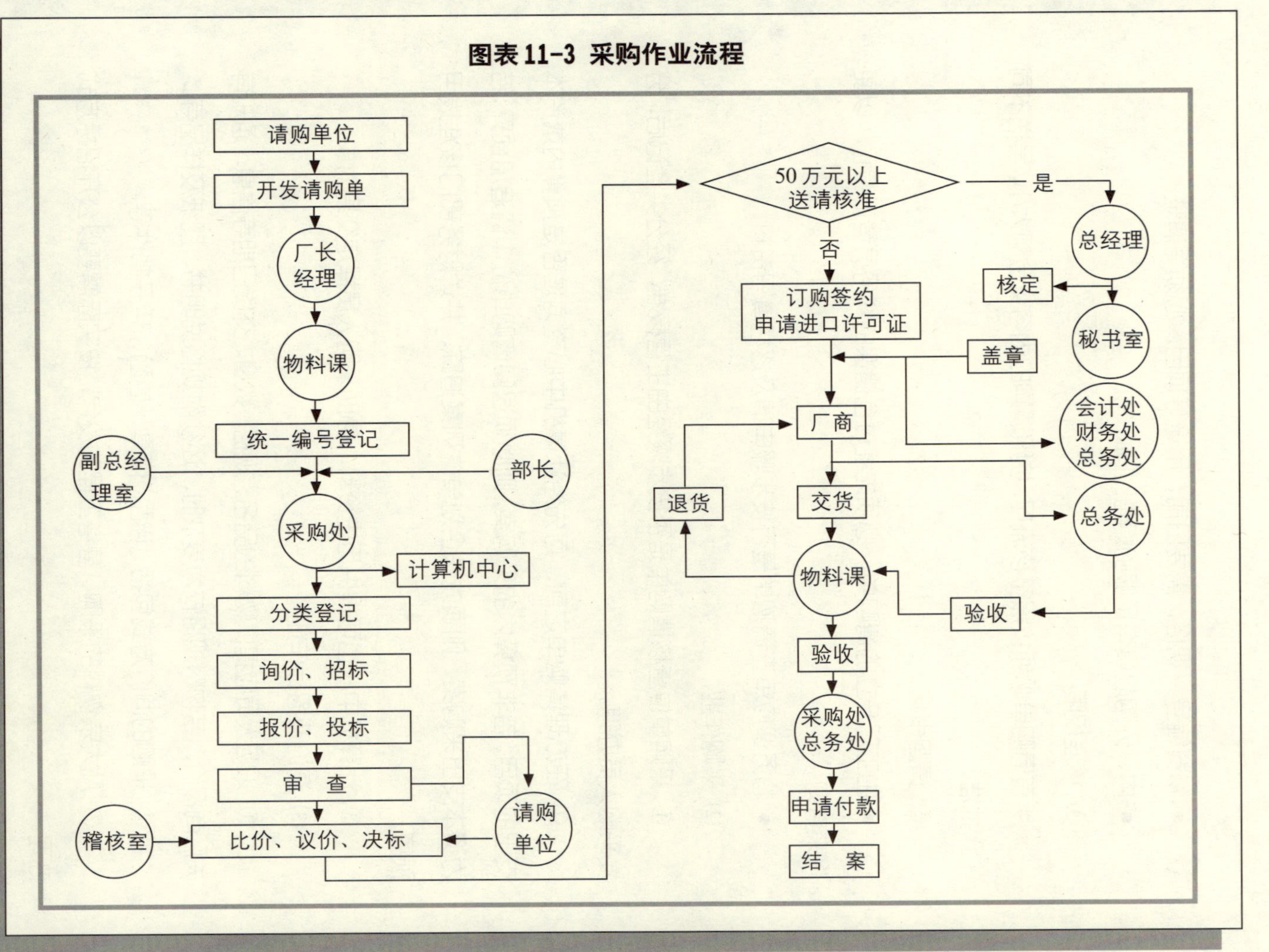

● 物料编号、规格、需要日期、用途等项目，必须写清楚。

● 内、外购应具有足够的购备时间。

④ 核准权限

所有请购单必须按照签核流程，按照请购的内容或金额大小，呈送不同主管批准。

⑤ 请购审核

● 由工厂开立的请购单，必须先经过仓储课的料务员登记编号，以便将来查询。

● 料务课应审查请购单是否按步骤申请及逐栏填写资料。

(2) 采购作业

① 采购单位查核请购单是否按步骤经由主管核准，经分类登记后，分发采购人员办理。

② 在办理请购单之前，可先经计算机中心查询是否是预算内或资本支出的项目。若非预算内的采购案，则必须退回请购单位申请追加预算；若为资本支出采购案，则须先送企划单位列案追踪，并送财务部门核准拨用预算。

③ 计算机中心也可提供历史资料，协助采购人员择定交易对象。

(3) 询价及招标作业

① 采购人员应提供物料的品名、规格、数量、交货日期等信息，通知有关厂商报价，若物料规格较为复杂时，还须附规格说明书、图纸及样品等。

② 采购的询价方式包括：电话、传真、信函、电子邮件等。

③ 凡大宗物料的采购、营缮工程的发包，按实际需要以公开招标方式办理。

(4) 报价及投标作业

① 应视实际情形，每一采购案分别规定合理的报价截止日期，使厂商有充分的准备时间。同时要求供货商报价的有效期限不可太短，让买方有足够的审查时间。

② 报价方式，可分为口头、书面、电子邮件或通过计算机网络等方式。

③ 厂商可将报价单或投标单，在规定期限内送达经办人员或邮递地址。

(5) 审查作业

① 首先必须审查厂商的资格是否符合规定。已建立合格厂商名录视同审查完成，若因采购案的特殊需求，必须附加一些条件者须重新审查。

② 报价的审查，实质上就是分析报价内容是否符合请购需求，并比较各报价厂商之间的优劣点，作为订购时的参考。

③ 有时由于报价内容复杂，采购人员难以分辨，例如，机器设备及工程发包等，为避免因错误而发生严重损失，应将报价单送请申请单位确认。

(6) 开标作业

金额较大的采购案及以招标方式办理的采购案，通常会将报价单或投标单以密封方式送交稽核室，至报价或招标截止日期，会同采购部门拆封或公开开标。

(7) 采购作业

① 议价

参照事先拟订的底价或预算，并根据各应邀报价厂商竞争情形，商议合理的订购价格。

② 比价

按应邀厂商的报价加以比较，然后择定最低者予以订购。

③ 决标

● 开标后，以不超过底价的最低标为得标，如标价超过底价应择最低标的厂商另行议价或重行招标。

● 视情况，决标可以超过底价，但不能超过预算。

● 除了价格之外，例如，计算机设备的采购，还须考虑硬件、软件、服务及训练等因素的比较。

(8) 核定作业

① 议价、比价及决标的结果，金额未超过授权金额者，由采购经理核准。

② 金额超过此限时，由采购经理审查后，送请总经理核定。

(9) 订购作业

① 采购文件

● 通常在选择供货商及决定价格之后，由采购部门正式向厂商订购，给予订购单。

● 若金额较大，交货期较长，且有实际需要者，应由采购部门与供货商签立买卖合约或制造、工程合约。

● 为了保障交易的权益，采用买方的订购单或卖方的销售合约，主要由下列因素决定：

a．买卖双方折冲的结果

以优势一方的文件为主，但是金额很小的交易，任何一方所提供的订购单都可以接受。

b．交易物品的特性

例如，卖方的专利品，以采用卖方的销售合约为宜。因为交易程度越复杂，买方的简便订购单便无法包容各种交涉条件。

c．为节省制作订购单或合约的人力与时间，也可以采用卖方提供的订购单与合约书。采用卖方提供的销售单或合约书时，要排除或重新协商不利于买方的条款或约定。

② 合约应经双方签认及盖章，正本各执一份，副本可分送使用单位、财务单位、验收单位等存查。

③ 国外厂商在接获订购单后，应立即制发正式的报价单，供买方向商贸局或授权签证银行申请进口许可证。

⑽ 交货作业

① 大宗物料通常由供货商自行送货到厂，零星采购则可送交总公司再转运到各工厂。

② 订购后仍需进行催料工作，以确保卖方能如期交货。特别是交期长、金额高的采购案，必须时常查核进货，并不定期派人到厂访查。

③ 若厂商多次延误交货而无改善行动，必要时可取消订单，对供货商施加压力，使其能按时或提早交货。

⑾ 验收作业

① 一般物料由料务课及品管课负责验收（包括品质与数量）。

② 特殊机械器具及零件，由使用单位或品管单位负责品质验收，料务课负责点收数量。

③ 品质若有不符，即予以退回处理。

⑿ 付款及结案作业

① 凡签订合约者，由采购部门按合约规定，连同验收单与发票，开立传票向会计单位申请付款及结案。

② 未签订合约者，一律按月收集料务课转送的验收单，再按厂商别开立支出传票请求付款及结案。

3．其他

本规定经总经理核定后布告实施，修正时亦同。

[实例三] 某企业国内采购作业处理办法

第一条:采购部门的划分

1. 内购

由资材部国内采购部门负责办理。

2. 外购

由资材部国外采购部门负责办理，其进口事务由进口事务科办理。

3. 企业内调拨及公用品

① 企业内调拨

由经理室或其指定部门办理。

② 公用品

由经理室或指定部门办理，并须明定材料项目，交由采购部门办理。

4. 各公司经理对于重要材料的采购，须与供货商或代理商直接进行洽购

5. 项目用料，必要时由经理或总经理指派专人或指定部门协助办理采购作业

第二条:采购作业方式

除一般采购作业方式外，采购部门须按材料使用方式、用料厂区以及采购特性等因素，选择下列一种最有利的方式进行采购:

1. 集中计划采购

企业内具有共同性的材料，须以集中计划办理采购较为有利者，须核定材料项目，通知各公司请购部门按计划提出请购，采购部门定期集中办理采购。

2. 长期报价采购

经常使用且用量较大的材料，采购须事先选定厂商，议定长期供应价格，核准签约后，通知各请购部门按需要提出请购。

3. 定期合约采购

经常使用且用量较大的材料，采购部门须事先选定厂商，议定一定期间的供应价格，并制定买卖合约有效约束供货商履行买卖条件，核准后通知各请购部门按需要提出请购。

4. 零星长期采购

请购次数多，订购金额少，原则上就地可采购的零星材料，采购部门须事先选定厂商，议定长期供应价格，核准后通知各使用部门以材料领用单送资材部门，联络厂商送货。

5. 小额零星采购

每批请购金额预估在3 000元以下，电子邮件实际采购金额未逾3 000元者，且就地可采购的现品或短期可供加工的材料，各地采购部门须按资材部门所填制的“零星材料请购汇总表”选定一家可靠厂商办理采购及提运作业。

第三条：采购作业处理期限

采购部门应按采购地区、材料特性及市场供需状况，分类制定材料采购的作业处理期限，通知各有关部门参考，遇有变更时，应即修正。

第四条：询价、比价、议价

1. 采购经办人员接获请购单后，应按请购案件的缓急，参考市场行情及过去采购记录或厂商提供的资料，除经核准可用电话询价者外，均应填具询价单进行询价作业。但因特殊情形，例如独家制造、独家代理、原厂牌的配件无法替代、公卖品等原因，应于请购单上注明外，原则上需向三家以上的供货商询价、比价或经分析后议价。

2．若厂商报价的规格与请购材料规格不同或属代用品者，采购经办人员应附资料并在请购单上予以注明，先会同使用部门或请购部门签注意见。

3．属于买卖惯例超交者，例如，最低采购量超过请购量，采购经办人员在议价后，应在请购单的询价记录栏中注明，经主管签认。

4．整理厂商的报价资料，经办人员应深入分析价值及成本，然后以议价单或电话等联络方式向厂商进行议价。

5．采购部门接到请购部门以电话联络的紧急采购案件，主管应立即指定经办人员先行寻找厂商及料源，并进行询价、议价等作业，待接到请购单后，再按一般采购步骤优先办理本紧急采购案件。

6．试验的采购案件，采购经办人员应在请购单上注明与厂商议定的付款条件。

7．属经常性调拨的材料，由调拨双方经理或其指定部门议定调拨价格。

第五条：流程及核决

1．采购经办人员完成询价后，在请购单上详填询价或议价结果、预定采购的厂商、交货期限、报价有效期限等资料，并经主管审核后，再按采购核决权限表的规定办理核决手续。

2．本公司采购核决权限的规定如图表 11－4 所示。

图表 11-4 采购核决权限表

采购别	核决限额	采购核决权限
属于统购项目的原料、物料	不论金额多少	采购主管
非属统购项目的原料、物料	20 000 元以下	采购主管
	20 001 元至 300 000 元	经理核决
	300 001 元以上	经理→总经理
	20 001 元以上由各公司经理室在每月 1 日、11 日、21 日编制“国内采购案件处理旬报表”送总经理室汇总后转送总管理处总经理室	
财产支出（包括杂项购置）的生产器材	3 000 元以下	采购主管
	3 001 元至 100 000 元	经理核决
	100 000 元以上	经理→总经理
	3 001 元以上由各公司经理室于每月 1 日、11 日、21 日编制“国内采购案件处理旬报表”送总经理室汇总后转送总管理处总经理室	
财产支出（包括杂项购置）的非生产器材	3 000 元以下	采购主管
	3 001 元至 20 000 元	经理核决
	20 001 元以上	经理→总经理
	3 001 元以上由各公司经理室在每月 1 日、11 日、21 日编制“国内采购案件处理旬报表”送总经理室汇总后转送总管理处总经理室	
事务用品	3 000 元以下	采购主管
	3 001 元至 50 000 元	经理核决
	50 001 元以上	经理→总经理
	3 001 元以上由各公司经理室在每月 1 日、11 日、21 日编制“国内采购案件处理旬报表”送总经理室汇总后转送总管理处总经理室	
企业用调拨与公用品	不论金额多少	经办部门一级主管

说明：1.机电及营建项目工程用料须比照“非属统购项目的原料、物料”的核决权限办理；
2.凡列入固定资产管理的采购项目应以“财产支出”核决权限呈核。

第六条:订购

1. 采购经办人员接到已核决的请购单后,应以采购联络函向厂商订购,并以电话确定交货日期,同时要求供货商在送货单及材料外包装上注明请购单编号及交运地点。

2. 若属分批交货者,采购经办人员应在请购单上加盖“分批交货”章以资识别。

3. 采购经办人员使用暂借款采购时,应在请购单上加盖“暂借款采购”章,以资识别。

第七条:合约

1. 预付定金及因买卖需要须订立合约的采购案件,采购经办人员应按文书管理规则的规定与供货商制定买卖合约书,一式八份,正本两份,一份存合约书的管理部门,一份交供应厂商留存,副本六份,分存采购部门、会计部门、经理室、资材部门、厂务室及供货商。

2. 以外销价采购的案件,采购部门除按前款规定办理外,须酌情增加副本若干份,分存采购部门、退税部门、关务部门及供应厂商。

第八条:进度控制

1. 国内采购作业应分询价、交货两个阶段,以“询价进度控制表”、“内购交货进度控制表”控制采购实际进度。

2. 采购经办人未能按既定进度完成作业时,应填制“内购交期联络单”并注明异常原因及预定完成日期,经主管核准后转送请购部门,按请购部门意见拟订对策处理。

第九条:国内统购

1. 采购部门办理长期报价及定期合约采购前,应以“统购材料调查表”

送请各事业部门对统购材料的预估使用量、规格、验收标准予以详细注明。对于定期合约采购续约的厂商，则仍应以统购材料意见调查表，向公司征询合约期间原厂商的交期、品质及服务等是否良好，作为续约的参考。

2．采购部门办理长期报价及定期合约采购时，经办人员应按主管所拟内购的统购材料作业的规定进度，以长期内购材料询价单及内购材料议价单进行询、议价作业。

3．采购经办人在询价、议价完成后，根据询价单、议价单或原定期合约等，填制“内购材料统购比价表”由主管签核、资材部管制组审核后，经资材部经理批示后再呈总经理核决，作为定期合约或长期报价切结书的依据。

4．合约的制定悉按文书管理规则的规定办理。“定期合约书”或“长期报价切结书”正本两份，一份存合约书的管理部门，一份交统购厂商，副本若干份，分送采购部门、资材部管制组、经理室、资材部门、会计部门、检验部门及其他有关部门。

5．采购部门对长期报价或定期合约采购材料的价格，应视市场行情及定期合约的约定主动调整，各部门如发现其他供应厂商的价格低于统购价格、统购材料品质低于合约标准，或未能按期交货经要求改善无效时，应即通知资材部经理室，在未获改善前须随时按一般采购步骤在请购单备注栏内加注原因后，暂时转向其他厂商办理采购。

第十条：零星长期统购

1．对于厂区附近地区可采购的现品或短期内可制供的材料，采购部门须自订材料项目或参照各公司自订的材料项目、采购限额，比照一般统购作业方式进行询、比、议价，呈核及制订“零星长期采购切结书”等作业，经核准后通知资材部门及其他有关部门。

2．零星长期采购材料，资材部门应按领用单通知厂商送货。

3．采购部门应收集零星长期采购材料的市价资料，并主动调整采购价格。

第十一条:采购周转金

1．各采购部门基于需要，须以现款采购小额零星材料时，须依现金收支规则的规定设置采购周转金。

2．以采购周转金办理的采购案件，由采购经办人凭统一发票或收据及已办妥的分批收料单，按现金收支的规定办理。

第十二条:整理付款

1．资材仓库应将已办妥收料的请购单或分批收料单（收料单加盖“免填材料检验报告表”），连同材料检验报告表部分，送采购部门，与发票核对无误，于次日前由主管核章后送会计部门，应办理退税者先送各公司自订的退税管制部门处理。会计部门应在收件后七日内，办妥付款手续送交出纳单位。

2．内购材料须试验者，其订有合约部分，按合约规定办理付款，未订约部分，按采购的付款条件整理付款。

3．短缺交货者应尽快补足，采购部门应待短交数量补足后，方可整理付款。

[实例四] 某企业国内采购付款管理办法

1．验收入库

厂商送物料进厂时，由收料员安排验收后入库，所有验收内容均记录在验收单上（如图表11－5所示）。

图表11-5 验收单

<table>
<tr><td colspan="2" rowspan="2">物料编号</td><td colspan="2" rowspan="2">品名规格</td><td rowspan="2">统一发票</td><td>年 月 日</td></tr>
<tr><td>No.</td></tr>
<tr><td>交货数量</td><td></td><td colspan="2">交货者</td><td colspan="2"></td></tr>
<tr><td>接收数量</td><td></td><td colspan="2">订购单编号</td><td colspan="2"></td></tr>
<tr><td>不良品数</td><td></td><td colspan="4" rowspan="2">接收状况：</td></tr>
<tr><td>验收良品总数</td><td></td></tr>
<tr><td>不良品交换数</td><td></td><td>单 价</td><td>金 额</td><td>扣除金额</td><td>实际付款金额</td></tr>
<tr><td>实际付款数量</td><td></td><td></td><td></td><td></td><td></td></tr>
<tr><td>检验报告编号</td><td></td><td colspan="4"></td></tr>
</table>

总经理		经理		会计课长		出纳		厂务经理		物料课长		品检课长		收料	

第一联品管课
第二联物料课
第三联成本课
第四联财务部
第五联采购部
第六联由物料计划员送采购课

2．会计作业

会计课接到物料课转送的验收单二、三联及统一发票后，先核对手续是否完整，并将交货情形填入订购单的交货记录栏。

3．核对付款

根据统一发票内单价以及实际付款总数计算付款金额，特采批必须扣除5%付款金额，成本课长核对无误后在第二联验收单核章，将验收单第二联及统一发票送财务部。

4. 财务复核

财务部承办人接到厂务部成本课转送的第二联验收单与统一发票后，先核对订购单以及承办人的签章是否完整，并复算应付款项是否正确后，将交货情形填入订购单的交货记录各栏，在验收单的出纳栏核章后将验收单及统一发票存于应付款项档案。

5. 付款日期

每月1日与15日为验收单整理日期。1日前收到的验收单于当月11日付款，1日~15日收到的验收单于当月26日付款。

6. 付款通知

将验收单、统一发票按厂商别整理后，按应付款项开立转账传票、支票，及如图表11-6所示的付款通知单，并于转账传票记入厂商等级。

图表11-6 付款通知单

年　　月　　日　　　　　　　　　　　　　　　　NO.

商号名称	
付款金额	
付款日期	年　月　日　时
备　　注	
上列款项是自 年 月 日至 年 月 日本公司应付贵公司的账款，请于指定日期持本通知单前来本公司领款。 × ×公司财务部谨启	

第一联　厂商

7. 票期等级

票期按照转账传票内厂商等级区分为三级，亦即30天、45天、60天票，但合约或订购单有特别规定者从其规定。

8．确认核章

核对付款通知单、支票、验收单、统一发票以及转账传票送请课长、经理核对无误后在付款通知单、验收单、转账传票核章。

9．应付凭单

付款通知单第一联退回经办人后邮寄厂商，第二联应付凭单（如图表11－7所示）、支票转账传票、验收单及统一发票送请总经理核章后，转呈董事长在支票上核章，核章后的支票以及所附单据退还出纳员保管，准备付款。

图表11-7 应付凭单

年　　月　　日　　　　　　　　　　　　　　　　　　NO.

商号名称	
付款金额	
付款日期	年　　月　　日　　时　　分
品　　名	
会计项目	金　额
付款情形	现金: 支票:账户号码　　　　到期日:　　年　　月　　日

第二联　财务部

10．支票交付

厂商按照付款通知单内付款日期至财务部请款时，应出示第一联付款通知单并与财务部保存的第二联应付凭单核对无误后，在验收单、转账传票及支票核章。第二联付款通知单由出纳员收回存查，支票则交厂商。

11．付款记录

财务部承办人根据已付款的验收单，在订购单的交货记录栏盖付讫章后，将进料验收单归档。

12．其他

本办法经总经理核准后实施，修正时亦同。

（二）国外采购作业管理案例

[实例一] 某企业国外采购管理办法

1．目的

本公司国外物料采购作业悉按本办法的规定办理。

2．采购信息

采购部门随时须收集汇整国外采购物料的市场行情、供货商信用及采购前置时间等信息。

3．采购步骤

国外采购的物料的办理步骤如下：

(1) 生管部门根据客户订单、成品存货、产能、生产计划等资料，制订物料毛需求量计划，转请采购部门进行采购。

(2) 采购部门根据仓库的存料计划，制订国外物料采购计划，经批准后进行采购工作。

(3) 采购部门通过计算机开立订购单后，印出一份传真给国外供货商，仓储收料部门、生管部门可随时通过计算机查询资料。

(4) 根据报价单及相关文件向商贸局或其授权机构申请“输入许可证”，取得输入许可证后，采购部门向银行申请开立信用证。

(5) 联络国外供货商，确定物料能如期装船出货。

(6) 收到国外供货商装运提货单后，即准备进口报关相关文件，且准备进行报关作业。装运单复印三份，一份给生管部门，一份给仓储部门，一份给会计部门。

(7) 物料到达时，根据银行通知，向银行赎单，清偿汇票、信用证后，委托报关行进行进口报关，委托公证行进行进口检验并提货。

(8) 物料进厂后，由品管课按 MIL－STD－105D 表抽样计划进行检验。

(9) 进料检验不良率偏高时，根据公证行检验凭证，正式发函传真向国外供货商提出意见，必要时进行索赔工作。

(10) 进料检验的合格物料，则进行正式入库手续。

4．进度跟催

每日在计算机上查询国外采购单进度，交货日前进行进度跟催，并记录交货进度跟催的结果。

5．交货管制

每日在计算机上查询逾期未交的国外采购单，并进行催料作业，对于会影响生产进度者，事先通知生管、制造等相关单位，并进一步采取欠、缺料因应措施。

6．其他

本办法经总经理核准后公布实施，修正时亦同。

[实例二] 某某公司国外采购作业处理办法

第一条:询价、比价、议价

1. 外购部门按外购请购单填制外购询价事务处理表，按请购案件的缓急，并参考市场行情及以往的询价记录，填具外购询价单进行询价。

如遇特殊情形，例如独家制造或代理等，除应在外购请购单上注明外，原则上应向三家以上供应厂商询价、比价或经分析后议价。

2. 请购的材料规范较复杂时，外购部门应填制外购案件会签表，列明各厂商所报材料的重要规范并签注意见后，会请购部门确认。

第二条:权限及核决

1. 比、议价完成后，外购部门应填制外购请购单，拟订订购厂商、预定装船日期等资料，连同外购询价事务处理表及厂商报价资料，转送请购部门按采购核决权限核决。

2. 核决权限

(1) 采购金额以CIF美金总价10万元以下者，由请购部门经理核决；

(2) 采购金额以CIF美金总价10万元以上者，由总经理核决。

3. 各公司经理室在每月1日、11日、21日应就采购金额在CIF美金总价10万元以上者编制国外采购案件处理旬报表，送总经理室汇总。

4. 采购案件经核决后，如发生采购数量、金额的变更时，请购部门应按更改后的采购金额所需的核决权限重送核决，但若更改后的核决权限低于原核决权限时仍应由原核决主管核决。

第三条:订购与合约

1. 外购请购单经核决送回外购部门后，即向厂商订购并办理签约。

2．需与供应厂商签订长期合约者，外购部门应拟具长期合约书，按采购核决权限核决后办理，并在订购后，以外购材料长期合约交货记录表控制合约的履行。

第四条:进度控制及异常处理

1．外购部门应以外购请购单及外购进度表进行外购作业进度控制。

2．外购部门在每一作业进度延迟时，应主动开立外购事务进度异常报告表，记录异常原因及处理对策，凭此修订进度并通知事业部经理室。

3．外购部门在外购案件的装船日期有延误时，应主动与供应厂商联络催交，并开立外购材料交期异常联络单记明异常原因及处理对策，通知请购部门，并按请购部门意见处理。

第五条:进口签证前的外购请购单核准后的项目申请

1．进口机器设备的申请作业。

⑴ 进口机器设备时，外购部门应先拟订并检具文件向商贸局申请核发输入许可证，在申请函“输入许可证”栏加盖“国内尚无产制”的戳记及核准章，以便关务部门凭此向海关申请项目进口及分期缴税。

⑵ 进口机器设备须支付供货商技术权利金者，外购部门应在申请项目时，备文检附采购合约书向政府机关申请准予给付。

2．进口度量衡器及管制物品时，外购部门应在申请输入许可证之前，备文检附报价单及其他有关资料，送进口事务科向政府机关申请核准进口。

3．进口税捐记账额度的申请作业。

经理室应配合关务部门在政府规定时间内申请进口税捐记账额度，并通过"税捐记账额度记录表"及"税捐记账额度控制表"等控制额度的使用情形。

第六条:进口签证

订购外购材料后,外购部门应即检具外购请购单及有关申请文件,以申请外汇处理单,需在一星期内办妥结汇时加填紧急外购案件联络单,送进口事务科办理签证。进口事务科应按预定日期向商贸局办理签证,并在输入许可证核准时通知外购部门。

第七条:进口保险

1. FOB、C & F条件的进口案件,进口事务科应按外购请购单、外购部门指示的保险范围办理进口保险。

2. 进口事务科应将承保公司指定的公证行在外购请购单上标示,以便货品进口必须公证时,关务部门凭此联络该指定的公证行办理公证。

第八条:进口船务

1. FOB、FAS的进口案件,进口事务科的船务经办人员在接获外购请购单时,应视其装运口岸及装船期限,参照航运资料,原则上选定三家以上船公司或承揽商,以便进口货物可机动选择船只装运。

2. 进口事务科的船务经办人员应将所选定的船公司或承揽商品名称,提供给进口事务科结汇经办人员在信用证开发申请书上列明,作为信用证条款,向发货人指示装船。

3. 如因输出口岸偏僻或因使用部门急需,为避免到货延误,外购部门应在外购请购单上注明,以免信用证上指定船公司委由发货人代为安排装船。

第九条:进口结汇

进口事务科应按外购请购单标示的信用证日期办理结汇，并在信用证（L/C）开出后通过快报通知外购部门联络供应厂商。

第十条:进口签证后报关前的项目申请

1. 免货物税及工业用证明的申请作业

⑴ 进口的货品须申请免货物税者，外购部门应在输入许可证核准后，检具必备文件送关务部门转各事业部经理室或其指定部门，向税捐处申请，经取得核准函后由关务部门直接向海关申请免货物税。

⑵ 除了工业局证明的办理免税进口的项目外，其他符合免税规定的材料，外购部门应在开发信用证后检具必需文件向工业局申请非供塑料用证明，以便关务部门在报关作业时凭此向海关申请免货物税。

⑶ 按海关进口税则规定，可按工业用品税率缴纳进口关税者，外购经办人员应在开具信用证后，检具文件向工业局申请颁发工业用证明，以便货品进口时关务部门凭此向海关申请按工业用品税率缴纳进口关税。

2. 项目进口税则预估及分期缴税的申请及办理

外购部门应在进口前，检具有关文件送关务部门，凭此向海关申请税则预估，核准后并办理分期缴税及保证手续。

第十一条:输入许可证、信用证的修改

供货商或本公司要求修改输入许可证或信用证时，外购部门应开立信用证、输入许可证修改申请书，经核定后，检具修改申请文件送进口事务科办理。

第十二条:装船通知及提货文件的提供

1. 外购部门接到供货商或代理商通知有关船名及装船日期时，应即填制装船通知单分别通知请购部门、资材课、关务及有关部门。

2．外购部门收到供货商的装船及提货文件时，应检具输入许可证及有关文件，以装运文件处理单先送进口事务课办理提货背书。

3．提货背书办妥后，外购部门应检具输入许可证及提货等有关文件，以装运文件处理单送关务部门办理报关提货。

4．管制进口物品放行证的申请。

进口管制物品时，外购部门应在收到装运文件后，检具必需文件送进口事务科向政府主管机关申请进口放行证，以便关务部门报关提货。

第十三条:进口报关

1．关务部门收到外购请购单及报关文件时，应视买卖、保险及税率等条件，填制进口报关处理单和报关文件，委托报关行办理报关手续，同时开立外购到货通知单及外购收料单，送资材仓库办理收料。

2．不结汇进口物品，关务部门应在接获到货通知时，查明品名、数量等资料，并向外购部门确认需要提货者再行办理报关提货。如是无价进口的材料、补运赔偿、退货换料等，报关时关务部门应开立外购到货通知单及外购收料单等，通知收货部门办理收料;若属其他物品则由收件部门在联络单签收后，送处理部门办理。

3．缴纳关税前关务部门应确实核对税则、税率后申请暂借款缴纳。

4．海关估税的税率如与关务部门估算不符时，关务部门应即通知外购部门提供有关资料，在海关核税后14天内以书面形式向海关提出异议，申请复查，并申请暂借款办理押款提货。押款提货的案件，关务部门应在进口报关追踪表上记录，以便跟催销案。

5．税捐记账的进口案件，关务部门应按外购请购单，在报关时检附必需文件办理具结记账，并将记账情形记入税捐记账额度记录表及税捐记账额度控制表。

6．关税分期缴纳的进口案件，关务部门应按核准的缴税期数以“关税分期缴纳控制表”控制各期缴税作业。

7．船边提货的进口材料，关务部门应在货物抵港前办妥缴税或记账手续，以便船只抵港时，实时办理提货。

第十四条：报关进度控制

关务部门应分报关、验关、估税、缴税、放行五阶段，以进口“报关追踪表”控制通关进度。

第十五条：公证

1．各事业部应按材料进口索赔记录及材料特性等因素，研判材料项目，例如外购散装材料，通知关务部门在材料进港时，会同公证行前往公证。

2．外购材料在验关或到厂后，发现短损而合于索赔条件者，关务部门应在接获报关行或资材料库通知时，联络公证行办理公证。

3．进口货品办理公证时，关务部门应在公证后在索赔经办有效时间内索取公证报告分送有关部门。

第十六条：退汇

1．外购部门按进口材料的装运情形，判断信用证剩余金额有无装船的可能时，应在提供报关文件时提示关务部门，并在进口材料放行及输入许可证收回后，开立信用证退汇通知单，连同输入许可证送进口事务科办理退汇。

2．退汇金额较大，但信用证未逾有效期限者，外购部门应向供应厂商索回信用证正本，送进口事务科办理退汇。

第十七条:索赔

1．外购部门接到交货异常报告、材料检验报告表、公证报告等资料时，应立即填制索赔记录单连同索赔资料交索赔经办部门办理。

2．以船公司或保险公司为索赔对象时，由进口事务课办理索赔。

3．以供货商为索赔对象时，由外购部门办理索赔。

4．索赔案件办妥后，索赔记录单应按原采购核决权限核决后归档。

第十八条:退货或退换

1．外购材料须退货或退换时，外购部门应适时通知关务部门，按政府规定期限向海关申请。

2．复运进、出口的有关事务，外购部门应负责办理，其进出口签证、船务、保险、报关等事务，则委托出口事务科、进口事务科或关务部门配合办理。

3．退换的材料进口时按有关规定办理。

三、采购交易合约案例

[实例一] 某企业的供应厂加工合约书

委托加工合约书

委托者:________________________________ (以下称甲方)

受委托厂商:_____________________________ (以下称乙方)

1. 乙方加工事宜，应以甲方所交付的托外加工单为依据。

2. 乙方须依照托外加工单所列的各项规定，例如品质标准、加工说明、数量、交货日期等确实执行，并确实准时交货。

3. 乙方所交的加工品应保证为合格品，并不得有短缺或规格不符及瑕疵品等情况发生，且经甲方验收后，始得承认合格。

4. 原料由____方负责。

5. 若原料由甲方负责供应时，合理废料率为____。

6. 验收的检验方法是采用美军标准 MIL - STD - 105D 计数值抽验法，按其送验批次品质的好坏，可酌情采用正常检验、严格检验或是减量检验进行。

7. 乙方必须确实遵守委外加工单所规定的交货期，或甲方托外加工管制员的电话或调整日期的书面通知等。若有延误的情形发生，或因规格不合、品质不良，导致验收不合格而遭退货时，则乙方可按下列办法计算违约金付予甲方，但因天灾或人力所不可抗拒的事故时，经甲方认定属实者，可不在此范围内。

⑴ 逾期交货者，每逾1日，按未交部分总价的 _____%为违约金。

⑵ 逾期交货5日以上至10日以内者，每逾1日，按未交部分总价的 _____%为违约金。

⑶ 逾期交货超过10日以上者，按违约处理，不论未交部分数量，违约金以货款的1倍计算。

8．通过验收的制品在甲方再加工时，若有不良品现象发生时，甲方再加工后的损耗品除外，则甲方须向乙方要求赔偿或退回乙方重新加工。

9．乙方送交加工品，因不良导致甲方生产线停工，其工时损失应由乙方负担赔偿；若使甲方发生非常严重的不良损失，则甲方有权索取，并取消外包加工单。

10．按期交货而合格率为100%者，须酌予增加采购订单。

11．试用厂商的试用期为3个月，每月接受甲方外包品管检验1次，试用期满，视其考核评分达到80分以上者，才能正式成为甲方的供应厂商。

12．供应厂商每月接受甲方的外包品管1次，每月考核项目为：

⑴ 品质；

⑵ 交货期；

⑶ 价格；

⑷ 交货量；

⑸ 配合度。

每年总考核一次，重新划分等级。

[实例二] 采购交易基本合约书

采购交易基本合约书

采购者________公司（以下简称甲方）与接受订购者________公司（以下简称乙方），经双方同意制定有关物料、机器、零件的买卖或委托制造、修理的合约，基本要项约定如下：

1. 合约规范

(1) 基本合约与个别合约

① 本基本合约规定的内容，除非另有特别约定，适用于根据本合约所定甲乙双方间一切个别的交易（以下简称个别合约）。

② 甲方双方除了本合约条款之外，乙方必须按照甲方提出的订购单规定的事项以及甲方所规定的交易手续、作业说明书、设计图、规格等内容履行合约。

③ 甲乙双方在个别合约中可以另订与本合约相异的事项。

(2) 个别合约的成立

甲方向乙方提出根据订购单、设计图、作业方法说明书、规格等订购内容，包括订购编号、品名、数量、交期、交货场所、交货条件、价格等时，若有下列两项之一发生即视为个别合约已经成立。

① 乙方向甲方提出接受订购承诺书。

② 甲方在提出订购内容时，乙方在五天内未向甲方表明拒绝之意，即表示承认。

(3) 个别合约的变更或废除

① 甲方在必要时须将上述个别合约的一部分或全部加以变更或废除，乙方除非有正当理由，不得拒绝甲方的变更或废除。

② 甲方依据前项行使个别合约的变更时，应向乙方发出工作方法变更通知书，废除时应发出订购取消书。

③ 乙方由于个别合约的变更或废除而蒙受损失时，甲方应根据乙方的要求补偿乙方的损失，补偿金额由甲乙双方议定。

2．资料提供

(1) 提示义务

① 乙方在本合约成立后应立即将下列事项及甲方的要求事项，按照甲方所定的样式提示：

- 沿革资料；
- 公司执照复印件；
- 印鉴证明；
- 领款用印章样本；
- 股东名册。

② 根据前项提示的内容若有变更，乙方应立即向甲方提示。

③ 对乙方的生产绩效可能带来显著变化，或已带来显著变化时，例如:企业经营困难而导致经营权易人、企业转型、迁厂等，乙方必须迅速通知甲方。

④ 乙方若已接受甲方委托，则有义务提出甲方所拟订的调查表上相关的资料。

3．估价作业

(1) 提出估价单

① 乙方应按照甲方的委托提出估价单，甲方若要求有关估价的详细内容，乙方应立即提出。

② 乙方在估价时，不得有违法行为。

4．供应管理

(1) 物料零件的供应

① 甲方在委托制造时，乙方若决定供应物料、零件、半制品、制品（以下简称供应品）时，原则上供应品的交货场所定在甲方厂内，有关供应手续则由甲方另行规定。

② 供应品分为有价供应与无价供应，两者区分以及有价供应时的价格议定，由甲方在个别合约中制定。

③ 甲方将供应品指定的厂商直接送达乙方时，乙方必须立即将详情以收据方式送达甲方。

④ 乙方接到供应品时应立即验收。供应品若有瑕疵应立即通知甲方，在处理上应接受甲方指示，并按甲乙双方合议的方式办理后续事宜。

⑤ 加工进行中发现瑕疵时，应中止加工的进行。乙方若未按照上述措施而蒙受损失时，其损失由乙方自行负责。

(2) 供应品的所有权

① 供应品的所有权，不论有价或无价皆归属甲方。

② 供应品经制造、加工、修理完成的零件，在制品、完成品的所有权亦皆属甲方。

(3) 工模具的出借

甲方有必要出借有关的工具、模具、器具、测定用具、型模等出借品给乙方时，出借的方法、周期、费用及手续等，依据甲方制定的方式作业。

(4) 供应品及出借品的处理

① 乙方对供应品与出借品，负有妥善保管的义务，同时取得甲方承诺

不得转为供应与出借以外之用。未取得甲方书面的承诺，乙方不得做出出售、出借、典当等侵害甲方所有权的行为。

② 乙方对供应品与出借品，为了避免与其他物品相混淆，必须采用足以明示甲方所有权的适当措施，账簿上也须清晰判别，将其保管状况明确化。

③ 无价供应品的下脚的处理，乙方应遵从甲方的指示作业。

④ 乙方应承诺并尽量协助甲方或甲方代理人进入乙方，以盘点供应品、出借品的使用及保管的情况。

⑤ 甲方依据前项规定盘点之后，若认为有改善的必要，须向乙方提出改善的要求。除非有正当理由，乙方不得拒绝甲方的改善要求。

⑥ 乙方在供应品、出借品受到第三者查封等处分时，必须对第三者说明该供应品、出借品的所有权属于甲方，同时立即通知甲方。

(5) 供应品及出借品的毁损

基于负有保管之责，乙方若对供应品、出借品造成毁损、遭窃或使用不当的结果，应遵从甲方的指示，使其恢复原状或提供替代品，或赔偿甲方的损失。

5．交货处理

(1) 交期定义

① 交期是指依据个别合约在甲方指定的场所交货的周期或是日期。

② 乙方应严守交期。

(2) 交期变更

① 乙方欲在交期前交货时，必须预先获得甲方同意。

② 乙方认为无法在交期交货时，必须向甲方申述理由及交货预定日期，

并接受甲方的指示。

③ 基于乙方应负全责的理由，交期截止仍未交货，而使甲方蒙受损失时，甲方须向乙方请求损失赔偿。

(3) 交货作业

① 交货时，乙方应遵从甲方的交货手续，送至甲方指定的场所。

② 甲方收货之后，应将书面证明或签收交予乙方。

(4) 分期交货

① 除非乙方与甲方订有分期分批交货的合约或有甲方书面承诺之外，不得分期交货。

② 若有违反前项规定而发生分期分批交货事宜，甲方可不按前条的规定先加以保管，但须等到全数交货时才予以正式收受。

(5) 交货文件

乙方交货时，必须根据合约在交货同时提出或不必提出设计图、工作方法说明书、处理说明书、检查结果、预备品等的规定。

6．验收管理

(1) 检验作业

① 甲方应按合约迅速检验乙方的交货，将合格与否的书面证明交给乙方。

② 甲方根据乙方的交货采取抽样检验方式时，抽样合格与否的标准等有关检验事项，则根据甲方的抽验计划进行。

③ 乙方可要求全数检验，但由于采用全数检验而增加的甲方检验费用，应由乙方负担。

④ 在检验过程中交货所产生的毁损，除了责任明显归于甲方的场合之

外，一律由乙方承担。

(2) 不合格的处置

① 乙方对检验的结果判定为不合格的供应品时，必须在甲方指定的周期内补交合格品，或以无价方式修理。

② 前项补充品的手续比照本合约制定的交货手续执行。

(3) 特准采用

① 甲方对检验的结果判定为不合格的供应品时，如果认为品质虽有小缺点但并不影响整体供应品品质，且由于时间紧迫无暇要求替代品或修理时，即降低合约价格，特准接受采用。

② 有关前项减价事宜，由甲乙双方协议而定，乙方除非有正当理由不得拒绝。

(4) 不合格品与超交品

① 乙方的供应品若产生不合格品以及超交品时，在接到甲方通知之日起3天内，必须将其领回。但甲方若特准收受采用以及收购超交品则不在此限。

② 乙方若在前项规定的期限内不领回不合格品或超交品时，甲方得将其送还乙方，运费以及因送还所需一切费用，应由乙方承担。

③ 在第①项所定期限已过之后，甲方仍然保管不合格品与超交品，因而导致其一部分或全部的毁损或变质时，除非其损害明显责任归甲方外，其他应由乙方承担。

(5) 中间检查

甲方须视其必要，对委托制造的供应品在制造、加工、修理的途中，派出甲方指定的人到乙方的工作场所从事检查工作。

(6) 预先检查

甲方须视其必要，对乙方受托制造的供应品所使用的物料、零件、工具、器具、型模以及设备等，预先加以检查。

(7) 所有权的转移

所有权在检验合格以及特准收受采用之后，由乙方转移到甲方。

7．付款管理

(1) 应付账款

① 甲方在所有权转移的同时，将该供应品的价格计入当月的应付货款中。

② 甲方为了前项应付货款的列入，要计算每月应设定的截止日。

(2) 付款

应付货款的支付，根据甲方另定的方式，在每月定时支付日执行。

(3) 领款

乙方领取货款时，应提出盖有印鉴的领款证明书，并按领款作业步骤处理。

(4) 抵消

① 关于甲方提供给乙方的有价供应品，甲方可以在每逢该债权发生时列入债权账目，与应支付给乙方的债务相抵消。

② 前项金额的相抵，原则上对相抵金额要交换彼此的领款证明，但须由甲方向乙方通知其中详细的内容而抵消。

8．设计图及工作说明书管理

(1) 乙方对甲方出借的设计图、工作方法说明书、规格等（以下简称出借文件)，应尽妥善保管的义务，同时对甲方负起一切责任，在应归还时或甲方有所指示时立即归还。

(2) 乙方对甲方的出借文件，不得使用于个别合约目的以外的范围。

(3) 乙方事先若未获得甲方的承诺，不得私自复印出借文件。

(4) 乙方事先若未获得甲方的书面同意，不得将出借文件让第三者阅览，并私行出借。获得甲方同意而影印的出借文件亦然。

(5) 出借文件若因毁损而使甲方蒙受损害时，乙方应赔偿甲方的损失。

9．保证管理

(1) 品质管制

乙方在甲方有所指示时，为了维持委托制造供应品的品质，应根据甲方另定的品管说明书确立品管体系。

(2) 瑕疵责任

① 所有权由乙方转移给甲方之后，该供应品所发生的事故，若能判明责任归乙方时，乙方应承担其责任，在甲方指定的期限内进行修理或更换。若责任归何方难以判明时，由甲乙双方另行议定。

② 乙方在前项所述的情况下，在甲方所指定的期限内无法修理或更换时，应立即将该供应品的债款还给甲方。甲方除了要求乙方修理或更换之外，可以将蒙受的损失向乙方请求赔偿。

③ 前2项乙方的责任，除非另有规定，以检验作业或不合格的处置的情况发生时算起一年为准。

10．一般事项

(1) 风险的承担

在所有权转移于甲方之前，供应品全部或一部分有毁损、变质时，其风险的承担，除非另有规定，应按照下列方式处理：

① 责任归甲方时，由甲方承担。

② 其他理由时，由乙方承担。

(2) 禁止产制及销售

乙方除非获有甲方的书面同意，否则不得根据甲方的设计图、工作方法说明书或变更其一部分，对第三者有制造、销售的行为。

(3) 禁止直接交涉

乙方除非获有甲方的指示，否则不得与甲方的交易对象进行与供应品有关事项的直接交涉。

(4) 保密规定

甲乙双方对因本合约以及个别合约而获知的对方业务上的保密事项，在合约的有效期间内应尽保密责任，即使合约终止也应严为保密。

(5) 工业所有权

① 乙方根据甲方的设计图、工作方法说明书而对供应品申请专利、创意、商标等工业所有权时，事先应向甲方提出其旨意，且获得甲方同意方可进行。

② 有关前项工业所有权的归属，由甲乙双方议定。

③ 乙方基于责任归己方的理由，在供应品与第三者之间发生侵害工业所有权等纠纷时，乙方应负担一切处理责任，以免牵累甲方。

(6) 损害第三者

乙方在与供应品关联的情况下，因责任归乙方而对第三者造成生命、身体、财产等危害或损害，或与第三者之间产生纠纷时，乙方应负责处理、解决，以免牵累甲方。

⑺ 履行义务

乙方即令获有甲方同意而将受托制造的供应品委托第三者制造、加工、修理，本合约所定乙方应履行的义务依然有效。

⑻ 权利义务的让渡

甲乙双方除非彼此获有对方的书面同意，否则不得将基本合约或个别合约所产生的一切权利、义务（包括债权、债务等的全部或一部分），让渡给第三者，或作为抵押之用。

⑼ 滞纳赔偿金

甲方认为有必要时，在个别合约上可以附加滞纳赔偿金的特约条款。

⑽ 指导

甲方可视必要，对乙方委托制造的有关供应品，在制造技术、品质、交期管理以及改善设备、安全管理等方面给予指导或协助。

⑾ 废除合约

① 甲乙双方随时可以在三个月前通知对方废除本基本合约。

② 通知本合约已废除，在目前仍然存在的个别合约持续期间，本基本合约仍视为有效。

⑿ 甲方的解约

甲方在发生符合下列任何一项的理由时，可以不向乙方发出任何劝告以及不经其他手续，立即废除基本合约以及个别合约的一部分或全部：

① 甲方认为乙方在无正当理由下，不可能在期限内履行合约时；

② 乙方违背合约或个别合约的任何一项规定时；

③ 甲方认为乙方因灾害或其他不得已的理由而难以履行合约时；

④ 乙方给甲方造成重大危害或损失时；

⑤ 乙方受主管机关勒令停业处分时；

⑥ 乙方成为拒绝往来户或陷入付款停止状态时；

⑦ 乙方受第三者的假执行、假处分、强制执行等状况时；

⑧ 乙方产生足以申告破产、清算等原因的事实时；

⑨ 乙方决议公司解散或与其他公司合并时；

⑩ 乙方被认为财务状况恶化，或很有可能发生时。

(13) 合约解除时的措施

乙方被解除合约时，应即履行的措施如下列事项，且视为同意履行之。

① 乙方应立即将甲方所有的一切供应品、出借品、出借文件等归还甲方。

② 乙方对根据个别契约在接到甲方交货通知时，应立即向甲方交货，包括加工对象等。甲方收受乙方交货后，应视其完成度，经甲乙双方协议算出的金额付予乙方。如果甲方有付清的预付款或损害赔款等可以相抵的债权，可直接与算出的金额相抵。

③ 乙方根据前项将供应品交于甲方时，甲方若为供应品的完成而需要乙方所有的物料、机器、设计图、工具时，乙方应让渡或出借给甲方。有关让渡价格或出借费用，由甲乙双方议定。

(14) 损害赔偿的请求

甲乙双方若因符合下列事项的理由而遭受损害时，可向对方请求损害赔偿。

① 甲方或乙方违背基本合约或个别合约时；

② 甲方或乙方废除合约时。

⒂ 协议事项

甲乙双方对有关本基本合约以及个别合约的规定在解释上的疑义或对未加规定的事项，除了沿用商场习惯之外，应本着信义、诚实的精神，另行协议。

⒃ 法院管辖

有关甲乙双方的基本合约以及个别合约的管辖法院，双方同意为______地方法院。

⒄ 特别规定

① 本基本合约适用于制定之前已存在的个别合约。

② 基于本基本合约业已产生的甲乙双方的权利、义务，在本基本合约终了时，仍视为继续存在。

⒅ 有效期间

本基本合约的有效期间，定为自___年_月_日起至___年_月_日止，但期间截止的一个月前，甲乙任何一方如不以书面提出异议，即视为按本合约的相同条件延续一年。此后也按照此方式进行。

本合约正本一式两份，由甲乙双方签名盖章后，各持一份为凭。

甲方（签名盖章）　　　　乙方　（签名盖章）

年　　月　　日

第十二篇　采购策略与未来趋势

一、采购策略的概念

二、采购策略的类型及内容

三、采购策略的运用

四、采购的未来发展趋势

要为解决问题找方法，不要为逃避问题找理由。

面临多变的国内外产业环境，不同的采购策略与管理方案也随之转变，采购管理方法常随着环境不同而日新月异，因此，企业需有适当的采购策略以适应采购管理的未来趋势。

本篇主要说明采购策略与管理的未来趋势与做法。包括采购策略的含义、类型、内容及其运用方式，并说明采购国际化、供应链管理系统、电子化采购系统、刚好及时系统、企业采购操作系统等的未来趋势及做法等，以作为企业在掌握采购未来发展方向与规划、推动采购策略的参考。

一、采购策略的概念

采购策略是指企业为完成采购的目标与任务，所采取的可行性手段与方法。一般而言，不同的企业会按不同阶段的采购任务需求而采用不同的采购策略。常见的采购策略可从供货商选择、国内外采购方式、买卖双方资源共享、短长期合约的运用、集分权采购模式、标准化、专业化、电子化、体系化等因素而区分，其要项说明如下：

- 开发新的供货商，以分散供货来源
- 参与关键性供货商的运营
- 采取垂直整合的策略，进行主要供货商的收购
- 采取单一或少数供应来源，以提高采购数量
- 以国外采购替代国内采购
- 预购备用
- 采用多样化采购方式，包括议价、投标、比价等
- 善用期货市场
- 自制或外包的选用
- 签订长期合约以稳定采购价格

- 买卖双方存货资料共享
- 调节存货系统

例如，零库存系统的运用。

- 差别购价的运用
- 以供货商为主建立存货
- 通过价值分析及采购研究，降低采购成本
- 使用替代品来降低成本
- 采用标准化产品，以便取得多数供应来源
- 工作专业化
- 实施项目管理的采购组织
- 搭配刚好及时系统
- 采用电子化采购系统
- 协助供货商开发产品的新材料，以提高品质
- 供货商品质保证计划
- 中心卫星体系的建立与推动
- 统购制度的推动
- 善用买方优势
- 卖方优势的相应做法
- 买卖双方均势的相应做法
- 投机采购的选择
- 多家供应来源
- 自制关键性采购零组件
- 其他采购策略

例如:竞争型、优势型、大量型采购模式的运用等。

二、采购策略的类型及内容

（一）竞争型采购策略

从竞争分析的立场而言，以学者克拉吉(Perter Kraljic)的主张为例，将策略性采购项目“利润影响程度高低”及“供应风险高低”等因素所形成的采购力量在矩阵图中予以定位（如图表12－1所示)，此图表可显示企业采购力量与供货商力量互动抗衡的关系，并借以发展应对供货商的策略及行动方案。

图表12-1 不同采购策略下的行动方案

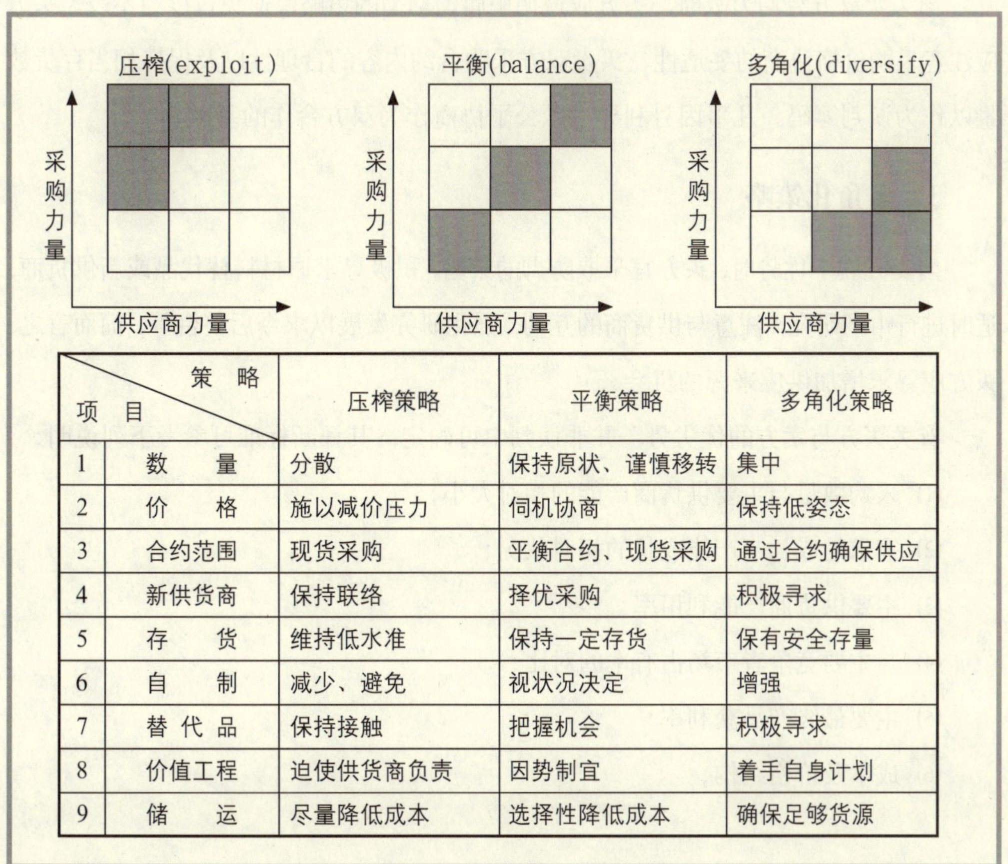

项目 \ 策略		压榨策略	平衡策略	多角化策略
1	数　量	分散	保持原状、谨慎移转	集中
2	价　格	施以减价压力	伺机协商	保持低姿态
3	合约范围	现货采购	平衡合约、现货采购	通过合约确保供应
4	新供货商	保持联络	择优采购	积极寻求
5	存　货	维持低水准	保持一定存货	保有安全存量
6	自　制	减少、避免	视状况决定	增强
7	替代品	保持接触	把握机会	积极寻求
8	价值工程	迫使供货商负责	因势制宜	着手自身计划
9	储　运	尽量降低成本	选择性降低成本	确保足够货源

由于买、卖双方力量抗衡的结果，产生下列三种采购策略，其重点说明如下：

1．压榨策略

当买方居于优势时，适宜采取比较主导的策略。因为供应风险不高，可以施予减价的压力，并维持较低的存货水准。当然，基于买卖双方长期合作与互相协力的关系，买方必须注意不要杀鸡取卵，以免危害长期的供货商关系，甚至激起卖方因无销售利润而采取对抗的行动。

2．平衡策略

当买卖双方势均力敌时，买方应遵循中庸、均衡的策略，避免过度与不及。买方应注意采购价格协商的妥适性、买卖双方采购合约内容的合理性以及保持相当存货数量以作为谈判筹码。凡事因势利导，以公平协商作为双方合作的基础。

3．多角化策略

当卖方居于优势时，买方宜采取防御的策略，积极寻求原材料替代品或新供货商，适时进行市场研究，注意与供货商的互动，强化研究发展以求今后整合等。简而言之，买方应寻求增加供应来源的机会。

有关买方与卖方的优劣势，并非谈判中可确定，其评断标准可参考下列说明：

⑴ 采购数量与主要供货商产能的相对大小；

⑵ 需求的成长与产能成长的相对状况；

⑶ 主要供货商产能利用率；

⑷ 与主要竞争者市场占有率的对比；

⑸ 主要最终产品获利率；

⑹ 成本及价格结构；

⑺ 缺货成本；

⑻ 自给能力或整合深度；

⑼ 采用新来源成本与自制成本的对比；

⑽ 供应运输状况。

（二）任务型采购策略

从目标及任务导向（也即采用任务型的采购策略方案）而言，通常可将采购策略分为数量策略、成本策略、品质策略、交期策略、厂商策略以及其他特殊策略等类型。

采购的基本目标在于维持正常的产销活动以及降低产销成本，其整个过程是寻求适合的品质、充分的数量、适时的交期、供应的厂商及合理的价格，因此，为了完成采购目标与任务，首先必须建立数量、价格、品质、交期及厂商策略的各项方案，评估其优劣性之后，再配合各种买卖双方的供需及同业情况加以选择及推行，其要项说明如下：

1．数量策略

以取得充分的采购数量为优先。

⑴ 现用现购、预备采购、投机采购；

⑵ 长期合约、短期合约；

⑶ 多家供应、独家供应。

2．成本策略

以寻求合理的价格或降低采购作业费用为首要事宜。

⑴ 国外采购、国内采购；

⑵ 联合采购、个别采购；

⑶ 统合采购、批次采购；

⑷ 直接采购、间接采购。

3．品质策略

以使用适合的品质最为重要。

⑴ 自制采购、外包采购；

⑵ 租赁采购、买断采购。

4．交期策略

以配合预定交期及时进货为首要目的。

5．厂商策略

以最佳配合度的厂商为首选。

6．特殊采购策略

⑴ 政策性采购

常由厂商为配合政府的外交目的而进行。

⑵ 对等／互惠采购

常在两国之间的贸易谈判时发生。

三、采购策略的运用

采购工作的执行必须确实能依循采购的策略方案,以完成目标及任务为首要工作。因此,首先必须认清所要完成的采购目标及任务,再慎选相应的策略,然后采取有效的行动。这样,采购工作的执行,才能结合整体的力量,产生协力效果。

一般而言,企业常采用的采购策略的运用方式如下:

1. 竞争及优劣势分析

分别从环境分析与企业自我评估来探讨拟订策略的必要性,通常在买卖双方势力对抗之下,可分为压榨、平衡及多角化三种策略,并据以规划将来的行动方案。

2. 目标及任务导向方析

采购策略的运用,可分为数量、成本、品质、交期、厂商、特殊等类型,这些策略的拟订与选择,通常都是采购部门在采购活动上经常需面临的决策事项。

3. 成本及供应来源分析

以中小型企业而言,各种物料、零件种类繁多,可研拟能产生较高附加价值或利润贡献、对成本降低有重大影响以及对供应来源具有稀少性、创新性、替代性的项目等采购策略。此策略性的采购项目,对完成维持正常产销活动及降低产销成本的基本目标,扮演着举足轻重的角色。

四、采购的未来发展趋势

（一）采购国际化与采购管理

在全球采购潮流下，采购作业国际化已成为企业采购管理重点之一，通常从事国际采购的人员需考量的作业因素如下：

- 报价的计价币值与汇率；
- 国贸条规；
- 进口关税；
- 付款条件；
- 运送时间、方式，运输费等；
- 行政联络及文书处理等管理费用；
- 商务出差费用；
- 交货前置时间长短；
- 额外的库存成本；
- 品质不良及交期不符等索赔方式；
- 样品处理时效；
- 其他：有关进口品采购及国际贸易相关规定等。

（二）供应链管理系统与采购管理

1．供应链管理的含义

供应链系统是指企业从原物料采购到生产的产品到顾客手中的一连串活动，如图表12－2所示，包括原物料采购、验收、物料搬运、储存、制造加工、销售配送、信息流及零售商。

图表12-2 供应链系统图

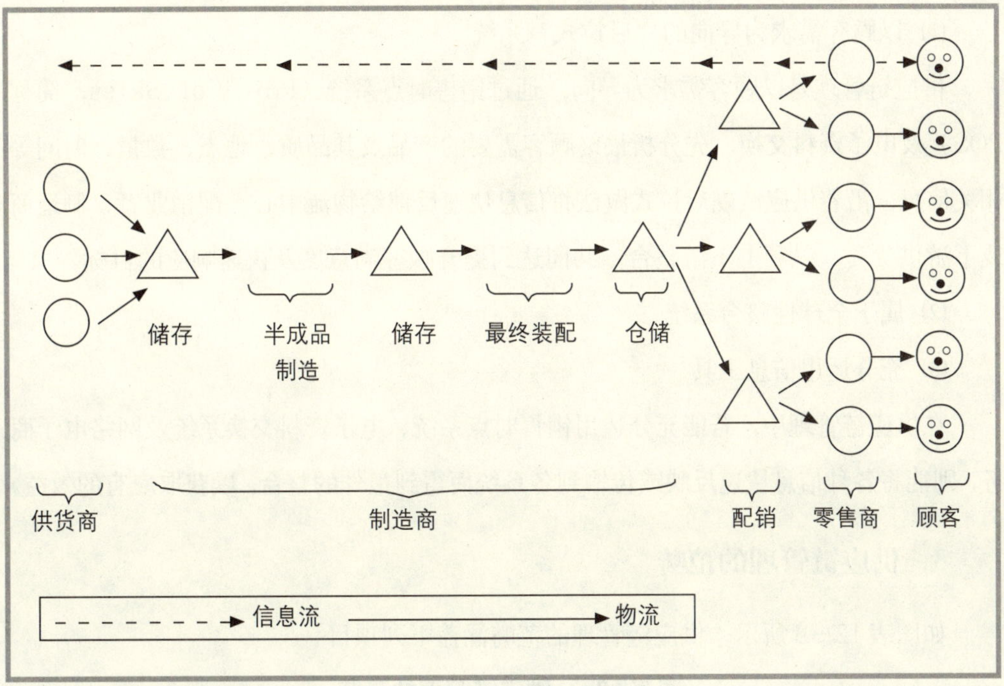

储存 半成品制造 储存 最终装配 仓储

供货商 制造商 配销 零售商 顾客

信息流 物流

在供应链系统中通常有两项移动：

⑴ 物的实体移动

从原物料的采购移至配送中心、顾客的手中，而到达供应链末端；

⑵ 信息流的移动

沿着供应链作反向移动。

供应链管理是指通过电子资料交换或电子商务的工具，将企业的物料采购、储存、制造加工、储运、配销、信息及财务等加以有效整合，以建立企业上游供货商及下游客户的策略联盟而形成伙伴关系，其目的在于创造上下游整合的附加价值、降低产销成本，以提升顾客服务水准及市场竞争优势。

采购作业是供应链管理系统的一部分，因此，如何发挥采购作业效率与采购管理效能，将影响供应链管理系统的绩效。

2．供应链管理的特色

⑴ 以顾客需求为导向的“后拉式”系统

供应链管理是以顾客需求为导向，通过销售时点系统（Point of Sales，简称POS）及电子资料交换，先分析最终顾客需要的产品及其品质、地点、数量、时间等相关信息，沿着供应链以后拉式做法将信息快速反馈给物流中心、配销业者、制造商或下游供货商，以利上下游整合，共同达到提升顾客满意度及快速响应的目标。

⑵ 属于全球性整合系统

⑶ 充分运用信息工具

在供应链管理中，若能充分运用销售时点系统、电子资料交换系统及网络电子商务，则能将各种信息快速反映或传输到各系统而得到最佳的整合，以获取应有的效益。

3．供应链管理的范畴

如图表12－3所示，供应链管理的范畴涵盖下列项目：

图表12-3 供应链管理的范畴

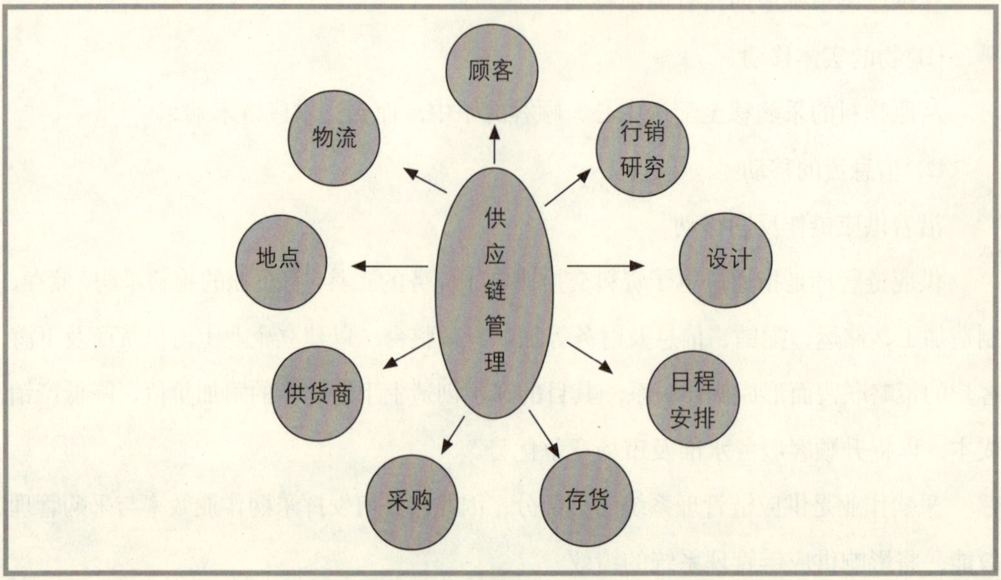

(1) 顾客

顾客是供应链管理首要的范畴，供应链管理的运营应设法在交期、品质、成本、数量、服务等各方面满足顾客需求。

(2) 行销研究

在交期、品质、成本、数量、服务等各方面，通过行销研究确认顾客的需求，再以供应链的运作来满足顾客需求。

(3) 设计

在整合顾客需求信息后，通过产品设计、生产及服务制程的设计，满足顾客的需求。

(4) 日程安排

日程安排涉及制造进度、生产数量与产品品质的控制，可以满足顾客对时间与品质的需求。

(5) 存货

存货水准的控制，一方面可以降低存货持有的成本，另一方面也可以防止缺货发生。

(6) 采购

采购使供货商与供应链整合在一起，通过采购功能，企业才能获得原物料，才能为顾客制造加工成品。

(7) 供货商

供货商是供应链最起始的开端，在供应链上极为重要。

(8) 地点

不论是供货商还是加工设施，地点会影响成本与时效，是供应链管理所考量的重要因素之一。

(9) 物流

物流决定物料、商品的最佳移动路线及物料搬运、成品运输的成本。

4．供应链管理的效益

供应链管理的核心价值在于企业信息流的快速反应，企业信息流快速反应下的供应链管理具有如下效益：

⑴ 缩短接单、采购、储存、制造加工、配销物料流程的时间；

⑵ 降低制造商原物料、在制品、成品及零售商商品的存量，以降低存货持有成本及仓储成本；

⑶ 全球化搜集原物料信息，降低原物料成本；

⑷ 通过信息的整合，缩短供应链快速反应的时间；

⑸ 以顾客及市场信息为主的快速反应系统，可提升服务水平，让顾客满意；

⑹ 只生产或配销顾客所需要的产品，以减少滞销品的库存；

⑺ 在快速反应的信息系统下，及早发现供应链瓶颈所在；

⑻ 提升企业对企业、企业对顾客及企业内部的信息处理能力；

⑼ 有效整合企业采购、物料、生产、销售、财务等业务能力，以提升企业竞争力。

（三）电子化采购系统与采购管理

完整的电子化采购操作系统应包括采购数据库、管理信息系统、采购应用系统、决策支持系统、网络处理系统及物料需求计划（MRP）系统、企业对企业操作系统（B2B）等。

1．采购数据库

标准化的采购信息对于采购作业管理是必要的，因为其他采购功能的进行必须具有与其一致的采购信息配合。因此，电子化采购系统的数据文件的内容项目应齐全而实用，较常用且重要的采购数据库说明如下：

⑴ 物料说明资料文件

主要是记录拟订购物料的规格及管制资料，而这些记录常是电子化物料构成表（BOM）的一部分，资料的要项说明如下：

① 库存数量及品名；

② 订购政策；

③ 购运时间；

④ 物品编号；

⑤ 成本、衡量单位；

⑥ 历史资料及预测；

⑦ 存货；

⑧ 用量；

⑨ 合格的供货商。

⑵ 供货商资料

① 名称及地址；

② 绩效资料；

③ 交易条件；

④ 主要产品种类；

⑤ 运送资料；

⑥ 采购记录；

⑦ 所有未交货的订单资料。

⑶ 未交货订单资料

该资料是所有采购管理系统的关键资料，在与其他系统的联结上，它提供了发起及评估采购活动的必要信息，此数据库的建立始于订单下达之时，并维持至收到物料、付款之前。

2．管理信息系统

该系统根据采购数据库系统的建构，收集管理上所要求的信息，以下为其所能提供的信息种类：

⑴ 采购历史资料

每月报告，但也有部分是收集每年的资料信息，可以显示出每一笔物料项目的所有订单、数量、供货商、单位价格、物料需求日期及物料收到日期的详细信息。

⑵ 物料价格变异分析

每月报告，此报告应汇整每一笔不同的单位价格与标准成本的订购单。

⑶ 物料信息

每季报告，这份情报显示了每一笔物料项目的实际金额，并可协助合约的签订及谈判。

⑷ 采购单分析

每半年报告，这份报告列出了所有超出标准采购成本的物料名单及其供货商名单。

⑸ 个别供货商的采购金额

每年报告，这份报告列出根据发票支付给供货商的款项，一种是用字母的先后顺序来排列记录，另一种则是以金额的大小由高而低来排列。

⑹ 零件的用途是否具有多样性

每年报告，指出在零件名单中哪些项目只具有装配上的单一用途，或只为单一顾客备用的订购量，这有助于减少采购过量的情况。

⑺ 供货商运送记录

每年报告，显示出供货商的运输绩效，该绩效以其未准时将货物送达的次数、百分比，再加上其提供给买主紧急订单的次数来评估。

⑻ 经济形势指针

每半年报告，衡量主要消费品价格与生产者物价指数的差异，即实际付出的价格除以公司设定标准的差异百分比。

⑼ 机械器具的购置

每季报告，指出有多少钱花在机具的购置上、价格增加的内容及如何通过有效的谈判来节省费用。

⑽ 采购资料文件

每周报告，由采购员按物料类别列出请购的数量、订单、催货单及报价单的资料。

⑾ 采购异动档

每月报告，由购买者指出处理中的文件数量，例如采购订单、请购单、催货单、信件及发票等。

⑿ 运送的准时性

每日报告，将前一天所有迟滞及准时运送的货物，以甘特图的形式展示在办公室墙壁上。

⒀ 合约的有效性

每月报告，说明了为何合约的有效性会受到限制，例如，某地区性规定必须用当地的供货商来提供较小额的订单等。

⒁ 零件别及供货商别的销货退回

每半年报告，汇整统计了特定供货商的退货率百分比、金额等记录。

⒂ 采购人员的综合性评比

每年报告，列出采购人员的评等。该等级由采购经理、同僚及供货商代表主观评估。

⒃ 预算、营业成本及节省趋势图表

每年报告，画出每年采购金额、部门作业费用及节省金额的趋势图表。

3．采购应用系统

采购应用系统是用来提升采购功能整合性的系统，此系统一般用于确认需求、发出采购订单、改变采购订单、追踪采购订单进度、催货以及供货商与商品记录的管理等。

4．决策支持系统

决策支持系统比采购应用系统更为先进，因为其可合并各应用系统的资源来协助经理人下决策，并具有易于使经理人与决策支持系统沟通的程序语言。典型的决策支持系统包括采购数据库及各种决策工具，例如仿真技术、线性规划工具等。

决策支持系统也允许经理人能向计算机询问类似“假如……”的问题，且可按不同特性及因素分析大量的资料，据以帮助决策的完成。

5．网络处理系统

在网络处理系统中，计算机主机与位于其他位置的小型计算机相互联结，小型计算机成为大型计算机的分支。此系统可以确保使用者对于资料的输入及文件的准备上有较多的控制，并可使计算机主机减轻工作负担及减少作业成本。

分支计算机完成作业功能的同时，计算机主机便可将规划的工作完成。

6．物料需求系统

如图表12－4所示，物料需求计划（Material Requirement Planning，简称MRP）的实施，对企业而言，是采购工作的起点，也即请购品项、数量、交期等需求是由MRP系统所产出的，再按请购需求进行采购作业。换句话说，采购活动源自物料需求系统。

图表 12-4 MRP 系统架构

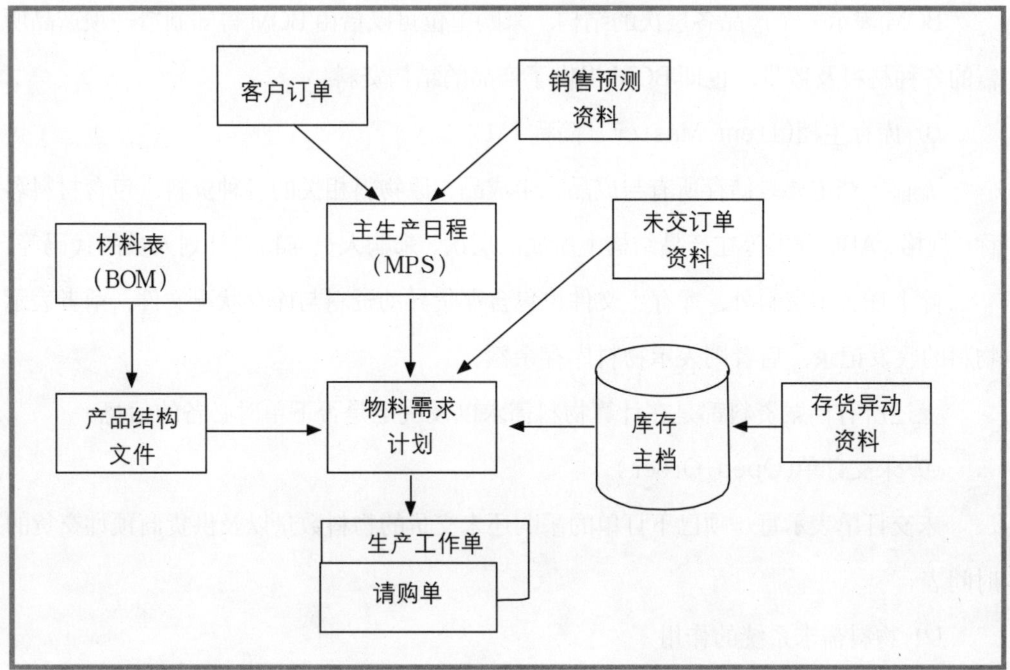

⑴ 物料需求系统的构成要素

如图表 12-4 所示，MRP 系统主要包含四个组成要件，其内容说明如下：

① 主生产日程(Master Production Schedule，简称 MPS)

MPS 主要决定下列项目：

● 生产何种产品

并以料号及型号来表示。

● 何时开始生产

以周别或月份来表示。

MPS的产生，主要是依据实际发生的订单数量及销售预测的预估数量来综合计算的，且在计算的过程中，必须同时精确计算原料库存、在制品库存、成品库存、设备产能利用率等各项数据。

② 材料用量清单(Bill of Material，简称BOM)

BOM表示一个产品各层次的结构，采购单位可以借由BOM得知制造一项产品所需的各种材料及数量，也即BOM提供了产品的结构资料。

③ 库存主档(Item Master，简称IM)

库存主档主要是储存所有与成品、半成品、原物料相关的各种资料，包含材料名称、规格、ABC分类等在产品结构上所属的层次、采购人员与物料计划人员的代码等。

除上述各项资料外，库存主文件也包含存货异动资料与库存状况文件，前者表示物料的收发记录，后者则表示物料库存余额。

上述所有档案资料都是在计算物料需求以及决定是否下单时必备的信息。

④ 未交订单(Open Order)

未交订单表示每一项已下订单的采购还未交货的物料数量以及供货商预计交货的时间表。

(2) 物料需求系统的作用

综合上述，MRP系统即是利用主生产日程表、物料构成表、未交订单及库存资料等，通过逻辑计算以发掘各种相互依存的原物料需求状况，再加上购备时间的考虑，可据以产生下列有用信息：

① 应订购的物料；

② 应跟催的物料；

③ 应取消的订单；

④ 应搁置的物料；

⑤ 主生产日程的可行性。

综上所述，优秀的电子化采购系统必须在上述各种系统紧密的结合下才能发挥其最大的效益，图表12－5为电子化采购作业流程图，其内容说明各系统间的相互关系与互动状况。

图表12-5 电子化采购作业流程

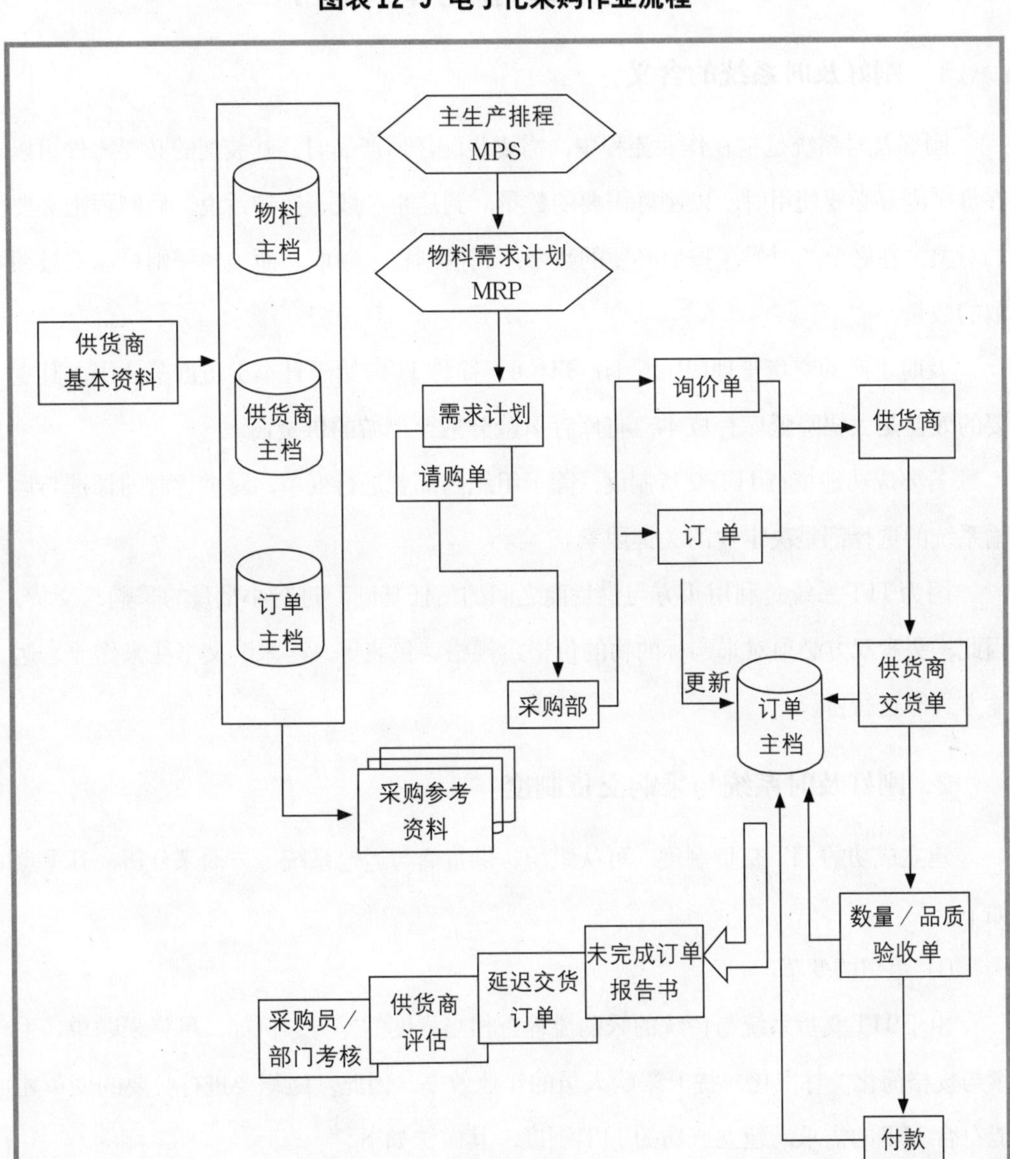

说明：电子化采购作业流程可简单地归纳为生产什么、生产多少、何时生产、买什么、买多少、何时需要。

（四）刚好及时系统与采购管理

1．刚好及时系统的含义

刚好及时系统是指在作业流程中，需要装配任何产品时，其装配的必要零件可以在每次刚好必要使用时，以刚好需要的数量，到达生产线。换句话说，后制程把必要的对象，在必要的时候，按照必要的数量，到前制程去领取，而前制程则只制造被领取的数量。

及时生产的交货管理(Just In Time，简称JIT)始于日本丰田汽车公司，其重要的效益是大幅降低库存成本，将库存风险分散至上游的供货商。

若要成功地推行JIT交货制度，除了组织内部要进行变革，对供货商的评选与运输系统的选择都是决定性的关键因素。

因为JIT系统是利用买方与供货商之间的信任基础，进行小批量的采购与交货，因此，买卖双方必须对采购标的物的价格、规格、包装等，与采购文书往来作业、运输方式等进行协议。

2．刚好及时系统与采购交货制度

建立成功的JIT交货制度，可从组织、供货商与运输系统等方面来分析，其重点如下：

(1) 组织的变革

由于JIT交货系统与传统的采购流程有相当程度的差异，例如，可将采购单、手续与规格简化、标准化，提升采购人员的作业效率，因此，组织要进行必要的变革才能符合JIT的需求，建立成功的JIT制度，其做法如下：

① 高阶主管要表示支持与决心，并实际为领导、训练员工建立JIT制度而努力；

② 企业必须按生产作业的规划决定采购时机、数量、人员与作业方式等，决定长期合作供货商的数目；

③ 将组织改变成较具弹性的结构，建立最有效率的验收流程与缩短在制品流程；

④ 重新审视品质标准与可容忍的品质误差；

⑤ 重新建立运输系统，精确实施所有的流程以及供应的排程。

⑵ 供货商关系

建立JIT制度时，最重要的工作就是强化供货商关系，将与供货商的关系转变为互相协力的合作关系。

由于JIT强调原料或货物到厂的时机与数量，原料只需在生产前送达，而且只需按当日的生产量运交适量的原料，过多或太少都不符合JIT的要求，因此，买方除了要精确计算生产排程、采购作业时间、运输时程外，还要能确实掌握供货商的生产计划。要达到此目标，买方与供货商必须建立密切的长期合作关系，使供货商能早期介入买方排程，将供货商视为企业延伸的外部单位。

⑶ 运输系统的评估

实施JIT的基础是买卖双方开诚布公的合作关系，双方必须在出货时间、运送、收货、验收等多方面达成协议。相对于运输系统的选择，买方较难对运输业者做有效的控制，因此，运输系统在JIT中所扮演的角色相当重要。

买方一定要选择甚至发展能够配合自身完成及时交货需求的运输系统，以精确计算安全存量与购运时间，并通过管理与控制使运输系统达到最稳定的状态（如图表12－6所示），JIT刚好及时系统的运输系统重点说明如下：

图表 12-6 符合 JIT 需求的运输系统

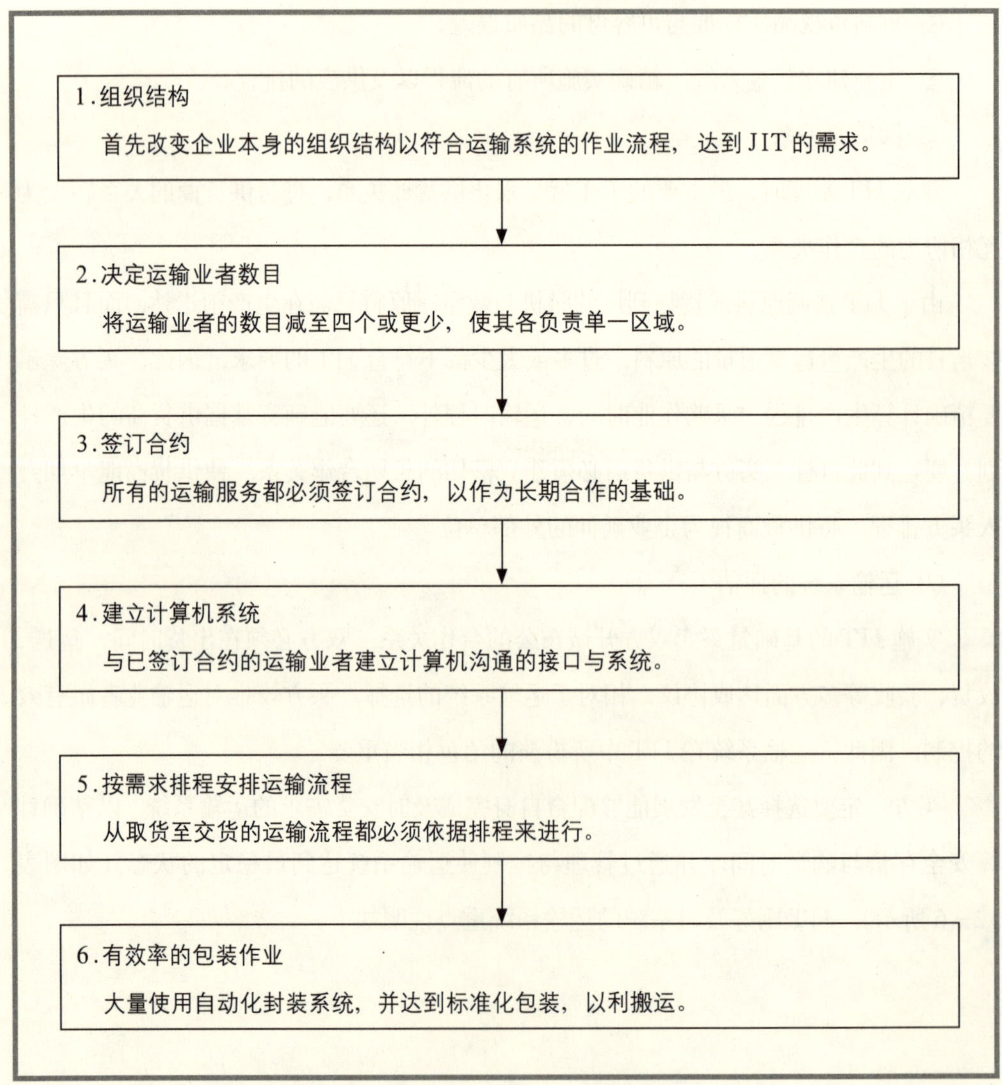

3. 刚好及时交货系统与传统采购活动

如图表 12－7 所示，刚好及时系统的 JIT 采购方式与传统采购活动方式的差异比较如下：

图表12-7 JIT与传统采购活动比较

项目		JIT采购	传统采购
1	采购批量	采购小批量，运输次数频繁	采购大批量，运输次数少
2	选择厂商	来源单一、邻近厂区、长期合约	多重来源、短期合约
3	评估厂商	强调产品品质、交货的时效与价格，但不接受不良品	强调产品品质、交货的时效与价格，但可接受2%不良品
4	进料检验	逐渐减少检验次数或免检入库	买方负责点收检验所有的进料
5	协议价格	通过长期的合约与公平的价格来得到优良的产品品质	通过长期的合约与公平的价格来得到优良的产品品质
6	运输方式	同时考虑厂内与厂外的运输和准时交货，交货的时程会事先通知供货商	关心厂外运输及运输成本，交货时间会先通知供货商
7	产品规格	购买者强调绩效规格甚于产品设计，鼓励供货商参与规格设计	购买者强调设计规格甚于产品绩效，供货商在设计规格上很少有自由度
8	书面作业	很少有正式书面作业，交期与品质水准可以用系统或传真电话通知变更	需要很多时间处理正式书面作业，变更交期与数量需要订购单通知
9	包装方式	配合产品各种规格来设计容器，使用小型标准容器放置固定数量的零件	未配合产品规格来设计包装，使用一般正规容器放置各种形式的零件

（五）企业对企业操作系统(B2B)与采购管理

B2B (Business To Business) 是企业与企业之间通过互联网进行产品、服务及信息的交换。传统的企业间的交易往往要耗费企业的大量资源和时间，无论是销售和分销还是采购都要占用产品成本。通过B2B的交易方式，买卖双方能够在网络上完成整个业务流程，从建立最初印象，到货比三家，再到讨价还价、签单和交货，最后到客户服务，B2B使企业之间的交易减少许多事务性的工作流程和管理费用，降低了企业经营成本。网络的便利及延伸性使企业扩大了活动范围，企业发展跨地区跨国界更方便，成本更低廉。

运用B2B的电子化企业对企业操作系统，推动中心卫星体系的建立，促使买卖双方通过信息系统快速掌握采购、交货及存货信息，以作为采购管理搭配系统，以提升采购作业效率以及采购管理效能。

福友企业管理顾问有限公司
服务项目简介

公司简介

★ *Since 1994*

★*辅导、培训各类型企业逾2 500家，人数逾50 000人次。*

福友企业管理顾问有限公司，由台湾知名企管专家林荣瑞先生于1994年创办成立。公司以“提升人的品质”为宗旨，以“和谐、精进”为企业精神，以“追求卓越，创造一流”为经营理念，并向顾客承诺:创造一流的效果。

公司提供的服务主要针对企业内部管理的建立及提升与改善。服务项目包括企业管理诊断、制度规划设计、合理化的导入、员工教育训练（企管研习会、企业内训）、经营管理咨询、顾问辅导，以及企业管理书系、精美海报标语等的企划、发行。

在众多企业界朋友的关心与支持下，公司已在全国各大省市成功地辅导及训练台资、港资、欧美、国有及私营企业逾2 500家50 000人次以上，行业涵盖了电子、机械、化工、医学、房地产、旅游等，其中包括多家新兴的高新技术企业，业绩斐然。

伴随着国内企业的成长，福友团队也在适时不断地对自己提出更高要求的挑战:

◆ **制造业管理经典用书尽在福友!**

《福友现代实用企业管理书系》务实可操作性的风格已成为全中国制造业经典用书!

◆ **制造业管理经典课程尽在福友!**

最早接受福友培训的企业人，现已成长成为企业的中高层管理中坚干部;最早接受福友指导的企业业已更加发展壮大，福友承诺:成功路上与您同行!

◆ **专业团队日益发展壮大!**

福友在企管业界的良好口碑，吸引着愈来愈多的两岸知名企管专家前来助阵。随着专业团队的日益发展壮大，福友能够更好地为广大企业提供更多直接有效的服务!

我们是专家不是学者，本着务实的作风扮演“企业成功路上良师益友”角色，志在为国内的企业管理水平之提升贡献一份心力。

福友承诺:

好东西与好朋友分享，矢志成为您管理路上的好帮手!

厦门公司	电话:0592-2395581(总机)	传真:0592-2396530 2395580	http://www.foryou.tw.cn	E-mail:xm@foryou.tw.cn
泉州公司	电话:0595-22160010(总机)	传真:0595-22160012	http://www.foryou.tw.cn	E-mail:qz@foryou.tw.cn
苏州公司	电话:0512-68294860(总机)	传真:0512-68294859	http://www.foryou.tw.cn	E-mail:sz@foryou.tw.cn
宁波公司	电话:0574-87856585(总机)	传真:0574-87856586	http://www.foryou.tw.cn	E-mail:nb@foryou.tw.cn
青岛公司	电话:0532-85021619(总机)	传真:0532-85021719	http://www.foryou.tw.cn	E-mail:qd@foryou.tw.cn
深圳公司	电话:0755-86110016(总机)	传真:0755-86110015	http://www.foryou.tw.cn	E-mail:gd@foryou.tw.cn

福友企管 VIP

■选择福友 VIP 的理由

1．口碑最好：造福朋友是福友的一贯宗旨
2．足迹最广泛：福友足迹遍布国内 30 多个省市，书籍更是远销东南亚、美国、台湾
3．经营最稳健：福友从 1994 年成立至今已逾十六余年历史
4．课程最多：每年在全国举办各类生产经营管理培训课程
5．阵容最强大：近 20 位专职两岸专家汇集福友
6．内容最实用："简单、直接、有效"是福友公司的一贯承诺
7．服务项目最多：制造业经典用书、经典课程、训练营、系列内训、专案诊断、辅导享誉国内
8．收费最公道：保证物超所值

■ VIP 超值优惠表

项次	项目	VIP 客户类别					备注
		福卡贵宾	A 卡贵宾	B 卡贵宾	C 卡贵宾	D 卡贵宾	
		80000 元	42000 元	35000 元	28000 元	15000 元	
		有效期 24 个月					
1	参加福友公开课程	5.0 折	5.5 折	6.0 折	6.5 折	6.8 折	此三项消费费用依不同卡别折扣后从会员费中扣除即可
2	购买福友企管书系 / 标语						
3	参加福友各阶训练营(限学费)	6.5 折	7.5 折	8.0 折	8.5 折	9.0 折	
4	企业内训	9 折					此消费可从福卡中扣，其它卡另外付
5	企业辅导、企业诊断、常年顾问	9.5 折					此项消费费用另外给付
6 免费赠送项目	赠送福友企管书系（等额书籍可任选）	1000	500	500	300	300	完全免费
	赠送训练营名额 1 人次(各阶训练营可任选)(限学费)	√	不享受	不享受	不享受	不享受	
	高级顾问师免费到企业诊断一天，诊断完毕后将提供书面诊断报告给企业(价值 6000 元以上)	√	√	不享受	不享受	不享受	
	免费参加福友举办年度总经理论坛(各区举办)	√	√	√	√	√	
	赠送《福友顾问》期刊	√	√	√	√	√	
	训练营训后咨询及改善交流会	√	√	√	√	√	

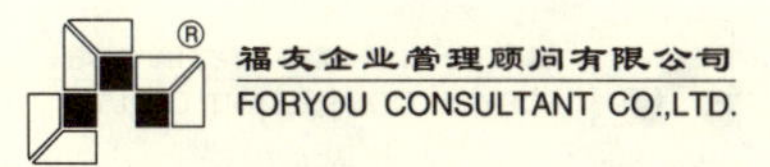

企管研习会

■ 定点定期：

※深圳、广州、厦门、泉州、福州、杭州、宁波、台州、温州、苏州、无锡、昆山、常州、青岛、烟台等城市（其他的城市视需求开办）

※每月举办次数不低于10场

■ 名师汇聚：

※两岸众多知名的企管专业讲师

■ 讲座课题：

项目	序号	课程	名称
经营管理	01	企业策略规划的展开与整合	12H
	02	中层主管技能与执行力提升训练	12H
	03	企业运作与管理整合	12H
	04	中国式管理	12H
	05	中层主管管理提升训练	12H
	06	一个领导者的角色认知与管理思维	12H
人力资源管理	01	如何选人、用人、育人、留人	12H
	02	选才与面谈技巧	12H
	03	人力资源主管精修班	12H
	04	卓越的团队管理技巧	12H
	05	企业内部讲师培训(TTT)	12H
	06	薪酬设计与绩效考核	12H
	07	目标管理与绩效考核	12H
	08	非人力资源部门的人力资源管理	12H
生产管理	01	现场管理实务	12H
	02	如何成为出色的生产主管	12H
	03	生产计划与交期管理	12H
	04	5S精益现场管理	12H
	05	生产绩效管理	12H
	06	杰出班组长训练	12H
	07	如何降低生产成本	12H
	08	现场一线主管技能训练	12H
	09	标准工时制定与工作改善	12H
	10	JIT精益生产管理实务	12H
	11	科学三大工具－IE手法提升效率	12H
	12	TPM全面设备管理	12H
	13	如何从技术走向管理之路	12H

项目	序号	课程	名称
品质管理	01	如何做好现场品质管理	12H
	02	QC手法运用	12H
	03	统计制程管制SPC教育训练	12H
	04	TQM全面品质管理	12H
	05	数据与图表的建立与应用	12H
	06	FMEA失效模式与效果分析	12H
	07	QCC品管圈推动实务	12H
	08	TS16949训练	12H
采购与物料管理	01	采购管理实务	12H
	02	采购成本分析与降低策略	12H
	03	采购与供应商的双赢策略	12H
	04	高效的制造业物料与仓储管理	12H
	05	供应商的评估与采购管理	12H
销售管理	01	如何成为杰出业务主管	12H
	02	门市、卖场销售技巧	12H
	03	市场开发与销售技巧	12H
	04	有效的客户关系管理	12H
	05	客诉的应对与有效处理	12H
	06	销售通路、经销商管理	12H
	07	开发潜在客户的技巧	12H
	08	销售战术激发与活用	12H
	09	业务谈判策略与说服顾客之技巧	12H
财务管理	01	经营计划与预算管理	12H
	02	内部稽核与内部控制	12H
其他	01	商务礼仪	12H
	02	高效沟通与团队共赢	12H
	03	如何发现、分析、解决问题	12H
	04	时间管理	12H
	05	研发管理研习会	12H

※　每期课程简章备索

企业内训

☺ 为什么沟通不良？

因为没有培训，缺乏共识。

☺ 为什么绩效不彰？

因为没有培训，方法不好。

一将难求，所有企业都同意“找人才比找客户还要难”，成功的企业也同意“找人才不如自己**造人才**”。尊敬的总经理，请把培养人才的任务交给 **“福友”**，让我们帮您出色完成。

项目	序号	课程名称	课时	项目	序号	课程名称	课时
领导统御	01	卓越的团队领导技巧	7H	生产管理	01	生产计划与交期管理	14H
	02	中层主管技能与执行力提升训练	14H		02	问题意识与工作改善	14H
	03	中基层管理干部管理技能强化训练	14H		03	如何做好生产绩效管理	14H
	04	一个领导者的角色认知与管理思维	7-14H		04	现场管理实务	14H
	05	从技术走向管理之路	7-14H		05	生产问题分析与对策	14H
	06	杰出班组长特训	14H		06	现场一线主管技能训练	14H
	07	MTP 管理训练课程	14-42H		07	如何成为出色的生产主管	14H
	08	TWI 基层干部管理训练	14-42H		08	如何降低生产成本	14H
	09	如何做一名成功主管	14H		09	降低成本与工作改善	14H
	10	沟通技巧与激励技术	14H		10	如何运用 IE 手法提高效率	7-14H
	11	项目管理基础与实践	14H		11	标准工时制定与工作改善	7-14H
	12	时间管理	14H		12	精益生产(JIT)	14H
	13	沟通技巧与团队建设	14H		13	NPS 革新生产方式训练	14H
	14	问题分析与解决技巧	14H		14	TPM（全面设备保全管理）	14H
人力资源管理	01	如何选人、用人、育人、留人	14H		15	价值工程分析(VA/VE)	14H
	02	如何制定薪资与考核制度	14H	物料管理	01	物料管理的问题与对策	14H
	03	选才与面谈技巧	14H		02	物料控制与仓储管理	14H
	04	如何进行绩效考核评估	14H		03	有效的供应商管理	14H
	05	平衡计分卡与绩效展开	14H		04	物料与采购管理作业电脑化(MRP)	14H
	06	目标管理与绩效考核	14H		05	MRP 导向的物料管理实务	14H
	07	企业内部讲师培训	14H		06	采购管理实务	14H
	08	直接主管的人力资源管理	14H		07	采购谈判技巧	14H
行销财务	01	销售主管精修班	14H		08	采购管理与供应商评估	7-14H
	02	销售通路、经销商管理	14H	品质管理	01	如何推行 5S 活动	7H
	03	市场开发与销售技巧	14H		02	数据与图表的建立与运用	7H
	04	有效的客户关系管理	14H		03	如何做好现场品质管理	14H
	05	客户投诉的有效处理			04	现场主管如何做好制程质量管理	14H
	06	业务谈判策略与说服顾客之技巧	14H		05	如何运用 QC 手法提升品质	7H
	07	经营计划与预算管理	14H		06	如何推行 QCC 活动	14H
	08	成本管理与预算控制	14H		07	SPC 统计制程管制	14-42H
	09	内部稽核与内部控制	14H		08	FMEA 失效模式与效应分析	14H
	10	非财务主管的财务管理	14H		09	全面品质管理(TQM)	14H
其他	01	职场礼仪	7-14H		10	研发品质管理	7-14H
	02	福友企管中阶主管系统班课程	132H		11	6 个标准差(6 σ)	14H

企业辅导

1.足迹遍布

成功辅导过的企业东北至哈尔滨，西北至乌鲁木齐，足迹遍布中国大陆。

2.团队专精

- 所有企业辅导顾问师均为福友专职顾问师，均具有生产型企业十至三十年的中高阶实务管理经验；
- 经过福友逾十二年的优化过程，福友的顾问老师已大部分是各专业领域一流的专家；
- 最强大的辅导团队，采用团队专案小组辅导，为企业提供最佳解决方案。

■ 辅导项目：

① 经营管理系统

- 组织绩效诊断与提升：8个月
- 企业经营管理分析与整合：8个月
- 业务流程改进(BPI)：8个月
- 目标管理(MBO)：6个月
- SCM供应链管理系统：8个月
- 市场营销系统规划与训练：4个月

② 组织人事系统

- 组织规划设计：4个月
- 薪资与绩效考核体系：4个月
- 企业教育训练规划：3个月
- 组织人事系统：6个月

③ 生产管理系统

- 5S活动专案：4个月
- 生产管理系统：6个月
- IE工作改善：6个月
- TPM(全面设备保全管理)：4个月
- 生产绩效管理：6个月
- (丰田生产方式)TPS：6~12个月
- 精益生产方式(JIT)：6~12个月

④ 物料管理系统

- 仓储管理系统：4个月
- 物料管理系统：6个月
- 供应商管理系统：4个月
- 物料需求规划MRP导入：6个月

⑤ 品质管理系统

- 品质检验制度设计与运用：4个月
- QC手法运用：4个月
- FMEA失效模式与效应分析：6个月
- SPC统计技术运用：6个月
- 如何推行QCC活动：4个月
- 品质管理系统：8个月

⑥ 研发管理系统

- 研发管理系统(研发管理工具运用)：6个月

■ 企业辅导流程：

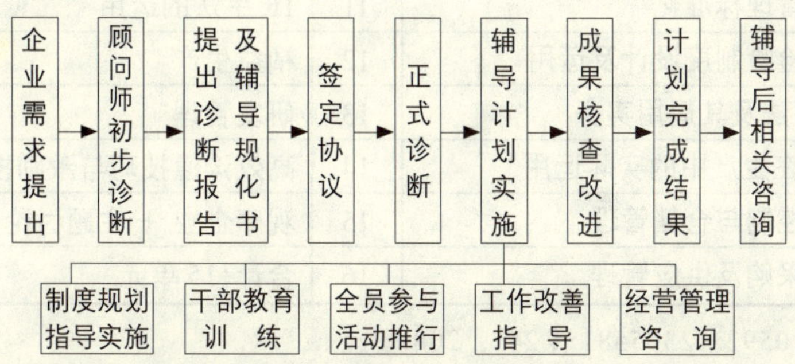

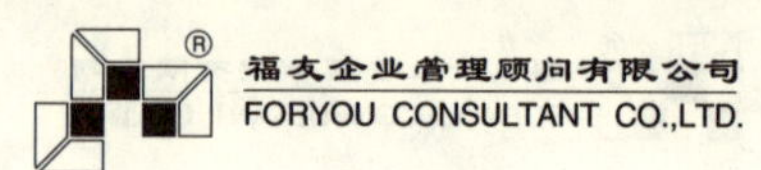

中阶主管系统训练营

■ 制造业中阶主管系统管理训练营（虎啸营）

21世纪，“中国制造”无疑将影响整个世界！

21世纪，中国制造业必将面临惨烈的竞争，优存劣汰！

21世纪，中国制造业最缺的是什么？优秀的中阶主管！

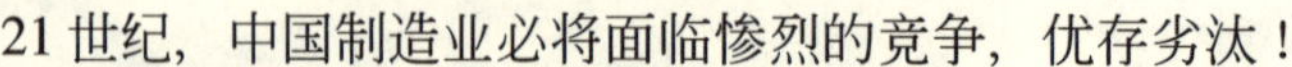

缺工日益严重，成本节节升高，这是每家企业必须面临的考验。企业生存与发展之道，唯有提升管理，应用科学管理工具来降低成本、提升品级，确保企业的健康发展。

中阶主管（厂长、经理）在企业中扮演著承上启下的角色，中阶主管的管理素质标志著企业执行力的高低。

尊敬的总经理，“找人才不如自己造人才”，请把培养企业大将的任务交给“福友”，让我们帮您出色的完成，为企业打天下！

■ 课程单元

单元	课　程	单元	课　程
1	中层主管的人力资源管理	9	5S与目视化管理
2	目标管理	10	生产计划与交期管理
3	日常管理标准化	11	IE手法的运用
4	工厂检验制度设计及运用	12	精益生产
5	QC手法及其运用实务	13	研发管理
6	SPC在生产中的实际运用	14	高效沟通技巧与激励技术
7	物料控制与仓储管理	15	观摩企业 + 主题讨论
8	高效采购及供应管理	16	合计:15单元

※ **服务电话:0592－2395581转241、208**

■ 制造业基层主管系统管理训练营（小虎营）

中国制造业面临日益严重的缺工缺干，相当多的企业困境已现，企业要脱困，势必要**“下定决心”**进行管理变革！

商机要争取时间，管理变革当然也要走在竞争者前面，路途远，时间长，很忙……只要您**“下定决心”**，福友可以早一点帮您脱离困境。

本训练的使命：

- ◆ 为中小型企业强化现任厂长、经理人才
- ◆ 为中大型企业储备准备晋升厂长、经理人才

■ 课程单元

单元	课　程	课 时
1	管理的基础	3.5H
2	管理者的角色认知	3.5H
3	如何对部属进行工作教导	7H
4	如何推行5S	7H
5	生产管理的问题与对策	7H
6	现场品质管理的问题与对策	7H
7	沟通技巧与激励技术	7H

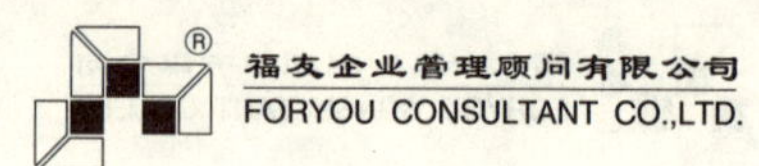

IE专修班

■ 全面打造卓越的IE工程师

工业工程(Industrial Engineer)简称IE，是专门为**提高生产效率和经济效益**，把技术与管理有机结合起来的学科。工业工程（IE）在工业发达国家、地区（如美国、德国、日本、台湾等）已有几十年的历史，并得到普遍的应用。是制造业公认**省人化、省时化、最有效**的科学管理工具。

当前大陆劳动力**日益短缺，劳动成本节节攀升**，急需将以往**“人海战术”**的**赶量**文化，转型为**精简**劳动力的**效率**文化，IE工业工程的导入及IE人才的培养，对国内的企业来说管理的转型、升级，无疑是最为迫切的事。

福友企管秉持企业的宗旨—造福朋友，除了已发行两本IE的专著(《IE的运用》、《标准工时制定与工作改善》)，为了协助解决国内企业IE人才的稀缺，筹备近两年的《IE专修班》，于2008年7月正式开办，全程6日，**目的就是为国内的企业打造优秀的IE专业人才，并为建立IE部门打下基础**。

■ 课程内容

单元	课　程	课 时
1	IE概论与标准工时制定	7H
2	标准工时制定	7H
3	IE－7大手法（上）	7H
4	IE－7大手法（下）	7H
5	PAC 生产绩效分析管理	7H
6	企业观摩与诊断	7H

※ **服务电话**:0592-2395581

福友现代实用企管书系

㊽生产效率的改善实务

陈进华　著

定价：¥52元

“工欲善其事，必先利其器”。本书以“效率”为中心，并以实际案例来阐述各种效率提升技法的操作步骤，帮助现场管理人员和制造工程师系统掌握现场效率分析与改善工具，全面提升生产效率！

第一篇　企业获利方式剖析
第二篇　生产效率计算方法及影响因素分析
第三篇　生产效率改善基础
第四篇　标准工时制定
第五篇　如何通过Layout提高生产效率
第六篇　如何通过生产线平衡提高生产效率
第七篇　如何通过人机配合改善提高生产效率
第八篇　如何通过动作改善提高生产效率
第九篇　如何通过设备管理提高生产效率
第十篇　如何通过切换改善提高生产效率
第十一篇　如何实现持续改善

㊼班组现场精细化管理

祖林　陈汉波　著

定价：¥52元

本书结合国内制造业现场改善面临的问题及需求，全面梳理并剖析了精益现场改善的方法、工具及技巧，为班组管理人员提供了许多“拿来即用”的改善方法、工具和技巧，操作性强。

第一篇　精益现场管理概论
第二篇　现场5S改善
第三篇　现场环境改善
第四篇　现场质量改善
第五篇　生产效率改善
第六篇　现场安全改善
第七篇　降低成本改善

㊻不会说话别当头

祖林　著

定价：¥45元

会说话，一靠技巧，二靠个人魅力，两者都是可以通过训练获得的。本书具体地讲述了提高说话水平、改善沟通能力的具体方法和实用技巧，带领大家学习“会对话”的方式，领略“会说话”的无价效益。

第一篇　要当头，先会听
第二篇　会说话，好当头
第三篇　“煽”动下属
第四篇　“说”动同级
第五篇　“请”动上级

㊺班组管理：从优秀到卓越

祖林　怀海涛　编著

定价：¥55元

本书由基础管理和管理技巧两大部分组成，系统阐述了班组管理的体系全貌和业务推进要点，提出了班组长应该具备的能力、素质以及班组管理中应该掌握的管理技能。

第一篇　班组长的职责定位
第二篇　班组一日管理
第三篇　高效率的班前会与员工教育
第四篇　班组人员管理
第五篇　班组业绩管理
第六篇　卓越班组建设
第七篇　有效的班组沟通
第八篇　班组人际关系
第九篇　职业化工作方法
第十篇　教导下属与有效激励

㊵高效的生产绩效管理

王文信（台湾） 编著

定价：¥60 元

在多批小量、短交期、高成本的竞争压力下，如何充分地运用资源，实现生产系统的量佳整体效益是企业当前最关键的课题。本书以企业如何进行生产绩效管理为主线，介绍生产绩效管理的概念、流程，剖析制造业提高生产绩效的实务方法，帮助读者全面掌握生产绩效管理的理念和实施工具。

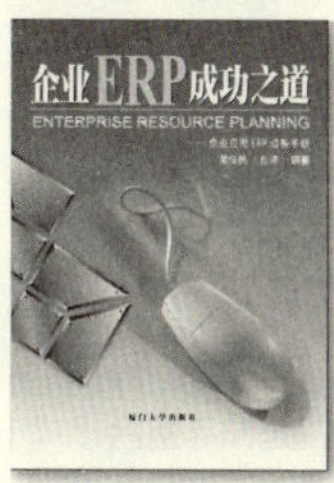

㊴企业ERP成功之道

简泽民（台湾） 编著

定价：¥58 元

历经数轮管理革新浪潮的冲刷，ERP已经成为企业的商业管理利器。本书是简泽民先生十几年来经验的总结，从管理者的角度，依对ERP系统的管理认知，以精简的理论与实务案例让企业对ERP形成一个正确的认识，提升自身的市场竞争力。

㊳员工应有的观念与态度

梁靓 编著

定价：¥45 元

在这个充满竞争的社会，怎样成为老板需要的员工呢？全书不仅从管理者的角度，同时也站在员工的立场，结合发生在员工身边的案例，逐层分析，提供合理化建议，一定能让你摆脱消极怠慢的工作态度，成为老板需要的员工。

㊲新产品研发与销售

黄宪仁（台湾） 编著

定价：¥48 元

对企业来说，新产品上市既代表着新的利润增长点，也存在着一定的风险。如何利用好这把双刃剑呢？本书从管理者的角度，对每个环节中所涉及到的问题进行了全面而详细的阐述，并提出相应的对策。全书条理清晰，深入浅出，定能帮助企业做好新产品研发与销售的工作，提升新产品的竞争能力。

㊱QC手法运用实务

周冰 编著

定价：¥40 元

QC七大手法是制造型企业应用最广泛的利器。本书周冰先生十余年的经验及对品管工作的体悟。全书以案例诠释的方式讲解QC七大手法的基本概念、运用时机及QC手法的综合运用

QCC活动等，逻辑清晰、语言通俗、案例丰富且贴合企业，为一本不可多得的QC七大手法实用书籍。

㉟采购与供应管理

王忠宗（台湾） 编著

王忠宗教授是亚洲采购界公认的权威专家。本书即是凝练王教授多年来采购实战经验的心血之作。

全书用理论为架构，以实务案例为主体，全方位介绍如何将采购理论转化成有用的采购技能，使采购人员在整个采购流程中能以最有效率的方式完成任务，定能提升采购人员的专业知识水平和工作执行能力！

定价：￥68元

第一篇 采购的定义及方式
第二篇 采购手册的编制
第三篇 采购手册的适用范围
第四篇 采购政策
第五篇 采购制度
第六篇 采购授权
第七篇 作业流程
第八篇 采购表单
第九篇 采购部门的归属
……
第二十六篇 供应商管理
第二十七篇 采购与各部门的协调
第二十八篇 采购稽核

㉞5S推行问题与对策

曾跃频 编著

5S容易做，却不易彻底或持久。本书即针对企业的这些“疑难杂症”，对症下药，从行动的5S、标准化的5S、预防的5S三个阶段层层深入，教导企业如何让5S实现由“形式化→行事化→习惯化”的转变，还详细阐述了在转变过程中可能存在的问题和解决对策。

定价：￥60元

第一篇 行动的5S
——让企业面貌焕然一新
第二篇 标准化的5S
——塑造企业整体的职业素养
第三篇 预防的5S
——赋予企业旺盛的生命力
第四篇 5S管理的延伸与整合

㉝企业经营分析手册

简泽民（台湾） 编著

“经营分析”对于企业来说，是一项必要的分析资料与正确的管理工具。企业要想降低成本、提高利润，就需要不时地对全盘经营管理绩效加以分析，发觉异常寻求改善，以使各项管理步人正轨。

本书融汇作者在大陆辅导的经验，贴近实际，尤其适用于纺织及服装加工企业，可作为大陆企业经营分析改善的实用工具书。

定价：￥100元

第一篇 经营分析概述
第二篇 经营分析的基础
第三篇 利润分析
第四篇 成本分析与改善
第五篇 财务分析
第六篇 投资规划分析
第七篇 经营管理评核分析
附录A 经营分析改善实例
附录B 日常经营绩效检讨报告实例

㉜采购管理

王文信（台湾） 编著

采购在企业活动中一直扮演着重要角色，如何运用管理的手段与技巧提升采购作业的效率与效果，降低企业成本、保持甚至提升竞争力，是企业重要课题之一。

本书结合众多大陆企业采购管理实例，介绍采购组织与采购制度的建立，采购计划、谈判与数量、价格管理的关系以及供应厂商的开发与管理等。为企业顺利完成采购工作助力，为培养出色采购人员加分！

定价：￥58元

第一篇 采购管理的概述
第二篇 采购组织的建立与管理
第三篇 采购制度的规划
第四篇 采购作业与管理方法
第五篇 采购计划与数量管理
第六篇 采购规范与品质管理
第七篇 供应厂商开发与管理
第八篇 采购谈判与价格管理
第九篇 采购跟催与交期管理
第十篇 采购绩效分析与改善
第十一篇 采购管理案例分析
第十二篇 采购策略与未来趋势

㉛QCC品管圈实务

钟朝嵩（台湾） 编著

QCC品管圈活动是企业员工自主自发改善工作现场的活动，是提高“人的工作价值”最有效的方法。其导人台湾已有30余年，逐步走向成熟，已成为公认的提升现场品质和效率的有效活动。本书从品管圈活动的导人和运行人手，阐述实用的统计方法，结合成功推行实例，让企业轻松学会推行品管圈活动的方法，利用有限的资源，获取最大的收益！

定价：￥40元

第一篇 品管圈活动的发展
第二篇 品管圈活动的概念
第三篇 品管圈活动的导人及运行
第四篇 品管圈活动的实施
第五篇 品管圈的基本统计方法
第六篇 历届国际品管圈成果发表会获奖案例分析与点评
第七篇 品管圈活动推行实例
附 录 质量管理小组活动管理办法

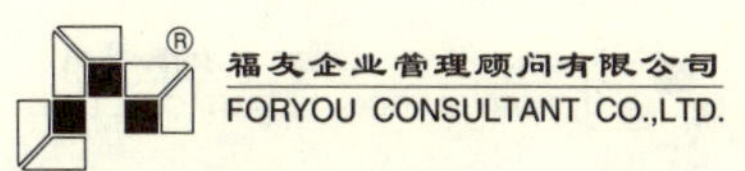

㉚有效的选才与面谈技巧

郑瀛川（台湾） 编著

定价：¥45 元

近年来，不论企业经营环境如何变化，"选才"依然是人力资源最重要的任务。这本书便是台湾绩效管理专家郑瀛川博士为人力资源工作者及人事主管而写。

本书深入浅出，将甄选的基础、甄选工具、面谈技巧全面展开，并深入探讨"甄选面谈"的成败关键及长期以来困扰人事主管的问题。帮助企业做好人才甄选的工作，大大提升组织的竞争力。

第一篇 甄选的基本概念
第二篇 甄选的基础工程
第三篇 如何使用甄选工具
第四篇 面谈技巧
第五篇 甄选决策与发展
第六篇 附录

㉙IE 的运用

福友 IE 研究会 编著

定价：¥58 元

IE 是使生产力向上的工学。IE 技法还同时具备了标准化及合理化的功能，推动得好，可降低成本、提高效率、缩短交期。本书简介了古今中外IE理论精华，读者可以循序渐进地学习并掌握好IE技法的相关理论与实务，从而最终在实际工作中获得受益。

第一篇 认识 IE
第二篇 IE 的原点"标准工时"
第三篇 工件样品(WS)的运用
第四篇 工程分析的运用
第五篇 工厂布置(PL)的要领
第六篇 物料搬运(MH)的方法
第七篇 作业研究(OR)的运用
第八篇 成本计算
第九篇 提案改善活动
第十篇 运用价值工程(VA/VE)降低成本
第十一篇 驱动管理的两轮子 QC 与 IE 手法
第十二篇 IE 的未来

㉘中小企业经营之道

傅和彦（台湾） 编著

定价：¥40 元

在外有大企业压制，内有管理问题牵制的经营环境中，中小企业如何突破现状，大幅提升利润？中小企业如何稳定经营，成功迈向大企业？本书作者集 3 0 余年工商企业管理经验编写此书，站在中小企业的立场，阐述如何强化人事、财务和管理制度，加强营销活动，使企业永续经营。每一篇所附"重要提示"，更能让您快速、有效地阅读和学习，帮助中小企业不断迈向繁荣！

第一篇 中小企业的本质
第二篇 竞争激烈的企业外部环境
第三篇 危机四伏的内在经营困境
第四篇 知人用人的事管理
第五篇 管理制度的建立与实施
第六篇 增强财务会计与资金调度
第七篇 加强营销活动
第八篇 提高生产活动的效率
第九篇 中小企业迈向大企业的途径
第十篇 有效利用经营管理顾问
第十一篇 中小企业管理研究报告
第十二篇 两岸中小企业未来探讨文粹
附 录中华人民共和国中小企业促进法

㉗TQM 全面品质管理

钟朝嵩（台湾） 编著

定价：¥36 元

"品质，企业未来的决战场"，品质不只是来自检验，不只是来自制造，也不只是来自设计，而是来自全员品质文化的保证。TQM 强调全员协力合作，不只要做好制品的品质，并且对全公司有关工作的品质、工程、业务、服务的品质都要有效地加以管理。

本书从"TQM 本质"、"TQM 的部门别管理"、"TQM 运营"及"TQM 的实施要点"等方面逐层深入，以可操作性的图表和翔实的事例，让读者轻松掌握实施 TQM 的方法，帮助企业早日突破困境、提高经营绩效。

第 一 篇 TQM 的概念
第 二 篇 TQM 的本质
第 三 篇 TQM 的部门别管理
第 四 篇 TQM 运营
第 五 篇 TQM 实施要点
第 六 篇 TQM 专论
第 七 篇 附录

㉖仓储管理

王文信（台湾） 编著

定价：¥55 元

本书是王文信先生继《生产计划管理实务》之后的又一力作，继承了其一贯重在实务性，可操作性的风格：以大量的案例、图表介绍仓储管理的库房规划、进料验收、领发料、存货、盘点、呆废料管理等全部内容，预测了仓储管理的未来发展趋势，易懂易学易操作；更难得是以专篇案例介绍仓储管理绩效管理、制度规划与设计，令仓储管理者可以按表操作，轻松规范管理，为生产、品质、安全、人力、成本管理加分。

第 一 篇 仓储管理概述
第 二 篇 仓储规划与库房管理
第 三 篇 验收管理
第 四 篇 领发退料管理
第 五 篇 存货管理
第 六 篇 盘点管理
第 七 篇 呆废料管理
第 八 篇 仓储管理制度规划与推动之实例分析
第 九 篇 仓储管理电脑化
第 十 篇 仓储绩效管理
第十一篇 仓储管理的发展趋势

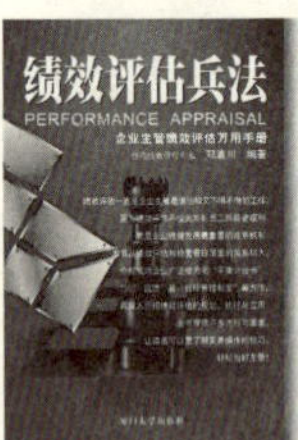

㉕ 绩效评估兵法

郑瀛川（台湾）　编著

本书从绩效评估与经营管理切入，介绍了成功企业常用的“平衡计分卡”、“360°回馈”、“目标管理制度”等方法，深入介绍绩效评估的规划、执行与应用要领，辅以流程、图表及专篇范例说明，读者能轻松掌握绩效评估的操作技巧，充分发挥绩效管理效能。

定价：￥42元

第一篇　绩效评估与经营管理
第二篇　绩效评估与绩效管理
第三篇　企业常用的绩效评估方法
第四篇　绩效评估的规划与执行
第五篇　绩效评估的应用要领
第六篇　绩效评估的重要手段——绩效面谈
第七篇　绩效评估的运用范例

㉔ 生产计划与管制

傅和彦（台湾）　编著

本书是一本可操作性强的工厂实务指导用书，“企业所面临的问题”、“经营计划”、“年度计划”、“计划评核术”、“迈向合理化的事务改善”、“工厂的品质管制”等章节都是同类书籍中所未有。书中各种生产报表也相当实用，是非常适合企业作为训练员工及生产计划与管制工作者们的重要参考用书。

定价：￥55元

第一篇　生产与生产管理
第二篇　生产组织
第三篇　经营计划
第四篇　预测
第五篇　年度计划
第六篇　生产计划
第七篇　制造途程的安排
第八篇　制造日程的安排
第九篇　工作指派与跟催
第十篇　大量（存货）生产下的生产管理
第十一篇　订货生产下的生产管理
第十二篇　制造部门与生产管理
第十三篇　交期延误与部门责任
第十四篇　计划评核术
第十五篇　迈向合理化的事务改善
第十六篇　存量管制
第十七篇　价值分析
第十八篇　产品研发
第十九篇　各种生产管理方式的比较

㉓ 实用品质管理

钟朝嵩（台湾）　编著

如何做好品质管理是企业人，尤其是中基层管理干部的难题，钟朝嵩教授继《品质管制大全》之后推出《实用品质管理》一书。本书以数理统计为基础，以统计方法为核心，辅助以大量实用技巧，令读者能够学以致用，对品质管理运用自如，得心应手。定能帮助制造业品管人员全面地、脚踏实地地做好品质管理。

定价：￥35元

第一篇　概论
第二篇　统计的技术
第三篇　QC七大手法
第四篇　管制图的种类及应用方法
第五篇　抽样检验
第六篇　新QC七大手法
第七篇　品质管理实施办法

㉒ 现代物料管理

傅和彦（台湾）　著

物料成本往往占制造业总成本的50%以上，其重要性不言而喻。傅和彦先生将所累积的经验知识，融合现代物料管理的技法，编写成《现代物料管理》，内容涵盖物料管理各个层面，更重点介绍如何进行物料管理绩效评核，读者也可结合《制造业物料管理》仔细阅读，定能有助于降低物管成本、使生产作业流程顺畅从而提升生产效率、缩短交期，提高服务质量。

定价：￥52元

第一篇　导论
第二篇　物料分类与编号
第三篇　物料计划
第四篇　存量管制
第五篇　存量管制系统
第六篇　物料需求计划
第七篇　采购管理
第八篇　验收管理
第九篇　发料、领料、退料与催料管理
第十篇　仓储管理
第十一篇　物料盘点
第十二篇　呆料、旧料、废料、残料的预防与处理
第十三篇　物料管理绩效评核
第十四篇　物料管理电脑化
第十五篇　物料管理的发展趋势

㉑ 品质管制大全

钟朝嵩（台湾）　著

世界需要中国制造，中国制造需要中国品质！

本书为钟朝嵩教授毕生实战经验整理而成的呕心沥血之作，自1974年台湾初版以来，历经多次改版、增修订，迄今为止已加印38次，常年畅销于台湾、新加坡、泰国、菲律宾、马来西亚等地，发行销量逾40万册，堪称东南亚地区之“品质管理宝典”。

定价：￥80元（上下册）

上册
第一篇　基本统计方法
第二篇　管制图

下册
第三篇　抽样检验
第四篇　品管实施方法

⑳ 工厂管理

傅和彦（台湾） 编著

定价：￥46元

工厂即产品制造场所，工厂管理即将各种有效资源导入制造场所，凭借计划、组织、人事、指导控制等活动，达成生产目标的管理工作。作者傅和彦先生有着30余年工商管理经验，本书定位广大制造业工厂管理干部，以理论与实务结合论述，可操作性极强。

第一篇 导论
第二篇 工厂组织
第三篇 工厂布置
第四篇 物料搬运
第五篇 产品研究与发展
第六篇 预测
第七篇 生产管理
第八篇 物料管理
第九篇 存量管制
第十篇 工作研究
第十一篇 资料筹集、整理与分析
第十二篇 品质管制
第十三篇 成本分析与控制
第十四篇 人事管理
第十五篇 工业安全概论
第十六篇 工业卫生概论

⑲ 高阶主管经营训练

黎守明（台湾） 编著

定价：￥39元

国内企业高阶管理者忙忙碌碌，常常大大小小工作一把抓，疲于奔命却绩效不彰。本书即为企业高阶管理者或有志于此的管理者所编，揭示了高阶主管人员必备的Know-how、工作重点及任务所在，以及如何树立及发挥好高阶管理人员的领导魅力等。

第一篇 经营者
第二篇 目标篇
第三篇 策略篇
第四篇 自我革新篇
第五篇 影响力篇
第六篇 自我查检篇

⑱ 中阶主管管理训练

黎守明（台湾） 编著

定价：￥39元

"训练最大的目的在于行动，不在知识。"这就意味着教训训练的实施者必须具备丰富的实务经验，其所持有的教材也应为其常年从事实务管理工作案例的系统累积，如此才能现身说法，授予前来接受培训的企业人所真正想要的实务操作指南。有着丰富实战经验的黎守明先生所编写的本书，可谓设想企业人所想、施教企业人所欲，定能让中阶管理者在实际管理工作中亲身体验到管理发挥的价值，从而对管理工作产生自信，达到训练自我的目的。

第一篇 New Management Way
第二篇 完成年度工作计划
第三篇 执行您的计划
第四篇 管制部门的执行活动
第五篇 修正您的计划、标准
第六篇 部门的自我超越
第七篇 经营您自己

⑰ 国际行销

吴景胜（台湾） 编著

定价：￥68元

全球经济国际化的趋势下，"国际行销"的实战技巧也日趋为企业管理者所重视。

台湾知名国际行销领域研习与实战专家吴景胜老师为大陆广大读者奉上此本案例丰富、适用本土企业、且国际观念角度齐备的《国际行销》，本书的四项特色令其具备了极优的可读性、实战性及操作性。

第一篇 导论
第二篇 国际行销策略
第三篇 多国企业与国际行销
第四篇 各国市场与国际行销

⑯ 供应厂商管理

傅和彦（台湾） 编著

定价：￥45元

制造业工厂正处在生产量迅速扩张的时期，技术日益精进、制品益形复杂，所需的物料、零件若都要在本厂内生产，将产生诸多困扰，因而势必需要借重于供应厂商的力量。如何有效利用供应厂商生产出品质更佳、成本更低、交期更准的制品，直接影响到企业的经营绩效，更影响到企业在激烈残酷的竞争中的市场地位。

第一篇 外包与供应厂商
第二篇 供应厂商的功能与外包方针
第三篇 厂内自制与外包判定
第四篇 外包计划
第五篇 供应厂商的选择
第六篇 发包工作管理
第七篇 外包行为的品质要求
第八篇 外包价格的协商
第九篇 外包验收管理
第十篇 供应厂商的考核
第十一篇 供应厂商的辅导与扶持

⓯ 经营计划与预算管理

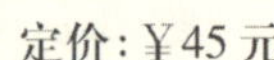

定价:¥45元

王忠宗（台湾） 编著

透过预算产生出许多宝贵的数据资料是企业管理者可以用于提升企业经营绩效的重要参考依据。也即预算的真谛在于对影响企业盈亏的重要收支项目做好事前规划，以利于事后控制，而不在于会计科目的帐务处理及资产负债表或损益表之编制。

⓮ 经营分析与企业诊断

刘平文（台湾） 编著

定价:¥120元

现代管理者需要面对企业之环境面、策略面、组织面、意识面、行为面与方法面等不同层面之决策事宜，因而常常需要对自己的企业经营管理之现况进行诊断，提升企业经营管理之系统观。作者刘平文先生多年来一直从事于经营管理、企业辅导服务等实务工作，累积了极其丰富、深厚的实务经验，本书探讨范围与层面涉及甚广，定能帮助管理者对企业有更好的认知与掌握。

⓭ SPC统计制程管制

官生平（台湾） 编著

定价:¥160元

品质，尊严与价值的起点！

“SPC统计制程管制”是品管工作中重要的一项。本书为有着20余年推广应用经验的“SPC”权威、台湾品管协会理事官升平老师的呕心沥血之作，更是极具专业学习参考价值及实务指导意义的好书！

⓬ 标准工时制定与工作改善

傅武雄（台湾） 编著

定价:¥58元

作者傅武雄先生从事“工作研究与IE改善”的工厂管理及顾问辅导工作达32年之久，本书是专为工厂主管与工艺工程人员撰写的，直接从工艺面切入，以车间工作方法改善手段为例，阐析了标准工时测定与工作改善的多种实务方法。

⓫ 生产计划管理实务

王文信（台湾） 编著

定价:¥75元

本书以制造业的生产管理活动为叙述重点，从生产管理层面入手，剖析制造业提高生产绩效的实务方法，有系统地介绍生产计划与管理实务，无论是对传统式做法的精华还是对最新生产管理的技法，都有深入浅出的探讨。

⑩ 制造业物料管理实务

定价：¥75元

傅武雄（台湾） 编著

企业物料管理制度化、电脑化导入实务宝典！傅武雄先生（台湾）逾二十年的经验与心得融入，以深入浅出的方式将物料管理方法与实务技巧加以阐述，将有助于企业在激烈竞争的环境中赢取竞争优势。

第一篇 物料管理总论
第二篇 做好计划层面的物料管理
第三篇 MRP的架构与实务
第四篇 执行层面的物料管理
第五篇 物料管理辅助篇

⑨ 现场管理实务

定价：¥65元

韩展初 编著

本书以管理的六大目标为主线，将管理者如何充分运用组织的有效资源，达成组织目标的方法、技巧汇集成有系统的资料，将给中基层企业管理干部的实务工作、培训指导提供有益参考。

第一篇 管理总论
第二篇 管理的核心——人
第三篇 营造高昂士气的团队
第四篇 如何提高产量、提升效率
第五篇 生产计划与交期管理
第六篇 降低成本与工作改善
第七篇 如何管理品质
第八篇 工业安全管理
第九篇 如何成为出色的现场管理者

⑧ 降低成本新利器

（Tear Down技法）

定价：¥56元

佐腾嘉彦 编著

Tear Down是以降低成本为宗旨，以分解调查竞争对手为手法的技法。佐腾先生逾25年的操作经验累积的本书定能帮助企管人士提高工作附加价值，衍生新创意，提高产品竞争力，令企业在激烈的市场竞争中立于不败之地。

第一篇 Tear Down Method的概念与缘起
第二篇 分解的进行方法
第三篇 主题别分解的实践
第四篇 利用分解之价值评价的进行方法
第五篇 分解的应用技术
总　结 分解的成功要点
附　录 作业表单（Work Sheet）的使用法

⑦ 企业管理制度精选

（共两册）

定价：¥580元

福友企管书系编委会

本公司顾问师常年在国内辅导、顾问经验大公开！

去芜存菁，结合国内实际情况设计，若企业在管理制度建设方面能参照本书，并根据自身情况适度调整使用，定能大有裨益。

第一篇 人事管理
第二篇 行政事务管理
第三篇 财务会计管理
第四篇 营销业务管理
第五篇 生产管理
第六篇 物料管理
第七篇 采购管理
第八篇 品质管理

⑥ 如何选人用人育人留人

定价：¥68元

林荣瑞 编著

品质是企业的生命，人则是企业最重要的资产。本书针对国内企业人力资源管理薄弱之现状，以作者多年累积的实务经验，深入地进行案例分析探讨，协助您做好人才的培养与发展工作。

第一篇 人力资源管理与竞争优势
第二篇 如何甄选人才
第三篇 用人的艺术
第四篇 人才的育成
第五篇 企业如何留才
第六篇 人力资源管理与企业文化
（另售VCD教学光盘）

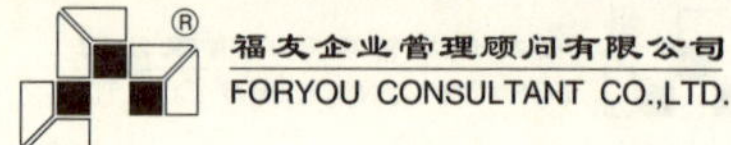

❺如何推行5S

孙少雄　编著

5S——“医治”工厂疑难杂症之良药。本书以实用的对比图片做诠释，全面系统地论述5S活动，帮助业界朋友在5S专案活动中以最简单的途径，取得最有效的成果。

定价：￥52元

第一篇　引言
第二篇　5S的解析
第三篇　5S推行要领
第四篇　推行步骤
第五篇　配合5S活动之管理技巧
第六篇　推行5S活动成功与失败的注意事项
第七篇　5S的延伸
第八篇　推行5S的好处
第九篇　5S活动宣传案例
第十篇　品质文化

❹企业管理表格精选

福友企管书系编委会

本公司顾问群汇编多年来从事企管、辅导方面所运用的经典成功表格，并对每一表格的流程及使用方法做了详尽说明，易于理解，使用方便。

定价：￥348元

第一篇　人事行政事务管理
第二篇　会计财务管理
第三篇　营销业务管理
第四篇　生产管理
第五篇　物料管理
第六篇　品质管理
第七篇　目视管理
（附CD-ROM光盘）

❸漫画管理禅

叶香　编著

由当今国内外管理高手之管理理念与成功的经验所提炼升华的管理禅语，能使您茅塞顿开。发人深省的故事情节，生动有趣的漫画将使您领悟追求成功的乐趣。

定价：￥36元

第一篇　成功篇
第二篇　领导统御篇
第三篇　人力资源篇
第四篇　沟通与激励篇
第五篇　箴言篇
第六篇　醒世篇

❷品质管理

林荣瑞　编著

“品质”是企业的生命，更是企业未来的决战场。本书使人们在品质的观念与技法上获得了质的突破：不仅谈统计技术，更重实地操作，定能让全厂上下都成为品质高手。

定价：￥56元

第一篇　认识品质管制
第二篇　品管应用手法
第三篇　工厂检验制度设计与应用
第四篇　全员参与　全员改善
第五篇　品质管制教育
第六篇　服务业的品管
第七篇　品质管制制度评鉴

❶管理技术

林荣瑞　编著

此书融合了美国、日本、台湾及大陆的管理精华，一改大陆管理书籍普遍过于强调理论性的缺陷，注重适用性及可操作性。被许多管理人员视为工作的“宝典”。

定价：￥72元

第一篇　企业经营与竞争策略
第二篇　组织原理
第三篇　人事政策与报酬制度
第四篇　工厂布置
第五篇　整理整顿与5S活动
第六篇　机器保养与工业安全
第七篇　企业骨干——管理者
第八篇　管理技术
第九篇　工业工程与现场改善
第十篇　生产计划与进度控制
第十一篇　物料管理与采购作业
第十二篇　事务管理与联系管理

精美海报标语系列

★使您的工作场所更美化、让您的团队更具拼搏力！

★五个系列/套，共28张

定价：250元

安全卫生系列

◆ 一人一份心
安全有信心

◆ 工作为了生活好
安全为了活到老

……

生产力系列

◆ 你思考　我动脑
产量提升难不倒

◆ 想一想
一定还有更好的办法

……

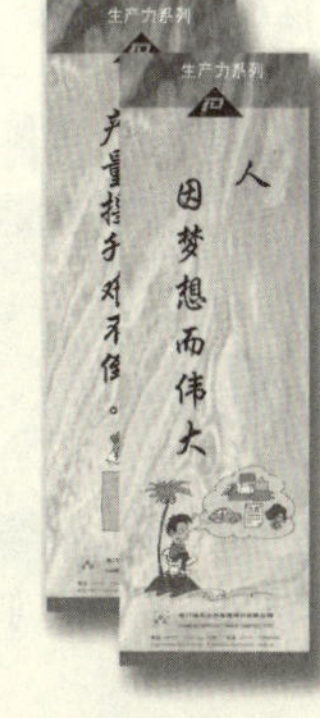

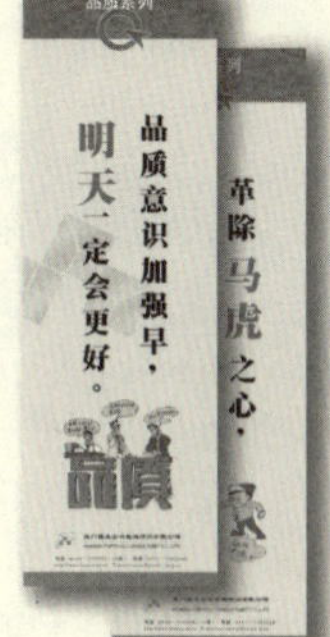

品质系列

◆ 品质意识加强早
明天一定会更好

◆ 品质你我都做好
顾客留住不会跑

……

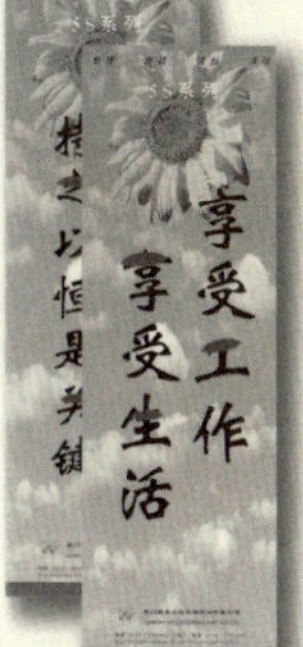

5S 系列

◆ 工作效率想提高
整理　整顿先做好

◆ 5S效果看得见
持之以恒是关键

……

ISO 系列

◆ 实施成果要展现
持之以恒是关键

◆ 宁可因高目标而脖子硬
也不要为低目标而驼背

……

（实际尺寸：28 cm×87 cm）

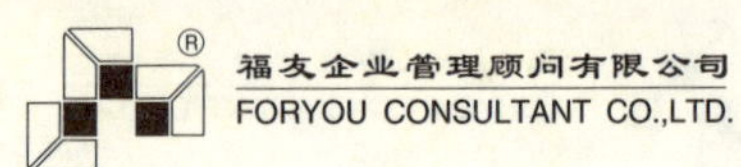

福友现代实用商战系列

❷蓝彻斯特战略　　定价：¥286元/套

矢野新一（日本）著

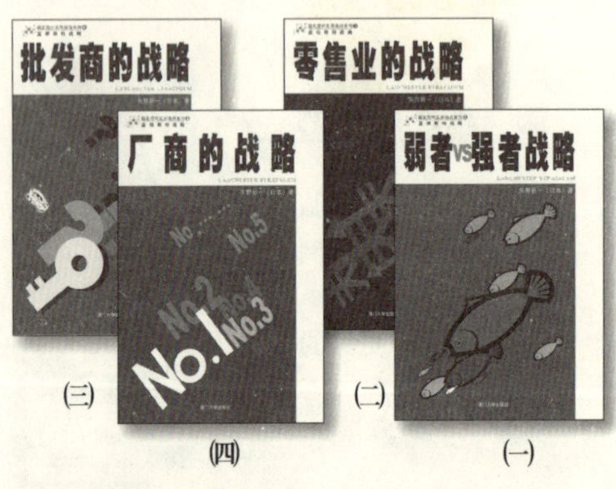

本丛书荣膺2004年
全国优秀引进版图书奖

企业成为No.1的策略!

面对经营环境越来越诡谲多变、越来越激烈残酷，企业不仅要更加注重运用策略战略，更应将自己企业的策略、战略定位在能够使自己成为行业中的"No.1"，即"No.1"战略（策略）！

只有赢取绝对"No.1"的竞争优势，才可彻底避免与同业惨烈厮杀、甚至被淘汰的命运，成就霸业并确保基业常青！

为帮助广大企业早日成功，福友有幸引进被誉为"No.1战略"的《蓝彻斯特战略》！之所以被誉为"No.1战略"，是因为蓝彻斯特战略体系自始至终贯穿两个精髓：

- ◆ No.1主义！
- ◆ 成为No.1，弱者VS强者的战略！

本套《蓝彻斯特战略丛书》（4个系列/套，共10册）

第一系列：《弱者VS强者的战略》（上、中、下，共3册）

第二系列：《零售业的战略》（上、下，共2册）

第三系列：《批发商的战略》（上、下，共2册）

第四系列：《厂商的战略》（上、中、下，共3册）

❶企业行销顾问　　定价：¥40元

黄宪仁（台湾）著

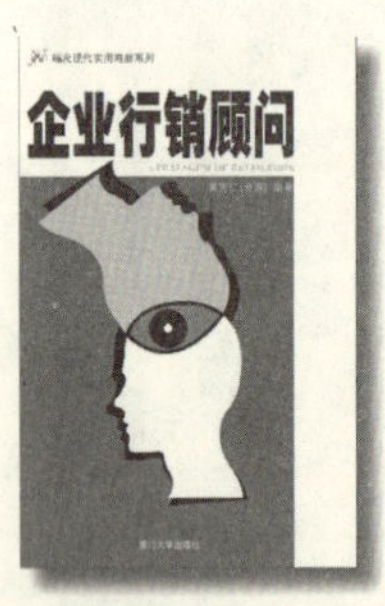

"他山之石，可以攻玉！"

商业行销领域的图书虽然是汗牛充栋，但是多为观念性说教或三招两式的片段教学，整体性、系统性、实战性的书系是凤毛麟角。

本书着重于从商业行销通路整体体系来把脉，更是作者任顾问师辅导企业多年，见诸各专业报纸杂志心血之作的汇编，书中案例均为企业界万金难求的丰厚经验，"他山之石，可以攻玉"，对企业的经营必有所助益！

第一篇 行销经营策略篇
一 企业的成长策略
二 找出企业成功的关键因素
……
第二篇 行销运作实务篇
一 成功市场规范
二 高效促销手法
……
第三篇 行销部门管理篇
一 要重视"年度经营计划"
二 训练很贵，不训练更贵
……
第四篇 经营管理篇
一 账面有利润，最后却倒闭
二 举债经营发挥财务杠杆效益
……

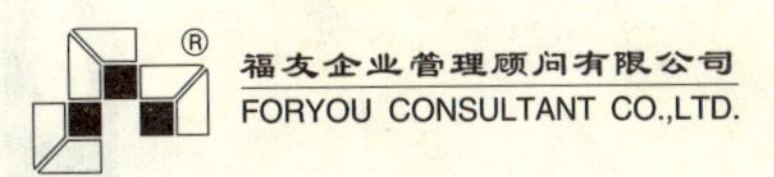

书友反馈卡

亲爱的读者：

感谢您对福友现代企管、商战书系的支持！

福友企管顾问公司经营理念：简单、直接、有效。福友企管书系也以同样的风格获得全国企业界的肯定，为了让我们一起更进步，请您填好下面的资料，并反馈给我们。您的资料将被妥善保存在福友客户资料库中。

您将会得到：

◆ 新出版物及企管课程信息。

◆ 购买福友书系及参加企管课程享受9折优惠。

1. 姓　名：________ 性　别：□男　□女　会员卡号：________

电　话：________ 传　真：________ 邮政编码：________

单位全称：________ 服务部门／职务：________

通讯地址：________

E-mail：________

2. 您阅读这本书的书名是：

□ 职场沟通零缺陷
□ 如何推动目标管理
□ 员工应有的观念与态度
□ 采购与供应管理
□ 采购管理
□ IE的运用
□ 仓储管理
□ 实用品质管理
□ 工厂管理
□ 国际行销
□ 经营分析与企业诊断
□ 标准工时制定与工作改善
□ 降低成本新利器
□ 如何推行5S
□ 品质管理

□ 生产效率改善实务
□ 不会说话别当头
□ 企业财务管理实务
□ 高效的生产绩效管理
□ 新产品研发与销售
□ 5S推行问题与对策
□ QCC品管圈实务
□ 中小企业经营之道
□ 绩效评估兵法
□ 现代物料管理
□ 高阶主管经营训练
□ 供应厂商管理
□ SPC统计制程管制
□ 生产计划管理实务
□ 如何选人用人育人留人
□ 企业管理表格精选
□ 管理技术

□ 班组现场精细化管理
□ 班组管理：从优秀到卓越
□ 现场制程品质管制实务
□ 企业ERP成功之道
□ QC手法运用实务
□ 企业经营分析手册
□ 有效的选才与面谈技巧
□ TQM全面品质管理
□ 生产计划与管制
□ 品质管制大全
□ 中阶主管管理训练
□ 经营计划与预算管理
□ 制造业物料管理实务
□ 现场管理实务
□ 企业管理制度精选
□ 漫画管理禅
□ 企业行销管理顾问

蓝彻斯特战略系列

□ 弱者VS强者的战略
□ 批发商的战略
□ 零售业的战略
□ 厂商的战略

3. 您对福友书系的评价：

□ 丰富实用　□ 实用　□ 平淡一般

4. 对我们的建议：

感谢您的填写，填写完毕后请传真或邮寄至福友发行部！

厦门市禾祥西路4号鸿升大厦15层（邮编：361004）
http://www.foryou.tw.cn
电话：0592-2395581（总机）

福友企业管理顾问有限公司
E-mail:xm@foryou.tw.cn
传真：0592-2396530 2395580

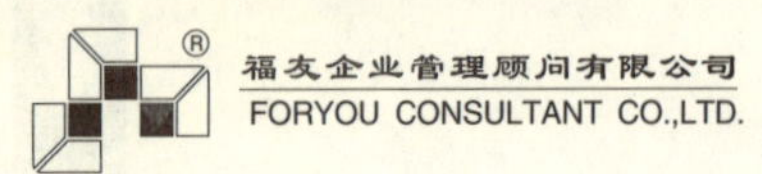

优 惠 订 购 单

TO:福友企管发行部　0592-2396530

读者服务信箱

感谢的话

谢谢您购买本书!

- 用寻宝的方式，将书中的方法与您现有的工作作比较，再融合您的经验，理出您最适用的方法。
- 新方法的导入使用要有决心，事前做好计划及准备。经常查阅本书，并与您的实务工作结合，自是有机会成为“企业大将”。

祝　早日实现!

您可以改变……

- 您是否认为“好东西应与好朋友共享”?订阅本福友企管书系赠送亲友，同享“追求成长”的喜悦。
- 您是否经常为事业的繁忙而烦恼?订阅本书培训下属，自是有机会成为“治大国，若烹小鲜”的主管。
- 与您同行，迈向科学管理之路。本书系中如有疑惑之处，欢迎来函洽询，我们乐于服务。

优惠订购

企业名称		E-mail			
地　址				邮　编	
部　门		联系人		先生／小姐	
电　话		传　真			

订购书目

书名	定价		单位	ISBN
《生产效率改善实务》	52元	×	本	ISBN7561544556
《班组现场精细化管理》	52元	×	本	ISBN7561543184
《不会说话别当头》	45元	×	本	ISBN7561542125
《班组管理：从优秀到卓越》	55元	×	本	ISBN7561541104
《职场沟通零缺陷》	45元	×	本	ISBN7561539903
《企业财务管理实务》	48元	×	本	ISBN7561538395
《现场制程品质管制实务》	52元	×	本	ISBN7561537817
《如何推动目标管理》	48元	×	本	ISBN7561536483
《高效的生产绩效管理》	60元	×	本	ISBN7561535356
《企业ERP成功之道》	58元	×	本	ISBN7561533123
《员工应有的观念与态度》	45元	×	本	ISBN7561534250
《新产品研发与销售》	48元	×	本	ISBN7561530979
《QC手法运用实务》	40元	×	本	ISBN7561531921
《采购与供应管理》	68元	×	本	ISBN7561532416
《5S推行问题与对策》	60元	×	本	ISBN7561530597
《企业经营分析手册》	100元	×	本	ISBN7561530580
《采购管理》	58元	×	本	ISBN7561530184
《QCC品管圈实务》	40元	×	本	ISBN7561528877
《有效的选才与面谈技巧》	45元	×	本	ISBN7561528426
《IE的运用》	58元	×	本	ISBN7561528464
《中小企业经营之道》	40元	×	本	ISBN7561527139
《TQM全面品质管理》	36元	×	本	ISBN756152675X
《仓储管理》	55元	×	本	ISBN756152627X
《绩效评估兵法》	42元	×	本	ISBN7561525834
《生产计划与管制》	55元	×	本	ISBN7561525176
《实用品质管理》	35元	×	本	ISBN7561524307
《现代物料管理》	52元	×	本	ISBN7561523912
《品质管制大全》	80元	×	套	ISBN7561523459
《工厂管理》	46元	×	本	ISBN7561523394
《高阶主管经营训练》	39元	×	本	ISBN7561523408
《中阶主管管理训练》	39元	×	本	ISBN756152269X
《国际行销》	68元	×	本	ISBN7561522576
《供应厂商管理》	45元	×	本	ISBN7561522320
《经营计划与预算管理》	45元	×	本	ISBN7561522126
《经营分析与企业诊断》	120元	×	本	ISBN756152191X
《SPC统计制程管制》	160元	×	本	ISBN7561521839
《标准工时制定与工作改善》	58元	×	本	ISBN7561520689
《生产计划管理实务》	75元	×	本	ISBN7561519508
《物料管理实务》	75元	×	本	ISBN7561519087
《现场管理实务》	65元	×	本	ISBN7561518994
《降低成本新利器》	56元	×	本	ISBN7561518617
《企业管理制度精选》	580元	×	套	ISBN7561517815
《如何选人用人育人留人》	68元	×	本	ISBN7561517343
《如何推行5S》	52元	×	本	ISBN7561517114
《企业管理表格精选》(书含盘)	348元	×	套	ISBN7561515782
《漫画管理禅》	36元	×	本	ISBN7561515634
《品质管理》	56元	×	本	ISBN7561511787
《管理技术》	72元	×	本	ISBN7561511760
《企业行销顾问》	40元	×	本	ISBN7561520425
精美标语	250元	×	套	
蓝彻斯特战略系列：《强者VS弱者的战略》	88元	×	套	ISBN7561520883
蓝彻斯特战略系列：《零售业的战略》	52元	×	套	ISBN7561520891
蓝彻斯特战略系列：《批发商的战略》	60元	×	套	ISBN7561520905
蓝彻斯特战略系列：《厂商的战略》	86元	×	套	ISBN7561520913

合计金额：＿＿＿＿＿＿元

- 利用本订购单订购一律享受 9 折优惠。
- 培训员工一次购30本或3000元以上 8.5 折优惠。

服务热线:0592-2395581转201、202、204、205
传　真:0592-2396530　2395580
E-mail:xm@foryou.tw.cn　http://www.foryou.tw.cn

付款方式

邮局汇款	厦门市禾祥西路4号鸿升大厦15楼 邮编:361004 厦门福友企业管理顾问有限公司收	银行电汇或转账	户　名:厦门福友企业管理顾问有限公司 开户行:中国光大银行厦门思明支行 账　号:77510188000011121

配合事项

1. 本订购单烦请用正楷填写清楚，务必连同汇款单影印件传真至：0592-2396530
2. 为确保您所邮购的书籍顺利送达，在收到您的传真后，我们将通过邮局挂号寄出书籍，因目前邮路并不十分畅通，您可能需要多等待，如您在30天内未收到书，请您通知我们处理。
3. 保证受益无穷的好书，如您不满意，一个月内可以退书。